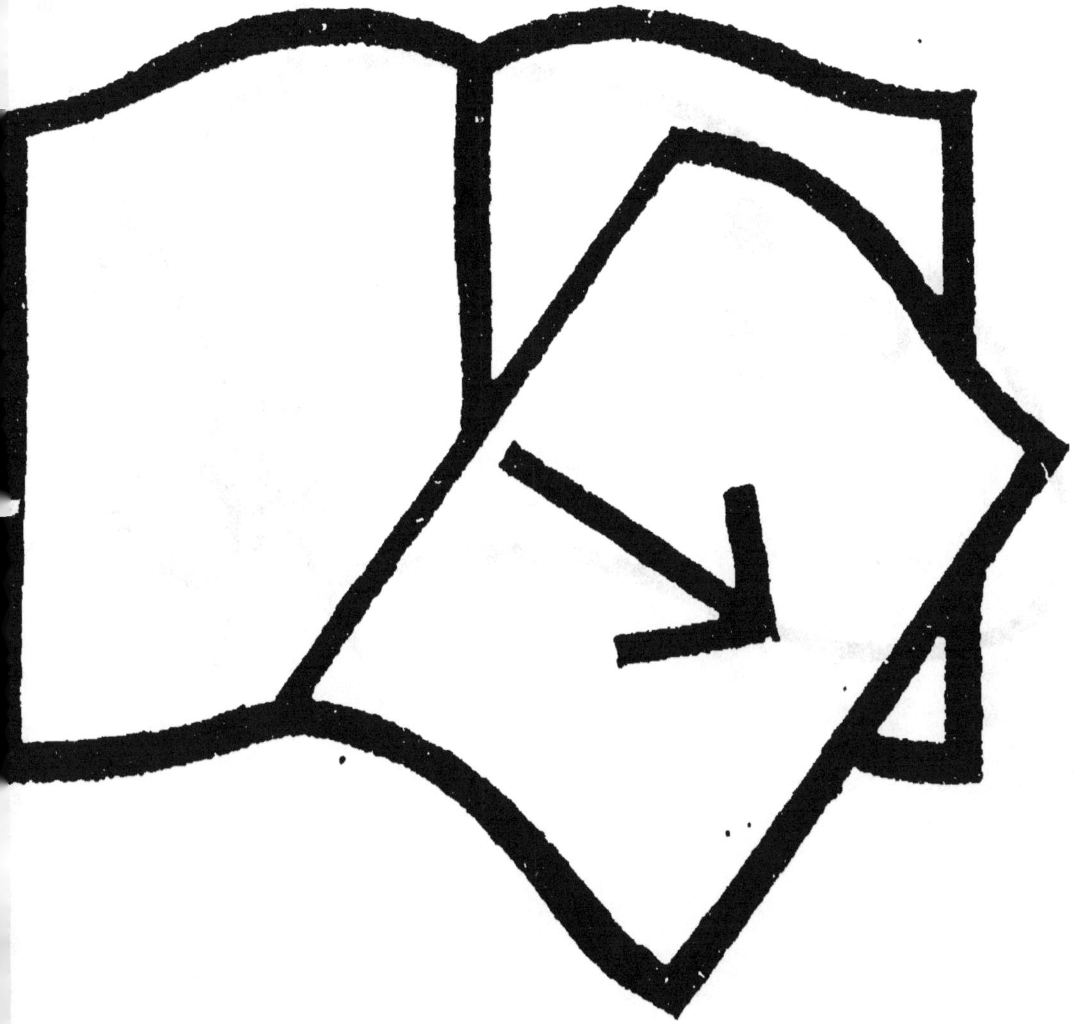

Couverture inférieure manquante

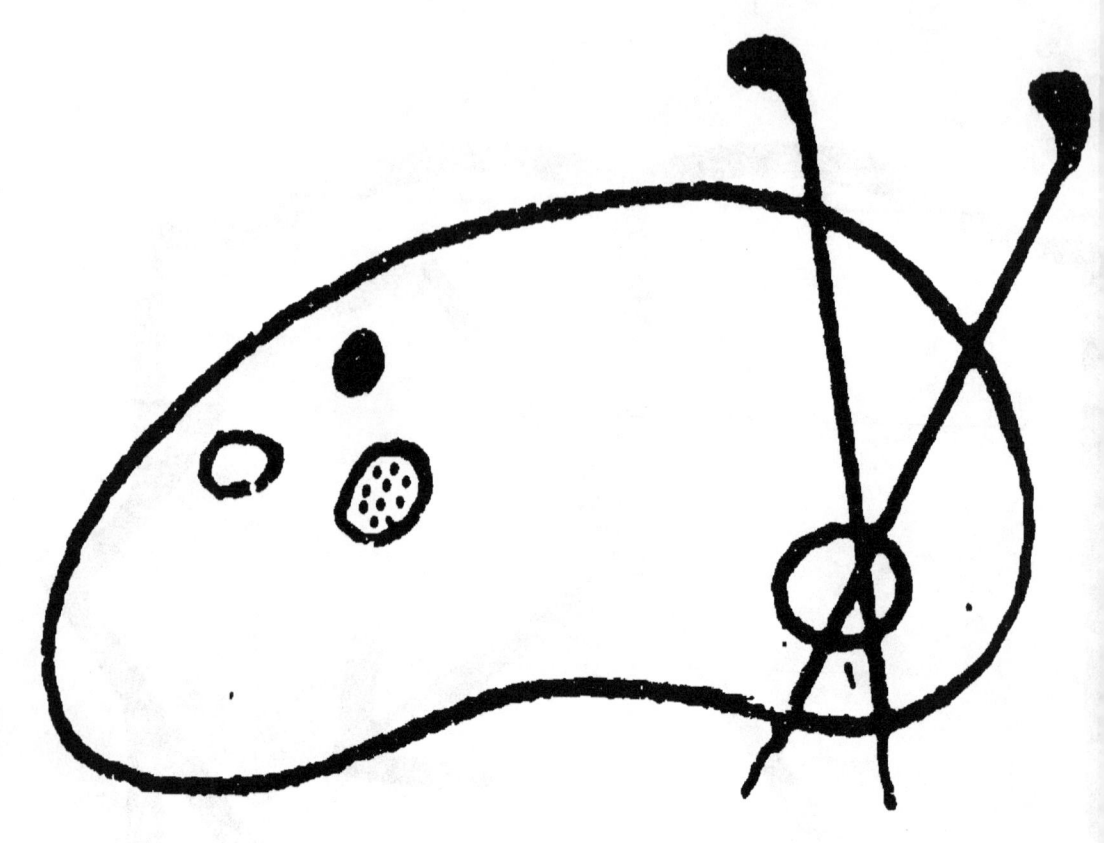

Début d'une série de documents en couleur

ÉMILE ERCKMANN

ALSACIENS ET VOSGIENS D'AUTREFOIS

LA PREMIÈRE CAMPAGNE DU GRAND-PÈRE JACQUES
L'ONCLE JEAN
KALEB ET KHÔRA — LA MÈRE HULOT

PARIS
J. HETZEL ET Cⁱᵉ, ÉDITEURS
18, RUE JACOB, 18

Tous droits de traduction et de reproduction réservés.

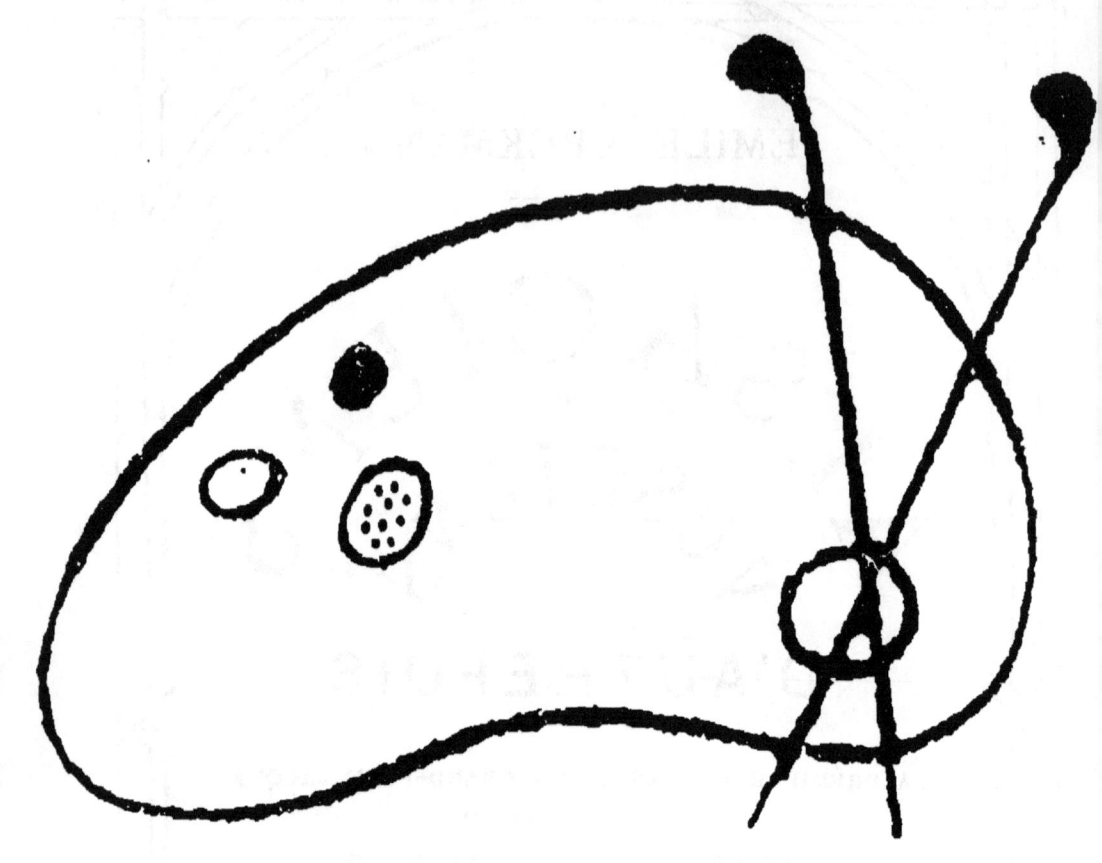

Fin d'une série de documents en couleur

ALSACIENS ET VOSGIENS

D'AUTREFOIS

COLLECTION HETZEL

Œuvres complètes
D'ERCKMANN-CHATRIAN

ROMANS NATIONAUX

CONTES ET ROMANS
POPULAIRES

ROMANS ALSACIENS

HISTOIRE
DE LA RÉVOLUTION FRANÇAISE
RACONTÉE PAR UN PAYSAN

Imprimerie Lahure, rue de Fleurus, 9, à Paris.

EMILE ERCKMANN

ALSACIENS ET VOSGIENS D'AUTREFOIS

LA PREMIÈRE CAMPAGNE DU GRAND-PÈRE JACQUES

L'ONCLE JEAN

KALEB ET KHORA. — LA MÈRE HULOT

PARIS
J. HETZEL ET Cie, ÉDITEURS
18, RUE JACOB, 18

Tous droits de traduction et de reproduction réservés

ALSACIENS ET VOSGIENS

D'AUTREFOIS

LA PREMIÈRE CAMPAGNE
DU GRAND-PÈRE JACQUES

I

Dans ce temps-là, dit le grand-père Jacques, en l'an VII de la République une et indivisible, j'avais dix-huit ans et j'étais apprenti typographe chez mon oncle Didier-Perrin, le frère de ma mère, imprimeur à Sarrebourg.

Mon père, Claude Garnier, parti comme volontaire à la levée de 1792, avait été tué à la bataille de Fleurus, et le digne oncle nous avait recueillis chez lui, ma mère, mes deux sœurs Annette et Claudine, et moi.

Nous vivions en famille. Notre imprimerie

était située sous un hangar vitré, dans la cour du presbytère, abandonné depuis l'émigration, et nous occupions le logement de l'ancien curé Bernard, alors à l'étranger. Outre les catéchismes des droits de l'homme, les annonces judiciaires et autres publications de ce genre, nous imprimions aussi une petite gazette intitulée le *Citoyen libre*. Elle paraissait tous les décadis. L'oncle Didier, armé d'une grande paire de ciseaux, taillait dans le *Moniteur universel*, dans l'*Observateur de l'Europe*, dans le *Postillon de l'armée*, etc., les articles qui lui paraissaient convenir le mieux à nos paysans lorrains, naturellement batailleurs. Les citoyens Randier, Martin et moi nous composions : Jean Maire, le serviteur officieux, manœuvrait notre petite presse à tour de bras; Annette et Claudine retiraient les feuilles et les mettaient sous bande; Chibly les portait aux abonnés, et tout marchait assez rondement.

La position de la République, à cette époque, était fort critique. Paul Ier, empereur de toutes les Russies, au lieu de suivre la politique de Catherine II, sa mère, qui était en correspondance avec Voltaire et recevait Diderot à sa cour, avait pris fait et cause pour l'Autriche et l'Angleterre contre la France. Il avait envoyé trente mille Russes au secours de Kray, en Italie, trente mille au duc d'York pour nous expulser de la Hollande, et trente mille à l'archiduc Charles, qui venait d'obtenir quelques succès contre nous en Souabe. Ces derniers étaient encore en route; mais ils arrivaient à marches forcées, avec un corps d'armée d'émigrés commandés par le prince de Condé.

A Sarrebourg, chef-lieu de district, sur la route nationale où passaient toutes les troupes, tous les convois de poudre, de boulets, de munitions se rendant en Allemagne, en Suisse, en Italie, régnait une grande animation.

Ce n'est pas de Paris seulement que nous venaient les nouvelles, mais du théâtre de la guerre.

Alors, l'intendance militaire n'existait pas; tout se faisait par entreprises : approvisionnements et transports se trouvaient entre les mains de quelques gros fournisseurs, comme Ouvrard, qui sous-traitaient avec une foule de voituriers pour opérer leurs livraisons à la frontière et quelquefois même sur le territoire ennemi.

A peine rentrés chez eux, ces braves gens se rendaient à la brasserie du Héron, leurs gros souliers encore chargés de glèbe, et racontaient ce qu'ils avaient vu en route : l'état des populations dans les cantons de Bâle, d'Argovie, de Zurich, où la misère était extrême, la position de nos troupes et celle des alliés.

C'est là que se rendait l'oncle Didier pour se tenir au courant de la situation.

Il faut avouer que, depuis le départ de Bonaparte pour l'Égypte avec trente-six mille hommes de nos meilleures troupes, et la destruction de notre flotte dans la rade d'Aboukir, tout allait de mal en pis. D'abord, tous les petits cantons catholiques de la Suisse, ne voulant pas de notre République une et indivisible, s'étaient soulevés : on avait dû les envahir. Les anciennes autorités de la République fédérale des treize cantons avaient appelé les Autrichiens à leur secours; ceux-ci s'étaient empressés d'occuper les Grisons ; il avait fallu leur opposer une armée de quarante mille hommes, commandés par Masséna.

En Italie, Souvarof et ses trente mille Russes, réunis aux cinquante mille Autrichiens de Kray, avaient écrasé sous le nombre Macdonald au passage de la Trebbia, et Joubert à Novi.

Jourdan avait subi un grave échec au tournant du lac de Constance, à Stokach, et s'était vu forcé de repasser le Rhin.

Masséna, nommé général en chef de l'armée du Danube, tenait encore tête à l'archiduc en Suisse, lui livrant journellement des combats sanglants sur la Ross et la Glatt. Finalement, il avait dû laisser Zurich à son adversaire et prendre position en arrière sur le mont Albis, qui longe le lac à gauche. D'après le traité de Campo-Formio, tous les plénipotentiaires de l'Europe, réunis à Rastadt, devaient signer la paix générale en trente jours et ces trente jours duraient depuis deux ans; jamais on n'avait vu de comédie pareille. Au nombre des courriers de cabinet se trouvait le frère de mon père, Jean Garnier, attaché à la commission des missives et souvent chargé de missions dangereuses en pays étranger. L'oncle Didier et lui avaient travaillé ensemble, avant la Révolution, à l'imprimerie de Kehl, et ils se faisaient honneur d'avoir connu personnellement Beaumarchais. A chacun de ses passages, l'oncle Garnier venait embrasser sa belle-sœur Catherine et vider une bouteille de Thiaucourt avec son camarade Didier.

Figure-toi un grand gaillard sec, coiffé d'un immense tricorne à chenille tricolore, les culottes de chamois boutonnées jusqu'aux hanches, les éperons en potence sonnant aux talons, les cheveux gris, touffus, tordus en queue de cheval sur la nuque, les épaules larges et légèrement voûtées, brun de peau, le nez fortement aquilin, les yeux gris, le menton carré, enfin un de ces êtres qui, par nature, ne demandent que plaies et bosses. Quand il entrait dans l'allée, rien qu'au bruit de ses grosses bottes, l'oncle Didier s'écriait :

« Voici Garnier! »

On lui reprochait, au pays, d'avoir accompagné Saint-Just comme secrétaire aux lignes de Wissembourg et d'avoir réquisitionné tant et plus; c'était bien possible : cette fonction entrait dans son caractère. Mais, se trouvant à l'armée d'Italie le 9 thermidor, on avait oublié de le comprendre dans le tombereau de Robespierre, de Couthon et autres montagnards de même nuance que lui.

« Jean, disait quelquefois l'oncle Didier, est le meilleur patriote que je connaisse; mais il risque gros jeu avec toutes ses commissions militaires; cela pourrait bien finir mal. »

Il paraît, du reste, que l'oncle Garnier faisait le coup de sabre à l'occasion, car un grand bancal à fourreau de cuir roux, patin de cuivre et coquille de fer forgé, traînait à sa ceinture et ne semblait pas être là pour le simple ornement.

Il embrassait tout le monde en arrivant chez nous, la mère, Annette, Claudine, l'oncle Didier et moi.

« Comme tu ressembles à Claude! me disait-il en me posant la main sur l'épaule. Tu te souviens de lui?

— Oui, mon oncle.

— A la bonne heure! D'ici deux ou trois ans, je t'emmènerai aux avant-postes, et tu feras voir aux kaiserlichs que les anciens ne sont pas morts, qu'ils ressuscitent dans les jeunes. »

Il souriait.

Or, un matin du mois de floréal — avril — il arriva comme d'habitude. Nous étions justement à déjeuner dans la petite salle du rez-de-chaussée. Il entra, se courbant sous la porte. Mais, cette fois, il ne riait pas et, s'adressant à l'oncle seul :

« Mauvaise nouvelle, Didier, lui dit-il. Je ne fais qu'entrer et sortir : on me selle un cheval à la poste. J'arrive de Rastadt et je repars tout de suite. Il faut qu'après-demain je sois à Paris. »

Et, regardant d'un coup d'œil rapide si nous étions seuls, il ajouta, en baissant la voix :

« Nos plénipotentiaires viennent d'être massacrés.

— Massacrés! s'écria l'oncle Didier en bondissant, des hommes protégés par le droit des gens? C'est impossible!

— Impossible tant que tu voudras, dit Garnier; mais je l'ai vu. J'étais là, je me suis échappé. J'en porte la nouvelle au Directoire. Mais pas un mot de tout cela au *Citoyen libre*. Il faut que tout revienne de la capitale. Dans cinq ou six jours, toute la France le saura, et alors nous verrons! Ah! les gueux d'émigrés! c'est un de leurs coups : ils veulent à tout prix compromettre les impériaux et les empêcher de reculer. »

Et, sans s'asseoir, il prit la bouteille sur la

table, remplit le verre de l'oncle Didier, le vida d'un trait et s'écria :

« Mon cheval doit être prêt : je repars. Vive la République !... A bientôt.... Au revoir, Catherine. »

Et il sortit.

Cette apparition de Garnier, son geste, sa voix, l'expression énergique de ses traits.... Et ma mère qui joint les mains, mes sœurs qui se regardent épouvantées, l'oncle Didier qui se promène de long en large en balbutiant :

« Ils nous croient à notre dernier souffle ! Ils ne se gênent plus avec nous.... Mais ils se trompent..., les grands coups n'ont pas encore été portés.... »

Toute cette scène m'est présente comme si c'était hier.

Bientôt le *Moniteur* publia la terrible nouvelle dans tous ses détails, et le *Citoyen libre* n'eut plus qu'à la reproduire. Les patriotes se pressaient dans notre cour, leur décime à la main, et les numéros s'enlevaient à mesure qu'on les tirait. Moi, je ne songeais plus qu'à m'engager dans l'armée d'Helvétie. Cette idée ne me quittait plus, et le passage des conscrits de toutes armes se rendant à leurs corps ne faisait que m'affermir dans ma résolution.

Nous avions au fond de notre imprimerie une vieille carte de la Suisse d'un nommé Pfiffer, et je l'étudiais avec une véritable passion. Tout le monde sait que ce pays de pics géants, de lacs, de torrents et de glaciers, se limite au nord et à l'est par le Rhin, au sud par les Alpes, à l'ouest par le Rhône et le Jura. Le Rhin descend du massif des Grisons, traverse le lac de Constance, tourne à gauche près de Schaffhouse, se dirige sur Bâle et, de là, coule définitivement vers le nord, séparant la France de l'Allemagne. C'est la frontière naturelle des deux races, des deux civilisations, et ce que la nature a fait, l'homme ne peut le défaire.

Dans le grand angle du Rhin compris entre les deux lignes des Grisons à Schaffhouse et de Schaffhouse à Bâle se poursuivait la campagne de l'an VII.

J'aurais voulu me trouver là; mais, songeant au chagrin que mon départ allait causer à ma mère, je n'osais aborder franchement la question, quand, un matin, me trouvant sous le porche de l'imprimerie, j'entendis tout à coup une musique sur la route de Lunéville, mais une musique admirable, une superbe fanfare de cavalerie.

Un frisson d'enthousiasme me saisit. Les enfants se mettent à courir en criant : « Vive la nation ! » Les femmes se penchent aux fenêtres. Et voilà qu'un régiment de dragons s'avance au bout de la rue. C'était le 1er dragons, le régiment de mon père, qui venait de se reformer, ayant perdu beaucoup de monde aux dernières affaires de Souabe.

Je ne saurais te dire l'émotion qui s'empara de moi en reconnaissant ce numéro. Toute mon enfance repassa devant mes yeux. Je revis le départ de la grande levée de 1792. Ce fut comme une vision. On sonnait le tocsin dans tous les villages; on battait le rappel sur la place de Sarrebourg; les hommes sortaient de leurs maisons tout le long de la grand'rue, leur paquet au bout de leur bâton de voyage. Les femmes et les enfants suivaient, criant au milieu de leurs larmes : « Vive la République! » Les sergents étaient là pour aligner les nouvelles recrues. On s'embrassait; les vieux et les vieilles, le menton tremblotant, bénissaient leurs fils. Le maire, son écharpe tricolore autour des reins, criait : « Vaincre ou mourir! » Ma mère, les cheveux défaits, portait la petite Claudine sur son bras et traînait derrière elle Annette tout en larmes. Moi, je ne pleurais pas, mais, tout pâle et la rage au cœur, je serrais les dents et les poings.

Sur la place, le père, après avoir embrassé mes sœurs en les soulevant dans ses larges mains, me pressait à mon tour et me disait :

« Jacques, regarde-moi bien ; si je suis tué, tu ne m'oublieras pas ?

— Non ! jamais.

— Et tu me vengeras ?

— Oui, mon père.

— Eh bien ! embrasse-moi. »

Je lui jetais mes bras autour du cou, et seulement alors mon cœur éclatait en sanglots.

Tout cela, je le revis en une seconde et je me dis : Maintenant le père vient te rappeler ta promesse : tu vas partir.

Et j'entrai dans l'imprimerie, où ma mère et les sœurs pliaient notre petit journal. J'étais tout changé : ma résolution était arrêtée, et je dis à ma mère :

« Savez-vous quel régiment est là ? C'est le 1er dragons. Le père vient me rappeler ma promesse. J'ai dix-huit ans : il est temps que je le venge ! »

Elle me regardait, effarée ; les camarades aussi se retournaient, prêtant l'oreille ; les sœurs semblaient consternées, et l'oncle Didier, à son bureau, laissait tomber sa plume. Personne ne me répondait, et je repris :

« Vous ne me refuserez pas votre consentement, ma mère, car mon père, là-bas, depuis huit ans, m'attend, et moi, je suis prêt.

— C'est bien, Jacques, dit-elle, blanche comme

un linge. Oui, tu l'as promis.... J'espérais que je serais seule à m'en souvenir et que je pourrais le garder encore deux ans, mon enfant.... Mais, puisque tu t'en souviens, je vais t'accompagner à la mairie. »

Elle sortit pour s'apprêter, et, comme elle montait l'escalier, je l'entendis sangloter. Cela me déchira le cœur, mais sans ébranler ma résolution. Alors l'oncle Didier s'écria :

« Jacques, ta mère consent; mais, si tu pars, elle en mourra!

— Mon oncle, lui répondis-je, vous m'avez appris qu'il faut toujours faire son devoir. Eh bien! mon devoir, c'est de venger mon père et la patrie. »

Je vis que de grosses larmes remplissaient ses yeux; il ne dit plus rien. Ma mère était là; nous sortîmes ensemble, nous montâmes à la mairie, et, toutes les pièces exigées par la loi étant sous la main de l'agent municipal, les formalités furent remplies à l'instant, et je m'engageai comme volontaire au 1er dragons.

Ma mère, femme de caractère et qui, malgré son âge et ses chagrins, était belle encore, voulut me présenter elle-même au chef de brigade Veilo. Les officiers étaient descendus à l'hôtel du Grand-Cerf; ils déjeunaient tous à la même table, le chef de brigade au bout. Elle entra simplement et, le reconnaissant à ses épaulettes, elle me conduisit vers lui :

« Citoyen, lui dit-elle, voici mon fils qui vient de s'engager au 1ᵉʳ dragons. Il remplacera son père, Claude Garnier, tué à Fleurus. »

Le colonel s'était levé et, la regardant d'un air grave, il lui dit avec une sorte d'attendrissement :

« Vous me parlez d'une grande et glorieuse journée pour la République, citoyenne, et, tant que la patrie aura des femmes telles que vous pour nous amener leurs fils au moment du danger, nous pouvons en espérer de pareilles. »

Puis, s'adressant à moi :

« Savez-vous monter à cheval ?

— J'ai monté quelquefois, mon colonel, mais je ne suis pas fort.

— C'est bon, fit-il en souriant ; vous apprendrez, comme nous, en faisant la guerre : c'est la meilleure école. Tenez-vous prêt : nous partons dans une heure. »

Il se rassit, et nous sortîmes.

La séparation, dans des moments pareils, est toujours terrible. Ma mère, assise au coin de la petite chambre du premier, les mains croisées sur les genoux, semblait perdue dans d'immenses rêveries ; mais elle ne dit pas un mot pour me décourager. Nous nous regardions en silence, quand dehors retentit le coup de trompette du départ. Alors nous descendîmes ensemble. L'oncle et les camarades d'atelier étaient sous le porche, qui m'attendaient. On s'embrassa, et je courus sur la place des Acacias, où les hommes se réunissaient à la hâte.

Il paraît que le colonel avait dit quelques mots de moi à l'un des vieux brigadiers du régiment, car à peine avais-je paru, que j'entendis quelqu'un m'appeler :

« Jacques Garnier ! »

Je me retournai et vis un ancien, la manche couverte de chevrons et les moustaches grisonnantes, s'approcher et me demander :

« C'est bien vous Jacques Garnier ?

— Oui, brigadier.

— Eh bien ! arrivez ! vous êtes du troisième escadron et vous entrez dans mon peloton. Voici votre cheval, vous n'avez qu'à mettre le pied à l'étrier. »

On sonnait à cheval : je fis comme les autres. Le brigadier me regardait pour voir comment j'allais m'y prendre et ne dit rien. Le commandement : « En avant, marche ! » retentit. Nous étions en route.

Personne ne se trouvait plus devant l'imprimerie : ma mère avait sans doute voulu m'épargner ce dernier déchirement de cœur. Je le compris et l'en remerciai du fond de l'âme.

Le lendemain, je recevais à Strasbourg mes armes et mes effets militaires. Comme on s'attendait à quelque grande action, la brigade ne fit que passer. En route, le brigadier Michel Wenzel, un Alsacien, m'ayant pris en amitié, venait de temps en temps me donner ses avis pour mieux me tenir à cheval :

« Levez le bras, laissez tomber les rênes, moins de raideur dans les jambes. »

Puis il retournait se mettre à son rang. C'est aussi lui qui me donna les vrais principes du harnachement et du paquetage.

Il paraissait satisfait de mon intelligence, mais il ne faisait jamais de compliments; il ne disait pas même : « C'est bien, » et semblait toujours être de mauvaise humeur, ce qui ne l'empêchait pas d'avoir en lui un fonds d'humanité.

Que d'années se sont passées depuis mon départ de Sarrebourg ! Eh bien ! encore aujourd'hui, tout décrépit que je suis, je me revois avec plaisir chevauchant, tout fier de la résolution que j'avais prise, et me promettant de n'être jamais le dernier quand sonnerait la charge. Je ne me doutais pas que la grande affaire n'était pas de montrer du courage au moment de l'action, mais de supporter longtemps les plus rudes privations avant de croiser le fer avec l'ennemi : l'expérience devait me l'apprendre.

A vingt lieues de chez nous, le souvenir de la mère, des sœurs, du brave homme d'oncle, des camarades d'atelier avait déjà fait place à la curiosité du spectacle qui se déroulait sous mes yeux. En ce mois de floréal, tout verdoyait le long des routes. A chaque petite place forte comme Phalsbourg, Schlestadt, Neuf-Brisach, la trompette nous annonçait; le poste de l'avancée venait nous reconnaître, et nous faisions notre entrée solennelle : cors, cornets, bassons, trombones, cymbales, tout partait à la fois, et tout cela produisait un effet grandiose avec le roulement du pas des chevaux sur les ponts et sur le pavé des forteresses. Puis nous repartions à travers les villages. Partout on nous saluait avec enthousiasme; vieillards, femmes, enfants, tous criaient : « Vive la nation! Vive la République! » C'est que tous ces braves gens avaient des fils, des frères à l'armée et savaient que, si nous étions vaincus, il faudrait rendre aux émigrés les biens nationaux; ils se souvenaient surtout des corvées et de la dîme, de la gabelle, etc..., et ils voulaient rester libres.

Cependant, plus nous avancions, plus le pays était épuisé; les auberges avaient toutes retiré leurs enseignes. A Bâle, nous apprîmes que les premières têtes de colonne russes, arrivant au secours de l'archiduc avec une division d'émigrés, avaient paru à Schaffhouse. Ils pensaient nous écraser sous le nombre en Suisse, comme Souvarof et Kray nous avaient écrasés en Italie. Nous occupions Bâle sur les deux rives du fleuve; le pont était défendu par une batterie de 24, les mèches allumées. L'ennemi restait maître du Brisgau et des pays forestiers à droite du Rhin; nous tenions toute la rive gauche. La ville fourmillait de troupes qu'on dirigeait, après un jour de repos, sur Rheinfelden, pour rejoindre l'armée en avant de Zurich.

En arrivant, il fut impossible de nous loger, et l'on nous envoya bivouaquer sur les glacis. D'autres régiments avaient sans doute bivouaqué là: leurs files de baraques, couvertes de chaume, restaient debout. C'est à cet endroit que je vis faire pour la première fois la soupe en plein air; les anciens montraient aux nouvelles recrues la manière de s'y prendre. Tous se donnaient un coup de main, et le brigadier Wenzel ne me perdait pas de vue. Mon petit cheval, qui s'appelait Fanfan, était très vif et plein de jovialité; il avait fait plus d'une campagne et semblait déjà me reconnaître.

Enfin, ce jour-là, vers deux heures, les hommes étant installés, les chevaux fourragés, la soupe

2.

expédiée, on ne songea plus qu'à s'étendre pour dormir.

Le lendemain avant le jour sonnait déjà le boute-selle. On recharge les portemanteaux et l'on part pour Rheinfelden. La demi-brigade, en colonne de marche, allait sur deux files au revers de la route qui longe le Rhin à gauche. Deux heures après, au petit jour, nous dépassions un régiment d'artillerie légère, les canons, les caissons, les fourgons de munitions et de bagages au milieu de la chaussée. Nous passâmes à travers champs, car, en marche, la chaussée appartient toujours à l'artillerie, au train des équipages, aux convois. Plus loin, nous dépassâmes encore une demi-brigade d'infanterie, le fusil sur l'épaule à volonté, allongeant le pas dans la même direction que nous. Mais ceux-ci ne venaient pas de l'intérieur : ils avaient fait la campagne de l'an VI et bivouaqué dans la haute Engadine. Il faut avoir vu ces figures hâlées, ces barbes d'un an, ces habits et ces souliers rapiécés, ces buffleteries jaunes et ces chapeaux à cornes défoncés, déformés par la pluie, la neige, le grésil; il faut avoir vu cela pour se faire une idée de nos vieilles armées, toujours en marche, ayant presque oublié qu'il existe des maisons où pétille un bon feu l'hiver, pendant que le vent souffle dehors et qu'il gèle à pierre fendre. Ah! c'étaient de rudes soldats! Leurs regards avaient quelque chose de farouche, c'est vrai; mais, en nous voyant défiler, ils semblaient se dire : « A la bonne heure! » il en vient encore des jeunes, pour soutenir les anciens.

A Rheinfelden, où se trouvait un pont dont les poutres avaient été brûlées et les madriers enlevés, en face d'une petite île couverte de ruines féodales, le général de cavalerie Klein, le grand chapeau à cornes sur l'oreille et la figure tannée comme un vieux cuir, vint échanger quelques mots et une poignée de main avec notre chef de brigade Veilo; puis il passa sur notre front de bataille et parut satisfait. Nous repartîmes aussitôt, suivant un chemin, à droite, qui s'écarte du fleuve, et seulement vers six heures du soir nous arrivâmes à Brugg, petite ville au confluent de l'Aar, de la Reuss et de la Limmat. On mit pied à terre, pour attacher la musette aux chevaux avec une maigre ration d'avoine emportée de Bâle; chaque homme cassa sa croûte de pain et l'arrosa d'un petit verre. Mais Brugg étant occupé par la division Ménard et la division Lorges, campant plus à droite sur la Limmat jusqu'aux environs de Baden, il fallut se remettre en selle et remonter la Reuss jusqu'à Bremgarten. Le quartier général de Masséna venait de s'en retirer depuis quelques jours pour s'établir plus à gauche de

Lenzburg. Nous n'atteignîmes cette antique bourgade que bien avant dans la nuit. Je ne t'ai pas parlé des magnifiques échappées de vue sur les hautes Alpes que nous avions eues pendant notre route, pour ne pas trop allonger mon récit; nous devions en voir bien d'autres par la suite. Qu'il te suffise de savoir que j'eus la chance, cette nuit-là, de m'abriter avec quelques camarades sous un vieux hangar, où, m'étant enveloppé dans mon manteau, la bride de Fanfan au bras, je m'endormis profondément.

Jamais je n'ai fait un meilleur somme que cette nuit-là. Cependant, à l'approche du jour, la fraîcheur matinale m'éveilla : nous étions couverts d'un brouillard épais qui s'élevait de la Reuss. Bientôt après, je vis quelques hauts pignons debout dans la brume, que le soleil avait peine à dissiper, et seulement sur les huit heures Bremgarten nous apparut, dominé par une tour gothique et baigné à sa base de trois côtés par le torrent. Il s'y trouvait aussi un vieux cloître, dont les moines avaient déniché depuis longtemps. La cantinière Françoise déploya sa tente devant notre hangar et mit en vente tout ce que l'on peut désirer en campagne, à savoir des petits verres et du tabac.

Ces vieux chalets vermoulus de la Suisse, avec leurs galeries sculptées où grimpent le lierre et le chèvrefeuille, leurs larges toitures en auvent appuyées sur des piliers de chêne grossièrement équarris, avaient quelque chose de rustique qui me plut; mais le bourg était désert : tous ses habitants, endoctrinés par les capucins, s'étaient sauvés, emmenant leurs troupeaux au son de la cornemuse, les uns à Zug, les autres à Lucerne. Il ne restait plus un bœuf, plus une vache, plus une chèvre dans les étables, plus une botte de foin ou de paille dans les fenils. Du coup, les rations de viande fraîche furent supprimées, et, quant au fourrage, il fallut aller le chercher soi-même aux environs pour nourrir les chevaux. Ajoute à cela les grand'gardes, les vedettes, les reconnaissances et tu comprendras qu'au bout de cinq semaines mon uniforme, un peu trop étroit au départ de Strasbourg, ne me gênait plus dans les entournures. J'étais devenu sec, alerte; je sautais à cheval sans avoir besoin de l'étrier. Toutes les nouvelles recrues étaient dans le même état; la famine se lisait dans nos yeux; nous ne demandions qu'à tout hacher, et notre chef d'escadron Mercier, d'humeur un peu goguenarde, appelait cela l'éducation spartiate qui fait les héros.

Quelques jours avant notre arrivée à Bremgarten, l'archiduc Charles, maître de Zurich et du grand village de Wollishoffen, sur la rive gauche du lac, de notre côté, avait essayé de nous repousser de l'Albis ; mais nous avions maintenu nos positions, et tout était redevenu calme ; on restait en observation. La Reuss, sortant des lacs de Zug et de Lucerne, galope avec impétuosité dans la vallée qui porte son nom, avant de se jeter, près de Brugg et de Baden, dans l'Aar. Cette vallée se trouve séparée du lac de Zurich par l'Albis, que nous occupions. De notre position, en arrière de la crête des montagnes, nous ne pouvions donc découvrir le futur champ de bataille.

Un jour, cependant, j'eus cette satisfaction.

Toutes les orges, les avoines et les regains étant fauchés dans notre cantonnement, il fallut pousser jusqu'à l'Utliberg, l'une des plus hautes cimes de l'Albis, pour trouver de quoi garnir nos trousses. Nous n'étions qu'une vingtaine d'hommes en fourrageurs, sous la conduite d'un maréchal des logis, un Franc-Comtois, qui ne jurait que par Lecourbe, son compatriote. Il avait fait les campagnes de l'an VI et de l'an VII, et il connaissait le pays à fond. En débouchant là-haut, nous eûmes sous les yeux les deux armées, séparées par la Linth, qui sort des Grisons comme le Rhin, traverse les lacs de Wallenstadt et de Zurich et, ressortant à l'autre bout de ce dernier, prend le nom de Limmat, avant de se jeter dans l'Aar, le tout sur une étendue d'environ soixante kilomètres. Ces deux armées, appuyées à droite aux Alpes, à gauche au grand fleuve, avaient quelque chose d'imposant. Le lac de Zurich, devant nous, à deux portées de canon, reflétait au soleil levant les cimes lointaines des Grisons à notre droite, les coteaux de Zurichberg sur l'autre rive, en face de nous, encore chargées de vignes, et l'antique cité à notre gauche, avec ses bastions, ses glacis, sa tête de pont de notre côté, permettant à l'ennemi de venir nous attaquer. Jamais je n'ai vu de paysage plus splendide; nos chevaux eux-mêmes, hennissant tout bas, semblaient comprendre la majesté de ce spectacle.

« Voyez, s'écriait le vieux maréchal des logis Chassard, — son nom me revient à l'instant, — voyez, à droite, ces pics qui reluisent au soleil comme des baïonnettes : ce sont les plus hautes cimes de l'Helvétie; on les appelle les Sept-Pignons; c'est à peine si les aigles peuvent s'élever jusque-là. L'année dernière nous avons poursuivi les impériaux dans cette direction; nous les avons bousculés à travers les vallées; nous avons récolté des canons et des drapeaux en masse et nous avons pris, à Coire, leur général en chef Auffenberg. Nous aurions pu donner la main, par la Via-Mala, à l'armée d'Italie, quand les petits cantons de Schwyz, d'Uri et d'Unterwald, fanatisés par leurs capucins, se sont soulevés sur nos derrières et nous ont forcés de reculer pour conserver notre ligne de retraite. Alors les Autrichiens ont repris toutes leurs anciennes positions sur les Alpes, sans tirer un coup de canon. Voilà ce que fait la bêtise humaine : nous apportions à ces fanatiques la liberté, l'égalité, la fraternité, et, pour nous récompenser, ils nous enfonçaient leurs fourches dans les reins.

« Maintenant, là-bas, au sud, la division Soult longe les marais de la Linth, qui déborde tous les ans à la fonte des neiges ; en face de lui, de l'autre côté du marais, commande Hotze, un général autrichien, né en Suisse et qui connaît tous les recoins de la montagne ; plus loin, dans les Grisons, Linken et Jellachich nous tourneraient par la droite si Lecourbe, dans les cantons de Schwitz, d'Uri et d'Unterwald, ne les tenait en respect. Devant nous, depuis Zurich jusqu'au Rhin, le long de la Limmat et de l'Aar, Masséna commande en personne. L'archiduc commande l'autre rive avec soixante mille hommes. C'est à savoir qui passera le premier ; mais, si nous restons encore longtemps ici les bras croisés, nous finirons par être affamés. »

Ainsi parlait le vieux maréchal des logis et nous frémissions de l'entendre. Enfin, on met pied à terre, on fauche le peu de seigle et de regain qui reste au versant de la côte parmi les genêts et les bruyères et l'on redescend, après avoir organisé ses trousses, le sentier qui nous reconduit à Bremgarten.

Ceci se passait au commencement du mois de messidor an VII, et, peu de temps après, on apprenait le grand mouvement de Lecourbe, qui remontait brusquement la Reuss à la tête de notre aile droite, traversait le lac des Quatre-Cantons en radeaux sous le feu de l'ennemi, le poursuivait de vallée en vallée et reprenait toutes nos anciennes positions sur les Alpes, en rejetant les Autrichiens jusque derrière le lac de Wallenstadt. C'est un des plus beaux mouvements qu'on ait jamais faits et qui servira toujours de modèle dans les difficiles guerres de montagnes. Tu penses quels regrets j'éprouvais de ne pas m'être engagé dans les hussards, servant d'éclaireurs jusqu'aux sommets des hautes Alpes. Mais nous devions avoir aussi notre part de lauriers, et maintenant laisse-moi prendre une bonne prise avant de te raconter notre première rencontre avec les kaiserlichs : ce n'était pas encore l'immortelle bataille de Zurich, mais je puis te dire que c'en était le prélude.

Tu sauras que nos officiers seuls avaient des chambres à Bremgarten et que, nous autres, nous logions dans les granges, sous les échoppes et les hangars, pêle-mêle avec nos chevaux, pour sauter en selle au premier coup de trompette. Notre cantine, d'abord placée en avant du chalet, avait fini par s'établir dans la salle même du rez-de-chaussée. Les habitants étant partis, cela n'offrait aucun inconvénient, et là, quand on n'était pas de service et qu'il vous restait quelques décimes dans la poche, on causait, on riait, on fumait des pipes. Eh bien! un soir que nos anciens jouaient à la drogue et qu'on se faisait du bon sang chaque fois qu'un de ces vieux braves était forcé de se mettre une nouvelle cheville sur le nez, nous entendons un cavalier arriver du bout de la grand'rue et traverser le pont couvert au trot. Il s'arrête devant la cantine, où brillait encore de la lumière, met pied à terre, attache son cheval à l'un des piliers du hangar; puis ses grosses bottes montent l'escalier du chalet; la porte s'ouvre.

Les joueurs continuaient leur partie; moi, je regardai le nouveau venu : un vieux dragon, une vraie figure à casque, les moustaches pendantes, l'air calme.

« C'est vous, Dominique? lui dit la cantinière, vous êtes de service?

— J'en reviens, Françoise, fit-il en souriant, et je vous apporte une fameuse nouvelle. Mais, d'abord, versez-moi la goutte : depuis ce matin que j'avale les brouillards du lac, j'en ai besoin. »

Alors tout le monde, excepté les joueurs enragés, qui n'écoutent jamais rien, tout le monde se retourna, prêtant l'oreille. Il leva le coude, expédia le petit verre d'un trait, puis, humant ses moustaches et posant son décime sur le comptoir, il regarda le chef de musique, qui se trouvait là, et lui dit :

« Sans vous commander, citoyen Brayer, vous ne feriez pas mal de préparer vos instruments, car ceux des Autrichiens vont ronfler cette nuit, je vous en préviens.

— Qu'est-ce qui se passe, brigadier?

— Il se passe que, dans ce moment, les impériaux sont en train de jeter deux ponts sur la Limmat.

— Vous avez communiqué la nouvelle au chef de brigade?

— Oui, citoyen. J'arrive du quartier général et j'ai remis ma dépêche au colonel. Ça ne peut plus tarder : les Autrichiens profitent du brouillard pour venir nous surprendre, fit-il en clignant de l'œil, et vous comprenez que le plan, c'est de les laisser faire, vu que nous aurons autant de plaisir qu'eux à nous regarder dans le blanc des yeux.... »

Il n'eut pas le temps d'achever, car, au même

moment, un coup de canon faisait trembler toutes nos petites vitres :

« Tenez, dit-il, voilà le mot d'ordre pour la nuit. »

Il sortit, et, presque aussitôt, des coups de trompette précipités sonnaient à cheval. Je sentis comme un coup de vent me passer dans les cheveux, car, on a beau dire, on éprouve toujours quelque chose au moment de s'empoigner; surtout pour la première fois.

Nous étions déjà tous dans les écuries, dans les granges, dans les échoppes, en train de seller nos chevaux. Mon petit Fanfan, à la lumière du falot, me regardait paisiblement en tournant la tête; il connaissait cette musique depuis longtemps et n'éprouvait plus les mêmes émotions que moi. Un quart d'heure après, on avait fait l'appel, et nos trois escadrons descendaient à Brugg, où le roulement du tambour bourdonnait au milieu de la canonnade. Le pétillement de la mousqueterie ne tarda pas de s'en mêler. C'était la grande attaque du 27 thermidor (14 août), cette attaque formidable de quarante mille hommes, soutenue de trente-huit pièces de gros calibre balayant toute la rive gauche, que l'archiduc méditait depuis deux mois. C'était sa grande idée ; s'il avait pu, en réunissant les Autrichiens avec les trente mille Russes de renfort qui venaient d'arriver, remonter l'Aar sur la rive droite, faire sauter tous les ponts et filer droit sur Bâle, sa cavalerie en avant, notre armée, coupée du Rhin et ne pouvant attaquer l'ennemi en flanc, aurait été forcée de reculer pour couvrir les défilés du Jura, et nous aurions perdu la Suisse d'un coup de filet, comme nous avions perdu l'Italie. Tel était le plan de l'archiduc ; mais il aurait fallu, pour le faire réussir, passer la Limmat, se rendre maître du cours de l'Aar, battre la division Ménard à Brugg, la division Lorges à Baden, la division Klein à Rheinfelden et celle de Chabrun à Bâle même.

Le brouillard était tellement épais que l'archiduc donna l'ordre d'incendier la grande bourgade de Ditikon pour éclairer ses pontonniers sur la Limmat. Ils furent parfaitement éclairés ; mais le commandant Foy[1], accouru le premier au bruit de l'attaque, put aussi mieux diriger sur l'ennemi le feu de son artillerie, soutenue par les tirailleurs de la légion helvétique. Ces chasseurs de chamois, habillés comme des gardes forestiers, une plume d'aigle dans la ganse de leurs chapeaux à larges bords, et armés de carabines courtes, rayées, à balles forcées, vous abattaient leur homme à six cents mètres ; le temps d'épauler,

---

1. Commandant d'artillerie à cette époque, depuis général. Le fameux orateur libéral sous la Restauration.

d'ajuster et c'était une affaire faite : le pontonnier avait disparu dans l'écume du torrent. Nous eûmes bientôt dix mille grenadiers en position sur la côte, prêts à recevoir les impériaux à la baïonnette, s'ils avaient passé.

En arrivant au tournant de l'Albis, nous vîmes ce terrible spectacle. Plusieurs escadrons de cavalerie, à droite et à gauche de l'infanterie, déjà formée en colonne d'attaque, s'apprêtaient à charger. Le reflet de la flamme sur les casques, les sabres, les baïonnettes, au milieu des ténèbres, était magnifique à voir. Nous prîmes position à la suite des hussards, et nous restâmes là trois heures, attendant le commandement : « En avant ! » Mais l'ordre de charger n'arriva pas, car, au petit jour, nous vîmes les poutres, les madriers, les bateaux autrichiens, criblés de mitraille, descendre la rive à la débandade. Le plus avancé des deux ponts n'allait pas jusqu'au milieu du courant, l'autre était à peine commencé. On nous avait fait mettre pied à terre pour reposer nos chevaux avant la charge, et chacun tenait le sien par la bride. Vers sept heures, le canon se tut, la fusillade cessa; le grand coup de l'archiduc était manqué. Dans ce moment, le général Klein, passant ventre à terre sur notre front de bataille, cria d'une voix tonnante : « La *Marseillaise*! » Et la musique du 28ᵉ chasseurs commença le chant national.

Après la musique des chasseurs, celle du 9ᵉ hussards joua le *Chant de guerre de l'armée du Rhin*, qu'on a nommé depuis le *Chant du départ*, et puis la nôtre, le *Réveil du peuple*. Après cela, tous les commandements retentirent : « Par file à droite ! par file à gauche ! » Chaque demi-brigade d'infanterie ou de cavalerie reprenait le chemin de son cantonnement. Le soir, notre demi-brigade était rentrée à Bremgarten.

Cette affaire de Ditikon fut le dernier effort des Autrichiens en Suisse contre Masséna. Nous avons appris par la suite qu'une rivalité dangereuse existait entre l'archiduc Charles, général en chef des impériaux, et Souvarof, généralissime des armées russes en Italie. Ces deux hommes de guerre avaient chacun leur plan de campagne ; mais ni l'un ni l'autre ne voulait servir en sous-ordre. Il paraît que le plan de Souvarof finit par l'emporter à la cour d'Autriche, d'autant plus que le vieux Cosaque, vainqueur de Kosciuzko, pouvait l'exécuter seul, avec les 30 000 Russes que le général Korsakof venait d'amener du fond de la Russie jusque sur la Limmat. Souvarof eut dès lors le commandement en chef : il donna des ordres d'Italie à Jellachich, à Hotze, à Linken, à Korsakof, et l'archiduc, avec son corps d'armée, se retira sur le Neckar, sous prétexte que les républicains menaçaient l'Allemagne de ce côté.

Je me souviens que l'oncle Garnier passa un jour, vers cette époque, par Bremgarten, porteur d'une missive pour Moreau, et qu'il fit halte devant notre hangar.

« Eh! Eh! vous n'êtes pas mal logés par le temps qui court! » s'écria-t-il en mettant pied à terre.

Et, jetant d'abord un coup d'œil sur les chevaux, il félicita Wenzel de leur bonne tenue, attacha le sien au râtelier, puis, se retournant, il me demanda :

« Vous devez avoir dans cette bicoque un coin où l'on pourrait causer en tête à tête?

— Vous n'avez qu'à monter l'escalier, lui cria la cantinière, qui nous écoutait.

— Eh! c'est Françoise, fit-il en riant; tu n'as pas quitté l'escadron? Le commerce roule?

— Toujours, citoyen Garnier, toujours.

— Et Cocotte?

— Cocotte est restée aux lignes de Wissembourg; je l'ai déjà remplacée trois fois : nos bourriques n'ont pas de chance.

— Pauvre Cocotte! dit l'oncle, une si bonne bête! Mais tout s'use..., tout s'use!... »

Et nous grimpâmes l'échelle de meunier du chalet, dont le rez-de-chaussée seul était habité, vu la difficulté de grimper à cette échelle, dont chaque échelon branlait. La salle du haut n'avait qu'une table et deux ou trois escabeaux se promenant à droite et à gauche au hasard. L'oncle, ouvrant une fenêtre, cria :

« Françoise, monte une bouteille d'eau-de-vie et des petits verres. »

Puis il s'assit à table, et je pris place en face de lui. La cantinière monta nous servir, et, comme elle redescendait, l'oncle, remplissant les petits verres, me dit :

« Jacques, je suis content de toi : tu as bravement quitté le pays pour venger la patrie ; c'est bien ; si Claude était là, il t'approuverait. »

En même temps, il me tendit la main, que je serrai avec émotion. Nous restâmes ainsi longtemps à nous regarder, les yeux troubles, puis il reprit :

« Claude était mon cadet de trois ans. Après la bataille de Fleurus, je l'ai cherché parmi les morts et j'ai fini par le trouver. Il était tombé avec son cheval du même coup de mitraille ; il se tenait encore en selle presque droit, le sabre à la main et les yeux ouverts comme s'il avait vu fuir l'ennemi. Je me suis promis de le venger, et je l'ai vengé plus d'une fois. »

Les lèvres de l'oncle frémirent.... Je l'écoutais, le cœur serré, sans répondre.

« Oui, reprit-il, j'aurais pu rester dans les rangs. Je serais peut-être maintenant chef de brigade, car les cadres se sont renouvelés après chaque campagne, et, à moins de laisser mes os en route, mon tour serait peut-être venu naturellement, comme celui des autres. Mais qu'est-ce qu'un sabre de plus ou de moins sur vingt mille? Ce qu'il faut au général en chef, ce sont des renseignements sûrs, positifs : c'est avec cela que Hoche, Moreau, Bonaparte, Kléber ont remporté leurs victoires. Un bon renseignement arrivant à propos vaut dix mille hommes. C'est pour cela que je suis entré dans la commission des informations et des missives. J'ai de l'œil, je connais les hommes et les choses, je parle l'allemand, l'anglais, l'italien, l'espagnol comme le français : cela me permet d'entrer partout, et je me flatte d'avoir paré plus d'un coup dangereux de l'ennemi, Claude doit être content. »

Il souriait; puis, remplissant de nouveau les verres :

« Allons, Jacques, au souvenir de ton père et de tous les braves qui sont tombés pour la patrie. »

Sa figure avait pris une expression grave.

« Oui, lui répondis-je, au souvenir de nos anciens. »

Nous vidâmes nos verres, puis, au bout d'un instant, étant allé voir à la soupente si personne ne pouvait l'entendre, il revint s'asseoir et me dit :

« Je porte une dépêche à Moreau, qui va déclarer Gênes en état de siège par ordre du ministre de la guerre. Il paraît que ces gueux d'Italiens veulent se révolter contre nous et qu'il faut leur serrer la bride. En revenant de là, je verrai ce que font les Russes que Souvarof commande de l'autre côté des Alpes.

— Mais, mon oncle, lui dis-je, vous risquez d'être reconnu.

— Bah! fit-il, ne t'inquiète pas : un chapeau de crin, une souquenille de maquignon, une grosse trique changent singulièrement la physionomie d'un homme. Souvarof achète des mulets, je lui vendrai des mulets.

— Mais vous seriez pendu comme espion.

— Tu crois? fit-il en me jetant un coup d'œil de côté. Au fait, c'est bien possible.... A la guerre comme à la guerre. Je n'ai pas de préjugés, neveu : être fusillé, pendu ou mourir dans un lit..., cela m'est indifférent. Il faut toujours finir d'une manière ou d'une autre.... Et puis j'aime les émotions. »

Et, se levant :

« Jacques, dit-il, si, par impossible, je ne revenais pas, tu saurais que ton oncle Jean a pris le même chemin que ton père Claude, et tu nous vengeras tous les deux. Allons, en route!... »

Nous redescendîmes à reculons l'échelle branlante ; il tira son cheval de l'écurie, en serra les sangles, paya Françoise, puis, m'ouvrant les bras :

« Embrassons-nous, dit-il, me répétant les paroles de mon père. Tu ne m'oublieras jamais?

— Non, jamais ! »

Il partit au trot, et moi, le regardant filer dans la direction de Zug, je me sentais pâle comme un mort.

Trois semaines environ se passèrent, et... toujours rien de nouveau. Nos reconnaissances revenant de la vallée d'Albisrieden disaient seulement que les Cosaques allaient à la découverte en suivant la Sihl, torrent qui longe le lac jusqu'à Zurich, et que les Russes remplaçaient les Autrichiens dans toutes leurs positions sur la rive gauche, notamment à Wollishofen, qui leur servait de poste avancé. Tu sais qu'au sortir du lac, la Linth prend le nom de Limmat et sépare Zurich en deux parties : la grande ville à droite et la petite à gauche, de notre côté. Un pont les réunissait. C'est dans la petite ville que Korsakof concentrait ses troupes : on ne voyait plus sur notre rive que hauts shakos pointus se promenant dans les bastions et les chemins couverts. Évidemment, ces gens voulaient nous attaquer, et nos anciens s'indignaient de ce qu'on eût l'air de les craindre.

Tout à coup, nous reçûmes l'ordre d'évacuer Bremgarten. Nos trois escadrons descendirent à Ditikon, où beaucoup de cavalerie se trouvait réunie : des hussards, des chasseurs, des dragons. Le général Klein nous passa en revue, puis nous fûmes dirigés, entre les forêts de Niederurdorf et de Schlieren dans la plaine, en face de Zurich, sur la rive gauche. On bivouaquait dans les vallées à l'ombre de l'Utliberg, d'où j'avais regardé, quelques semaines auparavant, tout le nord et l'est de la Suisse. Ce souvenir me revenait. Je me rendais parfaitement compte de notre position. Il m'arrivait aussi de me représenter l'oncle Garnier en chapeau de crin et en souquenille de maquignon, allant et venant de l'autre côté des Alpes, parmi les troupes de Souvarof, et je frémissais de ses dangers. Je pensais aussi à ma mère, à mes sœurs, à l'oncle Didier, à notre petite imprimerie de Sarrebourg, à la bonne vie tranquille qu'on menait là-bas, et tous ces souvenirs m'attendrissaient.

Les convois de vivre nous arrivaient alors plus régulièrement de Bâle et de Rheinfelden; on trouvait aussi de quoi fourrager dans les maisons forestières, et tout semblait redevenir plus calme, quand, le 3 vendémiaire an VIII (25 septembre 1799), un matin, avant le jour, nous entendîmes gronder le canon à gauche, dans la direction du Rhin, puis à droite, à l'autre bout du lac, sur la Linth. Aussitôt nous fûmes à cheval, remontant la côte d'Urdorf, où le 6e hussards et le 23e chasseurs, échelonnés par escadrons, se trouvaient en observation, prêts à descendre dans la plaine. La bataille de Zurich commençait. A la même heure, presque à la même minute, Ménard dirigeait une fausse attaque sur Brugg, au confluent de la Limmat et de l'Aar; Soult, à l'autre bout du lac, traversait les marais de la Linth pour surprendre Hotze dans ses cantonnements, et Masséna donnait le signal du passage de la Limmat, en face de nous, dans l'anse même de Ditikon, où l'archiduc Charles avait voulu passer. Le champ de bataille embrassait une étendue de quinze lieues au moins.

L'ennemi avait pensé nous attaquer, et c'est nous qui l'attaquions. Quelques jours auparavant, Masséna avait reçu une dépêche interceptée par un de nos avant-postes et qui contenait le plan de campagne de Souvarof. Les troupes russes devaient, d'après cette dépêche, quitter le Piémont pour se rendre en Suisse et arriver, le 17 septembre, au pied du Saint-Gothard, Masséna, comprenant aussitôt qu'il n'avait plus de temps à perdre, convoqua un conseil de guerre, et l'attaque fut résolue. Nous autres, en arrière de la ligne, échelonnés sur les pentes de l'Utliberg, nous découvrions l'ensemble de l'action aussi loin que pouvaient s'étendre nos regards. De chaque repli de terrain, à perte de vue, s'élevaient des nuages de fumée. Je crois entendre encore le roulement de la canonnade et les cris lointains :

« En avant ! en avant ! »

Toute notre cavalerie et la division Mortier, l'arme au bras, étaient en réserve dans leurs positions sur l'Albis, attendant une sortie générale du Petit-Zurich, prêts à la repousser. Cette sortie, en nous prenant à revers au passage de la Limmat, nous aurait forcés à nous défendre sur la rive gauche et aurait compromis le sort de la bataille. Korsakof n'y songea pas, et le passage continua sans interruption. Nos chevaux hennissaient, se cabraient et voulaient partir à toute force : ces animaux ont la fureur des combats autant que nous.

A mesure que la brume matinale se dissipait, nous distinguions mieux le mouvement de nos troupes dans le coude de Ditikon. Le général en chef avait fait transporter là des barques du lac de Zug, à travers monts et ravins : nos grenadiers de la division Lorge s'y jetaient à la hâte, et passaient le torrent à travers une grêle de balles. A peine de l'autre côté, ils se réunissaient en compagnies, couraient sur les avant-postes russes, et les repoussaient à la baïonnette, s'étendant sur les collines de Fahr à l'ouest de Zurich. C'était le vrai nœud de l'action. Deux routes, partant de Zurich, traversent ces hauteurs et conduisent en Allemagne : celle d'Eglisau et celle de Winterthur. Il s'agissait de s'en emparer et de couper à l'ennemi la retraite sur le Rhin. Aussi, quel acharnement dans l'attaque et dans la défense! Nos batteries, restées en position provisoire sur la rive gauche, rasaient tout l'intérieur de l'anse pour en écarter l'ennemi; nos pontonniers, plongés dans l'eau jusque sous les bras, enfonçaient dans le gravier les piliers d'un pont où passeraient l'artillerie et les munitions. Masséna, descendu ventre à terre de Lenzburg, avec son état-major, encourageait le travail, de ces braves gens; son grand plumet tricolore voltigeait au milieu de la fumée. La Limmat bouillonnait sous le feu de la mousqueterie. Le pont avançait lentement, à cause de la violence du courant; mais, enfin, il s'acheva, et les canons, les caissons, les fourgons se mirent à défiler.

Korsakof, ayant compris le danger de se laisser enfermer dans Zurich, commençait à retirer ses troupes de la rive droite; les bastions, les demi-lunes, les retranchements de notre côté se dégarnissaient d'habits verts : toute cette masse se portait dans le Grand-Zurich. Nous sentions que l'ennemi voulait nous échapper, et cette pensée nous remplissait d'impatience et de rage.

A ce moment du récit, la figure du grand-père Jacques s'animait; ses yeux brillaient comme à vingt ans.

Le plus beau souvenir qui me reste de cette journée, continua-t-il, c'est la grande charge du 1er dragons, du 6e hussards et du 23e chasseurs, quand, vers midi, le général Klein, remontant la côte ventre à terre et passant sur notre front de bataille comme un éclair, s'écria : « Demi-tour à gauche..., formez la colonne..., au trot..., marche ! » Tous les chefs d'escadrons répètent le commandement, et nous descendons la côte pour gagner le pont, d'abord au trot, puis au galop. Nous étions en tête..., puis venaient les hussards..., puis les chasseurs.... Le roulement de notre passage sur les madriers est encore dans mes oreilles, avec les cris, les feux roulants, le sifflement aigu de la mitraille dans les baïonnettes, le tumulte grandissant de seconde en seconde à mesure que nous approchions.

Korsakof, pour bousculer Lorge qui lui barrait le passage sur les hauteurs de Fahr, venait de former une colonne massive de toute son infanterie par bataillons, s'avançant au pas de charge. Sous cette masse, nos grenadiers durent reculer; mais alors Masséna, repliant ses ailes, démasqua son artillerie, qui se mit à battre en brèche la terrible colonne.

La mitraille y traçait des rues.... Jamais je n'ai vu tant d'hommes entassés dans les ravins, derrière les haies, au fond des fossés; jamais je n'ai entendu autant de clameurs, de commandements, de jurements en français, en allemand, en russe. Nous tombions en flanc sur la colonne, déjà fortement ébranlée, et nous passions à travers baïonnettes, coups de crosse de fusil, de refouloirs, le dos courbé, la pointe en avant, sabrant, hachant, écrasant tout, comme un boulet entre dans un mur. Il en tombait bien quelques-uns des nôtres, vidant brusquement la selle à droite et à gauche; mais personne n'y faisait attention. Tout au plus un camarade de la même file criait-il :

« Un tel vient de prendre son congé. »

Les chevaux, lancés, continuaient à charger en ligne avec nous, poussant des hennissements sauvages; quelques-uns s'abattaient comme foudroyés.... On bondissait par-dessus... Oui, c'est ce que j'ai vu de plus terrible dans ma vie de soldat : même à Friedland, même à la Moskowa, le massacre n'a pas été plus grand. Après cela, ce n'était peut-être que la première impression;

les premiers souvenirs restent toujours les plus vivants.

L'infanterie russe, l'une des plus vaillantes et des plus solides du monde, ne pouvait résister à ce choc; tout s'en allait à la débandade. Je revois de vieux braves se retourner lentement, la rage au cœur, criblés de coup de sabre, épauler et nous ajuster au milieu de la mêlée, puis, après avoir fait feu, s'abattre au revers du chemin. Ce sang-froid m'émerveille encore quand j'y pense.

Nous arrivâmes pêle-mêle, avec les débris de la colonne, dans les faubourgs de Zurich; mais alors les canons des remparts commençaient à nous balayer, et des coups de trompette pressés, vibrant au milieu du tumulte, sonnaient la retraite. Fanfan, qui connaissait les sonneries aussi bien que moi, faisait demi-tour avec les camarades, et, quelques minutes après, j'étais tout étonné de me retrouver en ligne, sain et sauf, derrière les décombres du village de Hong, rasé par les boulets comme un ponton.

Quelle surprise d'être sorti de cette bagarre! Bien des camarades avaient disparu. Mon sabre ruisselait de sang; j'avais deux coups de baïonnette dans mon portemanteau et dans mes habits; mais la peau n'était pas entamée. Ce fut une véritable satisfaction pour moi de voir mon vieux brigadier Wenzel à son rang ; il souriait et me dit :

« Eh bien ! petit, cette fois nous avons reçu le baptême du feu. »

Notre chef de brigade Veilo en était aussi réchappé ; mais le chef d'escadron Mercier restait étendu là-bas sur les glacis de la place ; un maréchal des logis l'avait vu tomber sous un coup de mitraille.

On peut dire que la destruction de cette colonne russe, forte d'environ douze mille hommes, décida du sort de la journée, car, à partir de ce moment, Korsakof ne tenta plus rien de sérieux, et, jusqu'au soir, il ne fut plus question que de forcer la ville à se rendre. Masséna envoya même un parlementaire au général ennemi, le sommant de mettre bas les armes. C'est le bruit qui se répandit alors dans l'armée ; mais le parlementaire fut retenu prisonnier à Zurich, et son trompette, tué d'un coup de fusil, ce qui porta notre exaspération à son comble. Nous autres du 1er dragons, réduits à deux escadrons environ et abrités contre les boulets de Zurich dans un vieux couvent, nous reçûmes notre ration de pain et d'eau-de-vie, dont nous avions grand besoin, car, depuis la veille au soir, aucune distribution n'avait été faite, et l'on pensait que l'affaire recommencerait le lendemain. Nos chevaux reçurent aussi une bonne ration de foin et d'avoine, ce qui ne leur était pas arrivé depuis longtemps. Enfin, on allait s'étendre dans les corridors du vieux couvent, l'oreille sur le portemanteau pour dormir, lorsque l'ordre arriva de repasser le pont et de rejoindre la division Mortier sur la rive gauche. Ce fut un grand ennui ; mais chacun comprit qu'on attaquerait Zurich des deux côtés à la fois dès la pointe du jour et qu'il faudrait de la cavalerie en avant-garde pour forcer la petite ville.

On se remit donc en selle, et, vers onze heures du soir, nous étions dans notre première position sur l'aile gauche de la division Mortier, et l'on put se coucher à la grâce de Dieu, sous le ciel blanc d'étoiles, en attendant le signal de la seconde bataille. Quant à moi, la bride de Fanfan au coude, je ne fis qu'un somme du 3 au 4 vendémiaire. Les Russes étaient encore en force pour nous résister, car la division Ourusof, détachée à Brugg pour repousser la fausse attaque de Ménard, n'ayant pas donné, fit, durant la nuit, le tour de Zurichberg et vint rejoindre tout entière les débris de l'armée ennemie dans les chemins couverts de la place. Ainsi ses pertes se trouvaient en quelque sorte réparées. Mais Korsakof n'avait plus alors qu'une idée : c'était d'évacuer Zurich en sauvant ses bagages et le trésor de l'armée. La nôtre était, naturellement, de les enlever.

La seconde bataille commença, comme on l'avait prévu, de grand matin sur la rive droite. Nos tirailleurs, postés dans les vignes de Fahr, que traversent les deux routes d'Églisau et de Winterthur, aperçurent, au petit jour, une immense colonne d'infanterie en marche, ses convois et ses bagages dans l'intervalle des bataillons, s'avancer en bon ordre pour gagner le Rhin. Aussitôt ils se disposèrent à la bousculer et, dès qu'elle fut à portée, ils ouvrirent sur elle un feu roulant, que nous entendions très bien de notre position sur l'Albis. Notre artillerie légère se mit de la partie, et nos grenadiers, s'apercevant que le désordre commençait à se produire dans les rangs ennemis, descendirent des collines pour les attaquer à la baïonnette. L'infanterie russe se défendit vaillamment et passa : mais les canons, les bagages et le trésor de l'armée furent rejetés en ville.

Tu penses bien qu'au premier pétillement de la fusillade nous étions à cheval pour attaquer Zurich sur la rive gauche. Le général Oudinot enfonçait les portes à coups de canon sur la rive droite, de sorte que la grande et la petite ville furent en quelque sorte enlevées d'assaut, des deux côtés à la fois. Cavaliers, fantassins, artilleurs s'y précipitèrent d'un élan furieux, rien ne pouvait les arrêter. Korsakof s'était échappé par la route d'Églisau ; mais ses canons, ses drapeaux, des bagages et le trésor restaient en notre pouvoir.

La ville prise, on mit le 23ᵉ chasseurs et le 6ᵉ hussards à la poursuite de l'ennemi vers le Rhin. Le rappel battait de tous les côtés pour empêcher le pillage à Zurich ; pourtant quelques excès furent commis. C'est là que fut tué le bon Lavater, sorti de sa maison au milieu de la fusillade pour apaiser la fureur des combattants.

Enfin, notre victoire était complète, la République en danger était sauvée. Masséna, parlant au Directoire exécutif de l'enlèvement du Petit-Zurich, dit :

« Cette attaque a été faite sous les ordres du général Mortier, qui se loue beaucoup des troupes du citoyen Veilo, colonel du 1ᵉʳ régiment de dragons, commandant provisoirement la brigade de droite. »

Cette seule mention nous transporta tous d'enthousiasme, et pas un seul homme de l'escadron n'aurait hésité à se faire massacrer pour la République. Le soir même de la bataille, quand de tous côtés les coups de fusil retentissaient encore dans la ville, un détachement de nos dragons était de garde à la maison commune, ou Masséna venait d'établir son quartier général. Une foule d'officiers supérieurs ne faisait que monter et descendre l'escalier de l'antique bâtiment, entrer, sortir, s'élancer à cheval et partir ventre à terre pour porter ses ordres dans toutes les directions. On ne pensait plus qu'à Souvarof, qui venait d'Italie, sans se douter que la bataille à laquelle il devait prendre part, était déjà livrée.

J'aperçus tout à coup l'oncle Garnier au haut de l'escalier; il regardait sur la place, et un de nos dragons tenait son cheval en main. Me voyant, il vint à moi :

« Tu n'as rien, Jacques? me dit-il.

— Pas une égratignure, mon oncle.

— Et ton cheval est bon?

— Très bon.

— Eh bien, tu vas m'accompagner dans une mission importante. »

Et, s'adressant au colonel Veilo, il échangea quelques paroles avec lui et il lui montra sa commission. Le colonel me dit :

« Dragon, vous êtes aux ordres du citoyen Garnier. »

Nous partîmes au trot jusqu'à la porte d'Albisrieden, où, tournant à gauche, nous prîmes le galop en suivant la route qui longe le lac. Une quantité de petits villages sont situés sur cette route ; on y voyait encore l'émotion de la bataille, les gens étaient en train de chercher les blessés dans leurs jardins, derrière les haies, aux versants des collines, de ramener les morts par charretées et de creuser des fosses pour les enterrer; d'autres étayaient un mur, un toit, où s'était égaré quelque boulet. A notre approche, des groupes stationnant dans les rues, sur les places, devant les églises, se retournaient et nous regardaient passer. Au bout d'une heure seulement, l'oncle Garnier, sortant de ses rêveries, me demanda :

« Ton cheval est-il ferré à glace?
— Non.
— Eh bien, à la première forge, il faudra le ferrer, car nous aurons bientôt à grimper des côtes où la glace ne manque pas. »

C'est ce que nous fîmes à Lachen, un des derniers villages touchant au lac. Je mis pied à terre et je tins le pied de mon cheval au forgeron :

« Ton cheval est excellent, disait l'oncle; nous venons de fournir un rude temps de galop, et il n'a pas un poil de mouillé. »

Le sien était admirable de vigueur et de beauté, la tête haute, le poitrail large et bien ouvert, les jambes fines, nerveuses, d'une solidité à toute épreuve; il le fallait bien, pour porter un pareil homme. L'opération faite, nous repartimes du même train. La nuit était venue, et les mouvements du terrain s'accentuaient de plus en plus. L'oncle reprit :

« Nous arrivons sur la Linth, et nous allons contourner le Frohnalpstock pour éviter toute mauvaise rencontre. Linken et Jellachich ont rendez-vous avec Souvarof à Glaris, et doivent pousser de fortes reconnaissances dans la vallée du Linthal ; nous en ferons le tour par la montagne, c'est plus sûr.

— Vous connaissez le pays, mon oncle?

— Si je le connais! Depuis l'an IV, je fais le service entre la France, la Suisse et l'Italie ; j'ai passé partout et dans tous les temps : par les Grisons, par le Saint-Gothard, par le mont Cenis, par le Simplon, par le grand et le petit Saint-Bernard, par la Corniche, à pied, à cheval, en traîneau. Personne ne connaît mieux les Alpes que moi. Lecourbe le sait bien ; quand il s'agit d'une dépêche importante, c'est à Garnier qu'il la confie. »

Puis, tout à coup, changeant de conversation, il s'écria :

« Hé, l'affaire me paraît avoir été chaude par ici comme sur la Limmat ; nous avons perdu beaucoup de monde. »

En effet, plus nous avancions, plus nous voyions de nos vieux chapeaux républicains au clair de lune, couchés dans les roseaux, et peu d'Autrichiens ; cela nous attristait. Mais bientôt, élevant la voix et m'indiquant la rive opposée, l'oncle s'écria :

« Jacques, regarde là-bas sur la côte, en voilà des habits blancs, en voilà. Les nôtres sont tombés pendant l'attaque sous les balles de l'ennemi ; ceux-là ont été tués par la baïonnette. »

Il semblait tout ranimé ; moi, je restais pensif ; l'immobilité de tous ces êtres étendus dans la solitude, les cimes dont l'ombre mélancolique se prolongeait derrière nous dans la plaine d'Einsiedeln, et le grand silence qui n'était rempli que du bruit des torrents, tout cela me serrait le cœur, et, pour secouer cette impression, je lui demandai :

« Vous avez vu ma mère, mes sœurs, et l'oncle Didier à votre dernier passage en Lorraine?

— Non, dit-il, depuis l'affaire de Rastadt, je n'ai plus quitté l'armée, et, comme je te l'ai dit, j'ai gagné l'Italie ; j'ai vu les préparatifs de Souvarof à Bellinzona. On réquisitionnait des mulets ; on démontait les Cosaques pour atteler leurs petits chevaux aux fourgons, faute d'autres moyens de transport ; on expédiait l'artillerie et les bagages par le lac de Côme et la route de Chiavenna. Rosenberg, à la tête de l'avant-garde, se mettait en marche ; je l'ai devancé par le val Levantina, annonçant à Gudin, près d'Airolo, l'approche des Russes, et, de là, j'ai pris un sentier de chèvre, qui m'a conduit à Andermatt, où j'ai prévenu Lecourbe du mouvement général de Souvarof. Il venait d'apprendre lui-même qu'une forte colonne autrichienne, remontant la vallée de Maderan, avait débouché sur ses derrières à Vazen; il fallait la bousculer, pour n'être pas pris entre deux feux, et tu penses bien qu'on ne perdit pas de temps. Ce fut l'affaire d'une heure; les trois mille grenadiers d'Auffenberg rentrèrent précipitamment dans leur vallée, après un rude combat, laissant quelques centaines des leurs sur le terrain, et nous descendîmes tranquillement la Reuss par la rive droite, sans autre obstacle, jusqu'à Altorf. C'est là que Lecourbe me chargea d'une dépêche pour Masséna; cette dépêche avança la bataille qui ne devait avoir lieu que le 4 vendémiaire, et tu vois qu'il était temps d'agir. »

En ce moment un cri de : « Qui vive ? » retentit à cent pas devant nous.

« Ah! dit l'oncle, toutes nos troupes n'ont pas encore quitté la Linth; c'est bien heureux, car Souvarof pourrait prendre cette direction pour rallier les débris de Hotze et de Korsakof. » Puis il répondit :

« France!

— Quel régiment?

— 1ᵉʳ dragons.

— Officier de garde, venez reconnaître des hommes du 1ᵉʳ dragons, » dit la sentinelle dans le grand silence de la nuit.

Et, presque aussitôt, nous vîmes sortir d'une carrière entaillée à gauche dans la montagne un poste, précédé de son falot malgré le clair de lune. Un capitaine le commandait :

« Vous n'êtes pas du 1ᵉʳ dragons, dit-il à l'oncle.

— Je suis chargé d'une commission pour le général Molitor; voici mon laissez-passer du quartier général. »

Le capitaine lut le laissez-passer très attentivement à la lumière du falot.

« Vous n'avez rien reçu pour le général Gazan? demanda-t-il à l'oncle en lui rendant le laissez-passer.

— Non, capitaine.... Y a-t-il des ennemis en campagne?

— Nous n'avons encore rien vu, citoyen, mais vous ferez bien de prendre par le Frohnalpstock.

— C'est mon intention. »

Nous repartîmes au trot. Plus loin, l'oncle reprit :

« Gazan commande maintenant la troisième

division sur la Linth. Soult a quitté ce commandement sans retard ; il est au quartier général et accompagnera Masséna dans une pointe sur le lac des Quatre-Cantons, à la recherche de Souvarof. Notre affaire à nous, c'est de prévenir Molitor du rendez-vous de Jellachich, de Linken et de Souvarof à Glaris, qu'il occupe avec la 84e demi-brigade. Il va se trouver entre trois corps d'armée : ce sera le cas de faire feu des quatre pattes, pour les empêcher de se rejoindre. »

Ces réflexions, il se les faisait tout haut à lui-même ; puis, s'adressant à moi :

« Si Souvarof ne s'était pas arrêté trois jours à Bellinzona, dit-il, les affaires pouvaient prendre une toute autre tournure. Il aurait repoussé Lecourbe, qui n'était pas en force pour lui résister ; il aurait gagné le lac de Lucerne, en suivant le cours de la Reuss, il l'aurait longé sur sa rive droite, et il pouvait déboucher à Schwitz, où Jellachich et Linken l'auraient rejoint par la vallée de Metzthal. Masséna n'aurait eu que le temps de battre en retraite sur Bâle, pour défendre la Franche-Comté. Tu vois à quoi tient le sort des batailles. Peut-être même, en ce moment, malgré notre victoire, Souvarof va-t-il tâcher de rallier les débris des Autrichiens sur la Linth, car c'est un vieillard tenace, actif, résolu, qui ne renoncera pas facilement à ses projets.

— Vous l'avez vu, mon oncle ?

— Oui, je l'ai vu à Bellinzona : un petit homme sec, habillé de blanc et la poitrine chamarrée de décorations ; il a le front haut, les yeux perçants, la barbe et les moustaches blanches. On ne comprend pas que tant d'énergie existe dans un être aussi chétif : le poids de son sabre le fait pencher à cheval. Je l'ai entendu crier : « En avant ! » le sabre en l'air ; sa voix vibrait comme un clairon, et tous ses grenadiers, frémissant d'enthousiasme, répondaient par mille cris de : « Vive Souvarof ! » Rendons justice même à nos ennemis : pour inspirer à son armée un pareil enthousiasme, il ne faut pas être un homme ordinaire. Il a vaincu Kosciusko, Macdonald et Joubert ; c'est un barbare de génie. »

L'idée que Souvarof pouvait être déjà dans la même vallée que nous, poussant des reconnaissances, me faisait regarder au loin entre les pics couronnés de neige ; mais je ne voyais que l'immense solitude et la Linth, encombrée de roches, rouler ses masses d'écume sur les galets. Notre chemin, à mesure que nous montions, devenait blanc de neige, et, de loin en loin, un pont s'élançait au-dessus des torrents. A deux ou trois cents pas d'un de ces ponts, l'oncle Garnier, mettant pied à terre, s'enveloppa d'un grand manteau et me dit :

« Fais comme moi, Jacques : avant une heure, nous serons sous le vent des glaciers ; il y a là-haut des courants d'air terribles. »

Je venais de suivre son conseil et j'étais en train de déboucler mon portemanteau, quand trois individus en veste de chasse, le chapeau pointu à larges bords, les hautes guêtres de toile remontant au-dessus des genoux et tous les trois armés de longs bâtons ferrés, s'élancèrent à la bride de nos chevaux. Mais l'oncle était déjà sur son cheval, le faisant cabrer de toute sa hauteur. J'entendis, au même instant, deux détonations coup sur coup, qui retentirent au loin dans les échos, et deux hommes tombèrent. Le troisième, sans lâcher la bride de Fanfan, me serrait rudement au collet. J'étais à demi renversé, ne pouvant me défendre ; mais l'oncle, debout sur ses étriers, s'allongeant de côté avec une rapidité foudroyante, lui porta un coup de pointe à la gorge, qui l'envoya rouler jusqu'au bord du précipice.

« A cheval, à cheval ! criait l'oncle, nous allons recevoir des coups de carabine. »

Tu penses si je perdis une seconde. Nous repartîmes au triple galop, traversant le pont en deux bonds, et seulement vingt minutes après, ralentissant notre course, nous jetâmes un coup d'œil derrière nous. Nous ne vîmes plus rien que la route blanche et les perches clouées sur leurs piquets en garde-fou au revers de l'abîme.

« Les gredins nous avaient vus de loin, dit l'oncle ; ils nous attendaient en embuscade. Ils ont eu leur compte, mais attention ! nous pouvons en rencontrer d'autres. Tu n'as que ton mousqueton ?

— Oui.

— Mauvaise arme à cheval, dit-il en tirant de ses fontes une cartouche, qu'il déchira et vida dans le canon d'un de ses pistolets. Puis, l'ayant bourrée, il amorça avec une petite corne qu'il portait en sautoir. Il en fit autant de l'autre et, continuant à marcher, il me dit en souriant :

— Mon coup de pointe est arrivé à propos ?

— Oui, le gueux m'avait pris à la gorge, et, sans vous....

— Garçon, il faut toujours avoir l'œil ouvert à l'entrée d'un défilé. Ces trois bandits, nous voyant tous les deux pied à terre, ont cru n'avoir qu'à nous prendre comme la pie au nid et nous ramener, les mains liées sur le dos, à la queue de nos propres chevaux. Ils se sont trompés. Dans des occasions pareilles, Jean-Paul Garnier redevient jeune comme à vingt-cinq ans. Tu as vu ça ; tâche de t'en souvenir. Porte ton mousqueton à la grenadière : c'est plus vite fait d'armer et d'épauler ; mais, surtout, ne te laisse jamais approcher la nuit sans avoir la main sur la garde de ton sabre.

— Les bandits se sont jetés sur nous comme des loups, lui dis-je.

— Eh! ce ne sont que des loups, fit-il, pas autre chose. »

Plus nous montions, plus la neige devenait profonde et plus le chemin paraissait étroit. A gauche, la montagne toute nue s'élevait presque à pic; des masses de neige arrondies menaçaient de rouler sur nous. A droite, la vallée sans bornes s'étendait, couverte de vapeurs, vers Einsiedeln et Glaris.

« Nous avons du bonheur, dit l'oncle, que le temps soit calme. Si le vent s'élevait, nous serions aveuglés par la poussière de neige, sans parler des avalanches, qui se détachent au moindre bruit : le hennissement d'un cheval suffit quelquefois pour les faire descendre. »

Au bout d'une heure environ après la rencontre des trois coquins qui dormaient maintenant là-bas près du pont, nous arrivâmes, au tournant de la route, devant une file de maisons appuyées à la montagne. Cela ne formait pas de ruelle, car il n'y en avait qu'une seule rangée. En face, à vingt pas, se trouvaient les perches en garde-fou, et plus loin le gouffre. Du reste, toutes ces maisonnettes étaient silencieuses; des flocons de neige couvraient leurs petites vitres dans l'ombre; leurs toitures étaient plates, comme affaissées sous de lourdes pierres. Pas une échoppe, pas un hangar au dehors où le vent aurait pu s'engouffrer :

« Voici un hameau, dit l'oncle Jean. A quelle heure as-tu mangé?

— A six heures, j'ai mangé ma soupe, avant de monter la garde.

— Eh bien! moi, dit-il, depuis hier matin, je n'ai rien mis sous la dent. Il est vrai que, de temps en temps, j'ai bu un coup d'eau-de-vie : cela soutient; mais, à cette heure, ma gourde est vide. »

Nous avions déjà dépassé plusieurs de ces baraques quand nous en vîmes une, l'avant-dernière, dont les vitres étaient éclairées à l'intérieur. Aussitôt l'oncle mit pied à terre, en me disant :

« Nous allons voir là-dedans s'il n'y a pas moyen de se ravitailler. Reste à cheval, tiens le mien par la bride; je vais revenir. »

Il prit dans ses fontes un de ses pistolets, et, comme il approchait de la baraque, se courbant déjà pour entrer, nous entendîmes crier de l'allée :

« C'est toi, Christian? C'est vous, Kasper, Heinrich? »

L'oncle poussa la porte et répondit en allemand :

« Non, ma bonne femme, ce sont des étrangers qui viennent vous demander un morceau de pain et un verre de vin pour continuer leur route. »

Il finissait à peine de parler qu'une vieille en jupe de laine et gros sabots bourrés de paille, la tignasse grise tortillée sur la nuque, paraissait, nous lançant un regard de pie :

« Nous ne tenons pas auberge, dit-elle.
— Où donc y en a-t-il une? demanda l'oncle.
— Il n'y en a pas, fit-elle. Qui êtes-vous?
— Nous sommes au service de Sa Majesté apostolique, dit l'oncle, et nous vous demandons un morceau de pain pour l'amour de Dieu. »

Alors la vieille se radoucit, et, me regardant des pieds à la tête avec une attention singulière :

« Ce beau cavalier est avec vous? fit-elle.
— Oui, bonne mère, lui dis-je en allemand.
— Où donc allez-vous?
— A Schwanden, répondit l'oncle, prévenir le major comte de Rosenkrantz que Mgr le feld-maréchal baron de Linken arrivera sans faute demain matin. »

Dès ce moment, la vieille fut convaincue, et lui dit :

« Entrez, monseigneur; le jeune cavalier peut entrer aussi.

— Non, nous sommes pressés, fit-il. Vous avez du pain, bonne mère?

— Oui, oui, venez; nous avons cuit la semaine dernière, et nous avons aussi du vin de la Valteline. »

L'oncle entra. J'entendis une autre voix parler dans la maison, puis l'oncle et la vieille ressortirent avec une grande miche de pain de seigle et une cruche de vin :

« Bois un coup, me dit-il; l'homme de la bonne vieille est malade, et ses trois fils sont partis voilà bientôt une heure : ils sont appelés pour servir de guides au feld-maréchal Jellachich. Ce sont eux que nous avons rencontrés là-bas, de l'autre côté du pont, et qui nous ont souhaité le bonjour. »

Je levais la cruche, en écoutant.

« Oui, ajouta la vieille, et maintenant les trois régiments de Bender, de Sacken et de Hilburghausen doivent être en route.

— Bon, dit l'oncle, nous espérons bien arriver tous ensemble à Glaris, pour exterminer ces gueux de républicains, que le ciel confonde ! »

En même temps, enlevant la bride et le mors de nos chevaux, il leur passait des tranches de pain. Il m'avait aussi remis une tranche, et nous mangions tous ensemble, hommes et bêtes, du meilleur appétit, pendant que la vieille souriait. L'oncle, après m'avoir laissé boire, vida la cruche d'un trait et dit à la vieille :

« Allez la remplir encore une fois; nos chevaux sont fatigués : il faut entretenir les pauvres animaux que Sa Majesté apostolique nous a confiés pour une si rude campagne. Remplissez aussi ma gourde, afin que tout soit en ordre. »

Et la vieille s'empressa d'obéir.

« Tu vois, me dit-il à voix basse, pendant qu'elle était rentrée, tu vois que nous n'avions pas de temps à perdre. »

La femme revint, et l'oncle, sachant par expérience quelle vigueur le vin donne aux chevaux épuisés de fatigue, versa la moitié de sa cruche dans la bouche du sien, en lui levant la tête. Fanfan reçut le reste sans se faire prier.

« A quelle heure les troupes de Jellachich doivent-elles passer? demanda l'oncle en se mettant en selle.

— Demain, de grand matin, répondit la vieille : l'express l'a dit, sans faute.

— C'est bien; merci, ma bonne mère, dit-il en lui donnant un florin; voici pour vous, et portez-vous bien.

— Que le bon Dieu vous conduise! » dit la vieille, émerveillée.

Nos chevaux avaient repris toute leur vigueur. Au bout d'une heure environ, ayant atteint le point culminant de la route, nous recommencions à descendre et bientôt nous atteignîmes la région des bruyères, puis celle des sapins. D'immenses coulées avaient entraîné, en certains endroits, rochers, arbres et terres jusqu'au fond de la vallée ; ces passages étaient difficiles ; mais, plus bas, nos chevaux, se trouvant sur un terrain plus ferme, se remirent à trotter, poussant parfois de ces petits hennissements qui ressemblaient à des éclats de rire. Depuis longtemps la lune avait disparu derrière les cimes du Glærnisch et du Schild, les plus élevées de ces régions. Le silence absolu qui règne sur les hauteurs recommençait à faire place aux vagues rumeurs de la plaine, au roulement lointain de la Linth, au bourdonnement des cascades tombant dans les précipices. Les premières lueurs du matin répandaient sur les sommets neigeux la teinte rose qui précède le jour. Quelques grands oiseaux de proie se levaient à notre approche et, plongeant dans l'abîme, poussaient leur cri de guerre.

« Nous ne sommes plus loin de Mitlœdi, s'écria l'oncle, et j'espère que Molitor n'aura pas levé le camp ; dans tous les cas, il faudrait suivre la direction, au risque de crever nos chevaux. »

J'allais lui répondre que j'étais prêt à faire ce

qu'il voudrait, quand le cri de : « Qui vive? » nous arrêta tout court.

« Nous y sommes, » fit-il.

Et, prenant aussitôt le pas, il répondit de sa forte voix :

« France, courrier extraordinaire. »

Deux minutes après, nous étions entourés de grenadiers ; le chef de la grand'garde, un lieutenant de la 84ᵉ demi-brigade, parcourait notre laissez-passer d'un coup d'œil ; il en examinait la signature et le cachet, et il finit par dire à l'un de ses hommes :

« Caporal, vous allez accompagner le citoyen et son dragon au quartier général. Vous les ferez reconnaître ; prenez un piquet. »

Nous repartîmes, ainsi escortés, traversant un pont de bois sur la Linth. Le caporal et ses hommes allaient en avant, échangeant le mot d'ordre avec les sentinelles.

Mittœdi, vieux bourg d'environ cinquante feux, à vingt minutes de Glaris, dormait encore. La 84ᵉ demi-brigade bivouaquait aux environs. En arrière du pont, deux pièces de huit menaçaient la rive droite. Nous entrâmes dans le bourg, et, devant un grand chalet, un planton de garde vint nous reconnaître.

« Tiens mon cheval, » dit l'oncle en mettant pied à terre.

Il suivit le brigadier de planton dans le chalet. Là, j'attendis bien une demi-heure devant le péristyle, surmonté d'un auvent où s'étendaient quelques festons de lierre et de vigne vierge aux teintes pourpres. Il me semble encore voir les hommes de garde aux environs, toutes ces figures bronzées à longues barbes et grosses queues, coiffés du chapeau à cornes la pointe relevée, m'inspectant en silence, et les deux sentinelles allant et venant l'arme au bras. Quels souvenirs! J'entends le bourdonnement de la Linth, couverte de vapeurs blanches à cette heure matinale. Je crois y être. Tout à coup, la porte du chalet s'ouvre, et le général fait deux pas sur le perron; l'oncle le suit. Molitor avait alors trente ans; au premier coup d'œil, on reconnaissait en lui le type énergique de notre pays lorrain : le front carré, les gros sourcils ébouriffés, le nez court, les fortes moustaches brunes et le large menton. Il était de Hayange, et, l'un des premiers, il avait pris le fusil à la levée en masse. La simplicité de l'uniforme républicain aux grands parements rabattus, sans ornements ni décorations, faisait encore mieux ressortir la vigueur de sa physionomie.

« Êtes-vous en état de porter une dépêche? demanda-t-il à Garnier.

— Je suis en selle depuis hier matin, dit l'oncle;

mon cheval a besoin de souffler : il lui faut au moins trois heures de repos.

— Et le dragon?

— Le dragon était hier à la bataille de Zurich, et nous avons couru toute la nuit par les neiges du Frohnalpstock. »

Un chasseur sortait alors de l'écurie du chalet et présentait un cheval à Molitor; il y monta brusquement.

« Eh bien! fit-il, je vais envoyer une de mes ordonnances à Weisen. Reposez-vous : j'aurai des ordres à vous donner, citoyen. »

Puis, s'adressant au chasseur :

« Ces chevaux sont de service, » fit-il en partant vers le pont.

L'oncle n'était pas homme à laisser le soin de son cheval à d'autres, ni moi non plus. Nous conduisîmes nos chevaux à l'écurie, où, les ayant déchargés du portemanteau, débridés et fourragés, il me demanda :

« As-tu faim?

— Non.

— Eh bien! moi non plus; couchons-nous et dormons : c'est ce que nous avons de mieux à faire. Brigadier, vous mènerez boire nos chevaux dans une heure : ils sont encore échauffés. Et, si l'on a besoin de nous, vous saurez que nous sommes là.

— Oui, citoyen. »

En même temps, nous entrâmes dans la grange voisine ; chacun s'étendit sur une botte de paille, et, cinq minutes après, nous dormions profondément.

Il pouvait être midi, lorsque l'oncle, me secouant, s'écria :

« Tu es donc sourd, Jacques ? Tu n'entends rien ? »

Le fait est qu'une fusillade formidable remplissait la vallée. Je ne pris que le temps de tirer mes bottes, de serrer mon ceinturon et de le suivre. Dehors, nos chevaux étaient déjà sellés, prêts à partir. Les balles passaient au-dessus de nous comme des volées de pigeons.

« Le général vient de me donner ses ordres, s'écria l'oncle enfourchant son cheval. En route. »

Je fis de même, et nous partîmes dans la direction de Glaris. Je tournai la tête en galopant : un nuage de fumée couvrait la 84ᵉ demi-brigade, et sur la côte au-dessus se déployaient les Autrichiens, dont la fusillade pétillait derrière chaque buisson.

« Linken est arrivé pour se rendre à Glaris, au rendez-vous de Souvarof, me criait l'oncle. Heureusement, tous les ponts au-dessus et au-dessous sont coupés. Molitor va tenir là comme un clou. Linken ne passera pas. »

Il ne m'en dit pas plus ; nous traversions alors Glaris au galop, sans crier gare. Les gens, nous entendant venir de loin, s'écartaient précipitamment. Je me souviens qu'à l'autre bout de la ville, devant une auberge, l'oncle sauta de cheval en me jetant sa bride, entra, puis ressortit, fourra quelques provisions dans ses sacoches, et se remit en selle en me répétant :

« En route, en route ! »

Un peu plus loin, il me dit :

« Mets ton mousqueton à la grenadière et sois prêt à sabrer. Maintenant, nous sommes presque sûrs de rencontrer les Cosaques. Souvarof s'est engagé dans le défilé de la Muotta, pour franchir le col du Pragel, là, devant nous : il pense trouver Linken à Glaris. Mais un vieux renard comme lui ne marche pas sans s'éclairer au loin : nous avons deux mille chances de rencontrer une hourrah. Alors, hardi, garçon ! il faut passer coûte que coûte ; ceux qui se sauvent, on les rattrape, on les entoure, on les hache, et c'est bien fait.

— Soyez tranquille, lui dis-je ; cinquante Cosaques ne me feraient pas tourner bride. Mais où allons-nous ?

— Je te dirai ça plus tard, fit-il. Voici la bourgade de Nesselthal, un vrai nid de capucins. Tous les petits cantons sont contre nous ; celui-ci, depuis des siècles, avait ses seigneurs et nous en veut à mort de les avoir chassés ; les ânes tiennent à leur licou, et les mulets à leurs clochettes. »

Nous traversâmes Nesselthal, comme Glaris, au galop ; puis, tournant à gauche, nous poursuivîmes notre route dans une vallée marécageuse, côtoyant un petit lac bordé de joncs et de roseaux.

« Nous sommes dans la vallée du Klœnthal, me dit l'oncle, et, là-bas, tout au bout, tu vois la route qui monte au col de Pragel ; de l'autre côté, elle descend de gradins en gradins jusque dans la vallée de la Muotta, où l'armée de Souvarof se trouve entassée en ce moment. Une ordonnance de Lecourbe vient d'en apporter la nouvelle à Mitlœdi, et nous allons voir si l'avant-garde russe est déjà maîtresse du col. Dans ce cas, Molitor n'aurait rien de mieux à faire qu'à rejoindre Gazan à Weisen, pour s'opposer au passage de Souvarof entre les deux lacs de Zurich et de Wallenstadt, seule route qui permette au vieux Cosaque de rallier les débris des corps de Hotze, de Jellachich, de Korsakof, et de reprendre l'offensive sur le Rhin vers Constance.

— Mais comment ne prend-il pas la route de Schwitz à Glaris ? m'écriai-je ; ce serait beaucoup plus court et plus sûr que de s'enfoncer dans ces montagnes.

— Ah ! dit l'oncle en riant, Masséna voudrait

bien l'attirer par Schwitz dans les plaines d'Einsiedeln pour lui livrer bataille ; le généralissime s'en doute, et, pour ne pas se battre un contre deux, il cherche à nous échapper par la montagne. »

Au bout d'une heure, nous arrivions sur le plateau du col, où la neige s'était tellement amoncelée que nos chevaux en avaient jusqu'au poitrail. Du reste, pas un Cosaque de près ni de loin. Nous fîmes halte de l'autre côté, à la descente. A notre gauche se creusait le gouffre ; à droite, contre la côte, le chemin se déroulait en ruban jusqu'au pied d'un rocher à pic dont il faisait le tour, ce qui nous empêchait de voir plus loin. Je me souviens qu'à la pointe de ce rocher dormaient deux gypaètes, leur long cou replié entre les épaules, comme des moines dans leur capuchon. C'étaient les seuls êtres vivants dans cette immensité.

« Allons jusque-là, dit l'oncle, pour reconnaître si l'ennemi ne se trouve pas au fond de l'entonnoir. »

Nous commencions à descendre au pas, lorsque nous aperçûmes, au revers de la route, une baraque dont la toiture dépassait à peine la neige.

« Tiens, dit l'oncle, voici un vieux chalet où les voyageurs trouvent sans doute des chevaux de renfort pour franchir le Pragel. Entrons : peut-être apprendrons-nous là quelque chose. »

Il poussait la porte, quand un vieux, en bonnet de laine, vint nous ouvrir.

« Que voulez-vous ? dit-il.

— Nous voulons nous asseoir un instant chez vous, répondit l'oncle, et nous réchauffer à votre feu.

— Eh bien ! entrez. »

Nous abritâmes nos chevaux dans une vieille écurie, où deux pauvres rosses mâchaient leur pitance. Puis, étant entrés dans une chambre fort basse et obscure, nous vîmes une vieille femme en train de filer auprès d'un petit fourneau de maçonnerie.

« Salut, » dit l'oncle, en s'avançant, les épaules courbées.

La vieille inclina la tête sans répondre. Nous nous assîmes devant une table de sapin aux jambes en X, et l'oncle, tirant de ses sacoches les provisions qu'il y avait mises, les déposa sur la table avec sa gourde ; puis, sans autre cérémonie, nous nous mîmes à manger. Le vieux nous regardait, tout rêveur. Il avait refermé une Bible ancienne à grosse couverture de bois ; ses besicles marquaient la page où nous avions interrompu sa lecture :

« Vous êtes bien éloigné du monde, mon

brave homme, lui dit l'oncle tout en mangeant de bon appétit.

— Oui, dit-il, bien souvent une semaine se passe sans que nous voyions personne.

— Je le pense bien; mais en ce moment?

— Oh! c'est toujours la même chose. Plus bas dans la vallée se trouve le couvent des sœurs de Saint-Joseph; en été, quelques-unes viennent jusqu'ici faire leur quête; mais, à l'entrée de l'hiver, tout le monde reste chez soi, excepté ceux qui sont forcés de voyager pour leur commerce.

— Sans doute, mais, ces derniers jours, vous avez dû entendre un grand bruit du côté de Kinzigkulm?

— Je suis un peu sourd, fit-il : à quatre-vingts ans, on a l'oreille un peu dure. Je n'ai rien entendu.

— La semaine dernière, dit alors la vieille, Martin Simpel a passé avec trois mules chargées de toile; c'est peut-être lui que vous cherchez?

— Non, ma brave femme, dit l'oncle. Nous voyageons pour un autre article, et ce jeune soldat m'accompagne parce que je porte de l'argent sur moi : on trouve tant de gueux dans ce monde.

— Oui, dit le vieux en montrant sa Bible, la corruption est grande depuis la chute de l'homme. »

Il allait sans doute entamer ce chapitre, quand l'oncle, se levant, lui demanda :

« Combien est-ce que nous vous devons?

— Ce que vous voudrez. »

Il lui remit quelque petite monnaie, que le pauvre vieux alla déposer dans une corbeille au fond d'un placard. Nous sortîmes, et, comme j'allais tirer les chevaux de l'écurie, l'oncle, regardant à sa montre, dit :

« Il est deux heures; à six heures, nous serons de retour à Mitlœdi; mais nous ne pouvons pas quitter le col sans avoir poussé notre reconnaissance au moins jusqu'à cette roche. De là, nous verrons toute la vallée et nous saurons à quoi nous en tenir. Laissons nos chevaux ici jusqu'à notre retour : ils auront le temps de souffler. »

Nous partîmes donc à pied, n'ayant que deux ou trois cents pas à faire, et, comme nous approchions du rocher, les deux gypaètes, déployant leurs ailes colossales, tourbillonnaient au-dessus du gouffre. En ce moment, l'oncle, tenant d'une main le fourreau de son sabre, me dit au tournant de la roche :

« Attention, Jacques; le chemin est couvert de glace, il est en pente : ce n'est pas ici qu'il faudrait glisser. Et, surtout, ne regarde pas dans le blanc. »

A peine finissait-il ces mots que je le vis reculer brusquement. Je crus qu'il glissait et j'en frémis.... Mais il se tenait ferme adossé au rocher et me dit d'un ton bref, à demi-voix :

« Des Cosaques! Le sabre à la main, et vite! »

En même temps, il jetait son tricorne dans la neige derrière lui, et s'affermissait sur les talons. Qu'allait-il faire? J'avais dégainé, prêt à le soutenir en cas d'attaque, et j'entendais mon cœur galoper dans le grand silence. Quelques secondes se passèrent, puis une tête de cheval à longue crinière parut lentement au tournant du rocher, et l'oncle, le saisissant d'une main hardie à la bride, le repoussa brusquement et lui fit perdre pied derrière. Je vis alors la figure du Cosaque, un vieux soldat à barbe grise et en bonnet de fourrure. C'est la plus horrible vision que j'aie eue dans ma vie : pas un cri, pas un soupir, et c'était déjà fini. L'homme et le cheval avaient disparu dans l'abîme. Puis l'oncle reprit sa position; une, deux longues minutes s'écoulèrent. J'avais déjà vu bien des scènes épouvantables, mais aucune d'un caractère aussi sauvage. Tout à coup l'oncle, tirant son sabre, fit deux pas sur la corniche et, regardant à droite de l'autre côté, s'écria :

« Ils ont tous filé : arrive, Jacques, et regarde. Ah! les gueux, ils ont deviné le coup. »

Il se retourna et, me voyant immobile :

« Comme tu es pâle! » dit-il en remettant son tricorne.

Et, comprenant ce qui se passait en moi :

« Oui, c'est terrible, c'est la guerre, Jacques; à la guerre, il faut tuer ou être tué : il n'y a pas de milieu. Tiens, bois un coup : ça te remettra le cœur. »

Il me tendait sa gourde; je bus, puis, ayant fait le tour de la roche, un spectacle si grandiose s'offrit à nos yeux, que tout le reste fut oublié. Toute la vallée de la Muotta, longue de cinq à six lieues, se développait devant nous, bordée de pics d'où tombaient en cascades des flots d'écume, et tout en bas fourmillaient des troupes sans nombre. On entendait gronder le canon. Autour de la petite ville de Muotta s'élevait une fumée.

« Tu comprends, me dit l'oncle, les Russes sont attaqués en queue; ils défendent le pont de la Muotta contre la 4ᵉ division. Ça chauffe là-bas, on se mitraille, on se hache; si nous avions la chance d'enlever le pont, pas un seul Russe n'en réchapperait. Le vieux renard doit avoir laissé là-bas une forte arrière-garde; mais, de ce côté-ci, son avant-garde s'approche, des Autrichiens. Tu reconnais les habits blancs; ils sont bien là deux ou trois mille, et ils défileront ici avant une heure. Ah! si Molitor avait les mains libres, une compagnie de la 84ᵉ demi-brigade, à l'endroit où nous sommes, les arrêterait court, et le vainqueur de Novi serait forcé de mettre bas les armes. Allons, arrive : nous avons vu ce que nous voulions voir. »

Et, allongeant le pas, nous remontâmes au chalet, d'où, nous étant remis à cheval, nous redescendîmes dans la vallée du Klonthal au trot.

Ce que je viens de te raconter m'a souvent fait penser que, vus de loin, les plus terribles spectacles sont grandioses dans leur ensemble; mais de près, les détails ont quelque chose de sinistre. Vers cinq heures, nous rentrâmes dans le village de Nesselthal, où régnait une agitation extraordinaire. En approchant, nous vîmes au milieu de la rue quelques paysans s'atteler à une longue charrette à échelles, comme il s'en trouve en Alsace, et la traîner en travers de la route pour nous barrer le passage. De toutes les fenêtres, des têtes se penchaient, nous regardant venir, et devant une porte de grange apparaissaient quelques solides gaillards, armés de leurs faulx et de leurs fourches.

« Attention, dit l'oncle. On veut nous faire un mauvais parti; laisse-moi parler et dis comme moi. »

A quelques pas de la charrette, nous fîmes halte, et l'oncle, en haut allemand, s'écria :

« Le bourgmestre! où donc est le bourgmestre? »

Aussitôt un petit homme à large tricorne et culotte courte, s'avançant, dit :

« Le bourgmestre, c'est moi; que lui voulez-vous?

— Monsieur le bourgmestre, dit alors l'oncle d'un ton solennel, je viens vous informer, de la part du feld-maréchal Souvarof, que son armée passera par ici ce soir même ou demain matin au plus tard, qu'il arrive en ami et non pas en ennemi, et qu'il invite tous les habitants de Nesselthal à préparer pour ses troupes vingt-cinq mille rations de pain et de viande, et, de plus, du fourrage pour six mille chevaux; le tout vous sera remboursé loyalement, d'après les conventions conclues entre les puissances alliées.

— Qui donc êtes-vous? dit le bourgmestre, tout surpris, et par quel chemin le feld-maréchal Souvarof peut-il arriver chez nous?

— Il arrivera par le col du Pragel en remontant le cours de la Muotta, dit l'oncle. Ayant repoussé les républicains jusqu'à Brunnen, il est résolu maintenant à se joindre au corps d'armée de Linken et de Jellachich à Glaris, avant d'aller châtier les impies sur les rives de Glatt, en arrière de Zurich. »

Ces paroles, dites avec une grande conviction, stupéfièrent l'assistance.

« Mais, reprit le bourgmestre en m'indiquant du doigt, ce cavalier n'a-t-il pas l'uniforme français?

— Nous sommes chargés de pousser notre reconnaissance jusqu'à Weisen, dit l'oncle gravement, et, comme les républicains occupent encore le pays, cet uniforme est plus favorable à notre mission que celui d'un hussard allemand, vous devez le comprendre.

— Sans doute, dit alors le petit homme, je comprends ; mais il est bien difficile de réunir vingt-cinq mille rations de pain et de viande dans ce village en aussi peu de temps ; le fourrage est aussi très rare.

— Faites tout ce que vous pourrez, et l'on vous tiendra compte de tout ce que vous aurez fait pour la bonne cause, » dit l'oncle.

La foule autour de nous, bouche béante, prêtait l'oreille ; on avait déjà rangé la voiture pour nous laisser passer, et, quand nous repartîmes, quelques-uns s'étant mis à crier : « Vive son Altesse !

— Pas encore, mes amis, pas encore, leur disait l'oncle d'un ton mystérieux et bienveillant : quand nous repasserons. »

Puis nous reprîmes le trot, et, comme le bourgmestre me regardait encore d'un air de doute, à cause de mon uniforme, je lui criai en allemand :

« Salut, monsieur le bourgmestre, et au revoir ! »

Alors il parut convaincu et répondit :

« Que le ciel vous conduise, messeigneurs ! » (la formule habituelle de ces braves gens.)

Un peu plus loin, l'oncle Garnier, éclatant de rire, s'écria :

« Tu vois, Jacques, comment les gens se conduisent : il suffit d'entrer dans leurs idées pour les mettre dans sa manche. Si nous leur avions commandé d'ôter leur charrette au nom de la République, les gueux nous auraient lapidés; en leur parlant au nom de Sa Majesté apostolique, ils nous ont salués jusqu'à terre et souhaité toutes les prospérités du monde.

— Oui, mais Souvarof va trouver vingt-cinq mille rations dont il a grand besoin, lui répondis-je.

— Tu crois? fit-il en souriant. Tu ne connais pas encore les hommes, Jacques. Le plus mauvais tour que j'aie pu jouer au vieux loup, c'est d'annoncer son passage à Nesselthal. Dans une heure, tout le bétail, descendu des hauts pâturages à l'approche de l'hiver, va se dépêcher d'y retourner; le blé, la farine, le lait, le fromage, le vin vont reprendre la route des chalets : c'est tout au plus si les Russes trouveront ici quelques vieilles bottes traînant sous les armoires ou quelques morceaux de savon que les ménagères auront oubliés. Tant qu'on marche en avant, les provisions ne manquent pas; on trouve de tout dans les fermes, dans les hameaux, dans les villages : il n'y a qu'à prendre, à réquisitionner; on ne rencontre que des frères. Mais, à la déroute, quand l'ennemi vous talonne, vous ne trouvez plus rien; il faut se serrer la boucle du ceinturon tous les jours en se disant : « Nous avons déjeuné, nous avons dîné. » Le pire à la guerre, sache-le bien, ce sont les longues retraites. »

Je compris qu'il pouvait avoir raison. A Glaris, nous apprîmes déjà que les Autrichiens, menacés en flanc par Gazan, avaient lâché pied et regagnaient la vallée du Rhin par Mayenfeld. Nous rencontrâmes la 84ᵉ demi-brigade, qui se rendait au Klonthal. L'oncle causa deux minutes avec le commandant. Il paraît que Lecourbe avait envoyé du renfort à Molitor; moyennant quoi, nous avions pu reprendre l'offensive. Mais l'affaire avait été chaude. En approchant de Mitlœdi, nous vîmes les derniers habits blancs allonger le pas sur la côte, en pleine retraite; leur arrière-garde faisait le coup de feu avec nos tirailleurs lancés à leur poursuite.

De ce côté, nous n'avions donc plus rien à craindre; l'approche de Souvarof pouvait seule nous inquiéter. L'oncle ayant fait son rapport au général Molitor, nous rentrâmes dans le chalet mettre nos chevaux à l'écurie et nous recoucher dans la grange. J'étais harassé; ces deux jours de reconnaissance, du 3 au 5 vendémiaire, sont les plus rudes de ma vie militaire.

Tu sais que, ce même soir, les trois bataillons de la 84º demi-brigade, réduits à douze cents hommes après les combats précédents, résistèrent encore cinq heures à l'avant-garde de Souvarof, forte de six mille hommes, dans le coupe-gorge de Klonthal. Cette avant-garde était commandée par le fameux Bagration, qui, plus tard, à force de s'être fait battre par Napoléon à Austerlitz, à Eylau, à Friedland, monta de grade en grade jusqu'à celui de prince; finalement, il fut tué à la Moskowa. C'était le meilleur élève de Souvarof; il n'avait, comme lui, qu'une idée claire dans la cervelle : écraser l'ennemi sous le nombre; celui qui conservera le plus de monde à la fin sera le vainqueur. Ce qu'il perdit d'hommes dans le défilé de Klonthal, on ne l'a jamais su; mais il força le passage, et nos trois bataillons ne cédèrent le terrain qu'à l'arrivée du gros de l'armée, commandé par Souvarof lui-même. Ils se retirèrent en bon ordre et repassèrent à Mitlœdi vers minuit. Alors nous remontâmes à cheval pour suivre le mouvement, et, vers cinq heures du matin, Molitor reprit position à Mollis, derrière la Linth, attendant son adversaire de pied ferme. Souvarof ne le poursuivit pas : il resta trois jours à Glaris pour donner à tous les traînards, à tous les éclopés, à tous les gelés le temps de le suivre.

On pensait qu'il viendrait nous attaquer à Mollis, où l'on se fortifia. Nous reçûmes du renfort en hommes, en chevaux, en munitions. Mais le vieux Cosaque en avait assez de sa campagne d'Helvétie ; il se jeta dans les vallées du Sernef, à travers rochers, glaciers, abîmes, abandonnant ses derniers canons et tout son matériel, pour retomber, de l'autre côté, dans la vallée du Rhin. Il l'atteignit enfin, et les débris de son armée se rallièrent à Coire, tellement pitoyables que le souvenir s'en transmettra d'âge en âge dans ces pays comme un des plus tristes exemples des misères de la guerre.

En revanche, l'armée de l'archiduc Charles était en fort bon état dans le grand-duché de Bade, où les vivres ne manquaient pas. L'archiduc tint un grand conseil pour délibérer sur la situation présente, invitant le généralissime

Souvarof à venir y prendre part. Souvarof répondit par une lettre indignée qu'à moins d'un ordre formel de son maître, le tsar Paul, il ne marcherait plus avec des gens qui se faisaient battre pour infliger à leurs alliés la honte de fuir devant des républicains. Il rentra par le plus court chemin en Russie et mourut à Saint-Pétersbourg.

Quant à nous, nous balayâmes de la rive gauche tout le restant des Russes, des Autrichiens, des Bavarois et des soldats de Condé, réunis aux environs de Constance. J'étais rentré dans mon escadron, et j'assistai encore à l'affaire de Kreutzlingen, où mon pauvre Fanfan fut tué sous moi dans une charge contre les hussards de Bender; puis nous prîmes nos quartiers d'hiver en Alsace. Vers ce temps, Bonaparte revenait d'Égypte, et le coup d'État du 18 Brumaire avait lieu.

En ce moment, notre cuisinière étant entrée pour servir le souper, le récit du grand-père fut interrompu.

Après le repas, il reprit :

Je t'ai raconté que mon pauvre Fanfan avait été tué sous moi dans un engagement avec les hussards de Bender, en avant de Constance, à l'affaire de Kreutzlingen. Au milieu de la bagarre, il reçut un coup de pistolet à bout portant et tomba comme foudroyé, les quatre fers en l'air. Je crus avoir la jambe fracassée ; elle était engagée sous le corps du cheval, et je ne pouvais la retirer. Deux escadrons du 12e chasseurs repoussèrent les hussards, qui se mirent en retraite sur la ville, et je restai là, jusqu'au soir, sans secours. Enfin, à la nuit tombante, quelques brancardiers vinrent nous relever, et ils me transportèrent dans un vieux cloître près du lac, où l'on me pansa.

C'est, je crois, dans cette campagne que fonctionnèrent pour la première fois régulièrement les ambulances de la République. Le chirurgien-major Fiori reconnut que ma jambe n'avait aucune fracture, mais qu'elle était horriblement froissée, ainsi que la hanche, et l'oncle Garnier, étant venu me voir le lendemain, me fit transporter d'abord à Bâle, puis à Strasbourg. Il obtint pour moi un congé de convalescence, et j'arrivai en charrette au pays, tellement amaigri par la souffrance qu'on avait peine à me reconnaître.

Je ne te peindrai pas la désolation de l'oncle Didier, des sœurs, et les cris de la mère en me voyant dans cet état. Les médecins de Sarrebourg ne me donnaient plus quinze jours à vivre ; mais l'air du pays, les soins des parents et la bonne nourriture me remirent assez vite.

Ce qui me frappe le plus en songeant à cette

époque, c'est l'enthousiasme des populations au retour de Bonaparte. On a prétendu que les journaux n'exercent aucune influence sur l'opinion publique; c'est faux. Les journaux ont fait tout le succès du 18 Brumaire et de bien d'autres révolutions qui se sont succédé depuis.

Notre flotte étant détruite, on ne savait pas ce qu'était devenue l'armée d'Égypte, quand, tout à coup, les gazettes se remplirent de nouvelles merveilleuses touchant cette expédition. Nos victoires d'Helvétie et de Hollande ne comptaient plus auprès de celles que Bonaparte avait remportées en Syrie; on ne parlait plus que des Pyramides, de Nazareth, du mont Thabor, de Jaffa, d'Aboukir, etc. Je crois bien que les vieux noms de la Bible jouaient un grand rôle dans cet enthousiasme; mais Lucien, président du conseil des Cinq-Cents, avait tous les journaux dans sa manche, et tu penses bien qu'il s'en servait pour célébrer les hauts faits de son frère.

Au lieu de se rendre directement à Paris, soupçonnant quelque croc-en-jambe de la part des jacobins lorsqu'ils apprendraient son départ d'Alexandrie, Bonaparte fit une halte en Corse, et ce n'est qu'après avoir reçu l'avis que rien ne le menaçait qu'il prit enfin le parti de revenir sur le continent.

Un beau matin, le bruit courut que le vainqueur des Pyramides venait d'arriver à Sarrebourg. Il me semble que c'était hier. J'étais à l'imprimerie vers huit heures et je regardais l'oncle Didier, ses bésicles sur le nez, en train de découper dans le *Moniteur* les articles qui devaient paraître ; mes sœurs pliaient le journal.

En ce moment, Chybli, chargé de la distribution aux abonnés, entre en s'écriant :

« Bonaparte et ses généraux sont à l'auberge du Héron ; ils vont à Paris, et la citoyenne Adler a fait fermer toutes les portes pour empêcher les gens d'entrer. »

Aussitôt je me lève et, sans écouter les observations de l'oncle, des sœurs et de la mère, qui voulaient m'empêcher de sortir à cause de ma faiblesse, je traverse l'allée et je vais, clopin-clopant, à l'auberge du Héron. Chybli me suivait.

Nous passons par le jardin, entouré de palissades, et nous grimpons, derrière l'hôtel, l'escalier qui montait à la grande salle du premier. La cuisine, en bas, flamboyait ; cinq berlines stationnaient dans la cour, couverte d'un toit en hangar. Toutes les pièces en bas fourmillaient de monde en train de déjeuner. Dans cette saison d'automne, les premiers froids se faisaient déjà sentir, et, comme j'arrivais en haut sur le palier, je sentis quelques bouffées d'air chaud se répandre dans le corridor. On avait fait du feu pour tous les personnages revenant d'Égypte.

J'entrai hardiment dans la salle, comme un serviteur de la maison. Chybli me suivait toujours. Représente-toi maintenant cette grande pièce, dont les fenêtres donnaient sur le pont de la Sarre d'un côté et sur la place des Tilleuls de l'autre, une longue table au milieu, où l'on venait de déjeuner, et, à gauche, un de ces grands fourneaux de faïence, appelés alors fourneaux de Nuremberg, encastré dans le mur, où l'on faisait du feu de la chambre voisine pour ne pas déranger les hôtes de l'auberge. La cohue était extraordinaire, les traîneurs de sabre à hauts plumets, les savants faisant partie de la suite du général et leurs serviteurs allaient, venaient, regardaient aux fenêtres, riaient, causaient après le repas. Enfin, la salle d'auberge du Héron n'avait peut-être jamais vu tant de monde à la fois.

Mais comment reconnaître Bonaparte au milieu de cette foule? Je m'étais glissé contre le mur jusqu'au fourneau, regardant, me demandant : Est-ce celui-ci? Est-ce celui-là? Et, finalement, je me trouvais auprès d'un petit homme adossé contre le poêle, tout pensif et regardant à ses pieds. Je le touchais presque du coude et j'allais lui demander :

« Citoyen, pourriez-vous me dire quel est Bonaparte? »

Quand je me sentis tiré par la manche, et Chybli, rouge comme un coq, me dit tout bas :

« C'est lui.

— Qui, lui?

— Bonaparte, près de vous. »

Alors, je le regardai par-dessus l'épaule, à deux pas. Il était petit, sec, noir comme un corbeau. Il avait la tête rasée, ce qui me frappa d'autant plus que tout le monde, en ce temps-là, portait la queue. Son nez fin, pincé, légèrement crochu, ses lèvres minces, son menton large et serré, son front osseux, les oreilles écartées de la tête lui donnaient quelque chose du fauve. Il portait l'uniforme de général, vert pistache à grands revers rabattus, mais avec négligence; des plis contournaient ses flancs; un sabre turc pendait à sa ceinture, formée d'un gros cordon de soie rouge; un gland d'argent retombait devant ses bottes molles. Enfin, il serait difficile de se figurer un être plus minable en apparence. Tout était dans son front, où l'on sentait la pensée tenace, sauvage même au milieu du calme. Je l'ai bien vu : je ne l'oublierai jamais.

Les pièces de monnaie du premier consul lui ressemblaient un peu, à cause de ses grosses mâchoires; celles de Napoléon empereur n'ont rien de lui : c'est une tête inventée, comme les peintres et les graveurs en inventent selon le goût du maître et pour le flagorner.

J'ai revu Napoléon depuis, très souvent, à Marengo, Austerlitz, Iéna, Wagram, Leipzig, et, toujours, malgré la graisse qui surchargeait alors sa face, le masque primitif restait.

J'ai vu l'empreinte en plâtre prise par O'Meara sur la tête vide de cervelle, ce qui lui donnait une forme allongée, placide : ce n'était plus cela. C'est la tête vivante qu'il faut voir pour deviner l'homme : toutes les têtes de mort se ressemblent. Celle-là, pourtant, quoi que les flatteurs en aient dit, ne rappelait pas la mansuétude divine du Christ, bien au contraire.

J'en reviens à ce qui me regarde. Ayant bien vu l'homme dont j'avais tant entendu parler, je me retirai tout doucement de la salle par l'escalier d'où j'étais venu et je retournais à l'imprimerie, perdu dans mes réflexions, quand, levant les yeux par hasard, j'aperçus l'oncle Garnier qui mettait pied à terre devant l'hôtel du Grand-Cerf. Alors, hâtant le pas, je lui criai :

« C'est vous, oncle Jean? Vous arrivez de l'armée?

— Non, fit-il, j'arrive de Paris. Il se passe de belles choses là-bas. »

Et Chybli, qui me suivait toujours, se prit à dire:

« Vous arrivez à Sarrebourg, citoyen Garnier, en même temps que Bonaparte ; il est à l'auberge du Héron.

— Je le sais, Chybli, fit-il en jetant la bride de son cheval à Laurent, le garçon d'écurie, et lui criant :

« Dans une heure je repars : que tout soit prêt. »

Nous traversâmes la rue bras dessus bras dessous. L'oncle semblait tout soucieux.

« Vous connaissez le général Bonaparte ? lui demandai-je en marchant.

— Si je le connais !... J'ai fait le service des dépêches entre le Directoire et lui pendant toute la campagne d'Italie.

— C'est un Juif ? » dit Chybli.

Et l'oncle, souriant, lui répondit :

« Un Juif ? non, ce n'est pas un fils de Jacob ; du moins je ne crois pas ; mais, dans tous les cas, c'est un Asiatique, un Carthaginois ! Les Carthaginois ont occupé la Corse bien avant les Romains ; il descend de ces gens-là, j'en réponds Mais nous allons causer de cela. »

Nous entrions alors dans l'allée de la salle à manger. Chybli s'éloigna, car midi sonnait à la mairie, et nous arrivions au moment où la mère et la sœur venaient de dresser la table. A leurs cris de joie, l'oncle Didier accourut.

« Tu dînes avec nous, Garnier?

— Oui, j'ai une heure à vous donner, ni plus ni moins; après cela, je vais rejoindre Lecourbe à Mannheim. »

Ayant posé son bancal dans un coin, suspendu son grand tricorne au bouton d'une fenêtre, il s'assit, pendant qu'Annette apportait la soupière.

« Va chercher deux bouteilles de Thiaucourt, dit l'oncle Didier à Claudine; dans le coin, à gauche. »

Elle partit. On dépêcha le potage et l'oncle Garnier, fort soucieux, contrairement à son habitude, nous dit pendant le repas :

« Au moment où je parle, Bonaparte et les généraux de sa suite devraient être fusillés, car ils ont lâchement abandonné dans un moment critique l'armée qui leur était confiée.... Sous Robespierre et Saint-Just, leur affaire serait déjà faite. Mais ils se seraient bien gardés de venir. Avec le Directoire que nous avons, Barras en tête, on peut tout se permettre. Les honnêtes gens, les vrais républicains, calomniés, suspectés, traqués, on a cru pouvoir gouverner sans eux; mais c'était une erreur. Au fond de tout, il faut une certaine dose de justice, de probité, de ce qu'on nomme vulgairement de la vertu.... C'est ce qui manque dans le pays. La vertu n'existe plus que dans l'armée, grâce à la discipline. Mais l'armée est lasse de se battre pour maintenir au pouvoir des gueux qui font honte à la nation. A Paris, c'est une bacchanale : on ne pense plus qu'à festoyer, à se goberger; la Régence n'était pas pire. Aussi le dégoût des gens de cœur est-il extrême. J'ai vu Moreau, le seul homme de guerre qu'on puisse opposer à Bonaparte : je lui portais une lettre de Lecourbe.... Malheureusement, au milieu de cette cohue des partis, Moreau reste incertain. C'est un Breton; il fume : il lui faut du temps pour se décider. Sur un champ de bataille, je l'ai vu la pipe aux dents et je l'ai bien observé. Aussi longtemps que tout marche avec ordre, les bouffées se suivent régulièrement; quand l'affaire se complique, elles se rapprochent, se précipitent et se brouillent. Bonaparte, lui, reste impassible; au moment décisif, il prend brusquement une prise. S'il le faut, il change de plan dix fois, vingt fois; il ne voit que son but et les moyens de l'atteindre. »

Nous écoutions en silence. A la fin, l'oncle Didier lui demanda :

« Et tu crois que le grand moment approche?

— J'en suis sûr, nous sommes à la veille d'un coup d'État. Tous les généraux que j'ai vus, républicains ou non, le souhaitent. Au reste, aucun ne pourrait compter sur ses troupes pour défendre l'état de choses actuel. Sieyès propose bien une nouvelle Constitution; mais qu'est-ce qu'une Constitution? Un chiffon de papier, qui n'a de valeur que celle qu'on lui donne en l'observant. Elle n'ajoute rien et ne retranche rien à la force des partis; l'habileté des chefs, leur résolution, leur coup d'œil décident de tout. En ce moment, après la chute des jacobins et le règne de la vertu, qu'est-ce qu'on demande? Les uns des plaisirs, des réjouissances, des honneurs, du mouvement; les autres du calme, de la sécurité, du repos. Bonaparte, sans rien dire, a l'air de représenter tout cela; chacun croit trouver en lui l'homme de ses désirs. Les royalistes font courir le bruit qu'il travaille pour eux; mais Bonaparte ne travaille que pour soi. Et ceux qui le gêneront, il les écrasera. Bonaparte ne connaît que la volonté de Bonaparte; il n'a pas d'autre loi. Mais il est rusé; c'est un Carthaginois, un Annibal, dis-je; il ne vise provisoirement qu'à réunir les forces dans sa main, à conquérir les généraux; les autres sont pour lui des idéologues, des cerveaux creux. Nous allons apprendre de grands coups.... Tenez, voici qu'il repart avec sa suite d'officiers, de savants et de valets. »

En effet, les berlines passaient en ce moment devant l'imprimerie, et les cris de : « Vive la nation! Vive Bonaparte! » remplissaient la rue.

Insensiblement tout ce bruit se perdit dans le

lointain, et le silence, un instant interrompu, se rétablit. Alors l'oncle Garnier, vidant son verre, se leva, raccrocha son bancal au ceinturon et, se recoiffant de son grand tricorne, nous dit :

« Quant à vous autres, restez tranquilles, attendez les événements, imprimez les nouvelles de Paris, et n'ajoutez pas vos réflexions aux événements, sur lesquels vous n'avez aucune influence. Si Bonaparte l'emporte, il mettra d'abord la main sur la bouche de tous les braillards, il rétablira la messe, il glorifiera le pape, ce qui ne pourra que lui faire du bien, car tous les vieux et les vieilles regrettent le saint-ciboire et demandent la vie éternelle. Il ne lui en coûtera pas plus de promettre cela aux bons chrétiens qu'il ne lui en a coûté de promettre les délices du paradis aux enfants du Prophète.

« Toi, Didier, dit-il en finissant, tu feras bien de changer le titre du *Citoyen libre* en celui de *Gazette des halles et marchés de Sarrebourg*. La politique a fait son temps; il faut revenir aux choses réelles. Le prix des choux, des raves et des carottes ne peut blesser les convictions politiques de personne, et les bonnes ménagères y trouveront leur compte. »

Il riait. Tout le monde était rêveur. On s'embrassa. Le cheval de l'oncle Jean l'attendait, sellé et harnaché, devant l'hôtel du Grand-Cerf; il l'enfourcha et partit, en nous criant de sa grande voix joyeuse :

« Portez-vous tous bien. »

Deux minutes après, il avait disparu au haut de la côte de Hemming. Nous apprîmes ensuite qu'il s'était embarqué pour l'Amérique. Quant à ce qui lui arriva là, je te le raconterai un autre jour, si Dieu me prête vie.... Mais il se fait tard : allons nous coucher.

Sur ce, le grand-père, se levant, alluma une chandelle, souffla sa lampe, et nous nous souhaitâmes le bonsoir. Je montai dans ma chambre et je pensai encore longtemps à ce qu'il avait dit.

L'ONCLE JEAN

I

Un soir, après souper, voyant le grand-père Jacques tout pensif et même mélancolique, je lui demandai pourquoi, étant capitaine de dragons en 1815, il s'était marié avec la grand'mère Louise Merlin, plutôt qu'avec une jeune fille de Sarrebourg, dont il aurait obtenu facilement la main. Ma question parut l'étonner.

« C'est un hasard, fit-il; mais, en regardant les choses de près, on voit que tout est hasard dans ce monde; les circonstances font notre destinée. Quatorze ans avant notre mariage, lorsque je n'étais encore que simple brigadier au 1ᵉʳ dragons, toute l'armée de Moreau passa le Rhin à Kehl, à Vieux-Brisach et à Bâle.

Alors eurent lieu les batailles d'Engen, de Stockach, de Mœsskirch, de Biberach.

Kray, le général en chef autrichien, battu partout, s'enferma dans le camp retranché d'Ulm et n'en voulut plus sortir.

Moreau envoya deux divisions à l'armée de réserve qui se formait entre Dijon et Genève; le premier consul passa les Alpes, tomba sur les derrières de Mélas, en Italie, et le défit complètement à Marengo, ce qui nous livra la Lombardie.

Toutes ces choses sont connues, et je ne veux te parler que de ce qui me regarde personnellement.

Dans ce temps, au mois de messidor, ne pouvant forcer Kray de déguerpir, nous envahîmes la Bavière, marchant sur Augsbourg, pour nous ravitailler dans cette ville riche, abondante, non seulement en vivres, mais encore en munitions de guerre. Un fort détachement du 1er dragons, commandé par le capitaine Richard, était en avant-garde. Dans ces pays montagneux, couverts de hêtres, de sapins, de bouleaux, d'où s'écoulent de nombreuses rivières comme d'une éponge, il faut s'éclairer au loin pour ne pas tomber dans une embuscade. Et, tout à coup, au détour d'un vallon, nous nous vîmes en quelque sorte nez à nez avec une reconnaissance de hussards autrichiens.

Aussitôt l'on dégaine, on se charge, et, dans la mêlée, je me trouve face à face avec le chef du détachement ennemi, un superbe gaillard à longues moustaches blondes. Il me porte un coup de sabre, que je pare. Tenant la droite, j'avais l'avantage. Je lui crie, la pointe au corps : « Rendez-vous, capitaine ! »

Il me répond par un coup de pistolet, et me manque. Je n'avais plus qu'à l'embrocher ; mais, rapide comme un éclair, il tourne bride et file droit sur une vieille ferme à mi-côte. Son cheval, un grand bai brun, était excellent, mais le mien, un ardennais gris pommelé, solide, trapu, la croupe ronde, plein d'ardeur, n'était pas mauvais non plus. L'Autrichien franchit un petit mur à hauteur d'appui entourant la ferme. Garçon, aussi furieux que moi, le suit d'un bond dans la basse-cour de la ferme, au milieu d'une quantité de poules, d'oies et de canards qui se dispersent. Le combat se rengage. Mon capitaine m'allonge encore un coup que j'ai le bonheur de parer, et je riposte par un coup de pointe qui le met hors de combat.

Il tombe, les bras et les jambes en croix, sur le fumier.

Les gens de la ferme, accourus aux fenêtres, surtout les femmes, poussaient des cris perçants. Moi, j'essuie mon sabre à la crinière de Garçon, et, repassant le petit mur, je rejoins au galop mon détachement. Les Autrichiens étaient en déroute, et le capitaine Richard, qui ne m'avait pas perdu de vue, me cria :

« Garnier, le maréchal des logis Forbin vient d'être tué; vous allez le remplacer. »

Aussitôt je prends le rang de maréchal des logis. Nous poussons notre reconnaissance jusqu'aux avant-postes autrichiens, où naturellement nous sommes reçus par la fusillade. Nous avions vu ce que nous voulions voir, et nous rentrâmes au bivouac ce même soir. Le capitaine Richard fit son rapport au colonel Veilo, qui me confirma purement et simplement dans mon nouveau grade. Voilà comment je fus nommé maréchal des logis, mais j'étais bien loin de penser que je trouverais ma femme, à seize ans de là, dans la vieille ferme où venait de se passer l'aventure.

C'est après avoir vu Hohenlinden, Austerlitz, Iéna, Wagram, après avoir fait la campagne de France, que je rentrai dans mes foyers comme tant d'autres de mes camarades, traité par la canaille de brigand de la Loire, et c'est alors aussi que je pris la résolution de me marier. Mais ceci doit être raconté avec quelques détails, car l'oncle Didier et la mère Catherine, qui vivaient encore, ne furent pas étrangers à ma décision.

Un soir du mois de juillet 1815, vers une heure du matin, ayant reçu mon congé, je revenais de Paris. J'avais perdu Garçon l'année précédente à Montmirail, et je montais ma jument Marguerite, dont tu as peut-être conservé le souvenir, car je l'ai gardée jusqu'en 1833; elle est morte de vieillesse à la ferme de Kortzeroth. La nuit était noire comme un four, et, sauf le bourdonnement de la Sarre sous les arches du pont, on n'entendait pas le moindre bruit à Sarrebourg. Étant descendu à l'hôtel du Grand-Cerf, après avoir recommandé mon cheval au garçon d'écurie Vigneron, je me dirigeais, ma valise à la main, vers notre imprimerie, où brillait encore une lumière dans l'ombre profonde.

Avant d'entrer, je me baisse et je regarde par la petite fenêtre du bureau. L'oncle Didier était là, seul, les deux coudes sur son vieux pupitre et sa grosse tête grise entre les mains, la chandelle en face de lui. Il semblait sommeiller. Mais, qu'il était vieilli! Ses grosses joues tombaient; cette bonne figure, autrefois enluminée par le Thiaucourt, avait pris une expression de tristesse amère.

Après l'avoir regardé deux minutes, je frappe à l'une des vitres.

Il se lève et demande :

« Qui est là ?

— C'est moi, mon oncle, moi Jacques Garnier. »

Alors, courant à la porte, il l'ouvre, et nous sommes dans les bras l'un de l'autre.

« Ah ! s'écria-t-il, j'avais bien besoin de consolation..., elle arrive. »

En même temps, d'une voix retentissante comme jadis, il appelle :

« Catherine, Catherine, c'est Jacques qui nous revient, nous ne serons plus seuls. »

J'avais assisté depuis seize ans à bien des batailles, j'avais vu bien des villages en flammes, j'avais vu couler des torrents de sang, mais jamais, non jamais, ces spectacles effrayants ne m'avaient autant remué le cœur que le cri du brave homme et l'apparition de la mère en jupon, une chandelle à la main, au haut de l'escalier.

« C'est toi ? me disait-elle, tout n'est donc pas perdu !

— Non ! ajoutait l'oncle, nous aurons encore de beaux jours. »

Bref, je m'établis chez nous.

Annette était morte depuis quelques années, Claudine mariée avec le secrétaire de la mairie Muller ; ils avaient une petite fille ; mais les derniers événements, le retour des Bourbons, le remplacement de l'ancien maire, un bonapartiste, par M. Xavier Demange, dévoué à la nouvelle dynastie, tout cela faisait craindre à Muller de perdre sa place.

Heureusement, nous n'étions pas dénués de toute ressource ; la *Petite Gazette des halles et marchés* se vendait toujours bien, et puis nous avions la petite ferme de Kortzeroth, son verger et ses soixante arpents de terre en plein rapport. En outre, j'avais fait quelques économies, n'ayant jamais touché les rentes de ma part. Elles étaient placées sur bonne hypothèque, et, comme dans tous les pays l'argent fait la considération, je ne tardai pas à recevoir des ouvertures de mariage à Sarrebourg et dans ses environs.

L'oncle Didier et la mère m'engageaient sans cesse à me décider : ils voulaient voir les petits enfants trébucher dans l'imprimerie et sauter sur leurs genoux, avant le grand voyage d'où personne n'est jamais revenu. Mais, au sortir des grandes guerres que nous venions de traverser, je ne pouvais prendre immédiatement le parti de me fixer dans un coin. Sur ce chapitre, la mère, l'oncle Didier et moi nous ne pouvions nous entendre, lorsque survint un événement qui trancha la question.

L'oncle Jean Garnier, après le procès de Georges Cadoudal et de Pichegru, voyant que Lecourbe et cinquante autres bons officiers républicains étaient rayés des cadres de l'armée, avait pris le chemin de New-York en Amérique, pour ne pas aller se promener à Madagascar. Depuis cette époque, la famille n'avait plus reçu de lui la moindre nouvelle ; on le croyait mort, et l'oncle Didier parlait quelquefois de lui avec regret, s'écriant qu'il n'avait jamais connu de meilleur patriote, mais que pourtant l'oncle Garnier avait bien fait de s'éclipser, parce que l'usurpateur ne voulait plus de ces gens-là et qu'il détestait particulièrement ses amis d'autrefois, les jacobins.

Mais un beau matin, nous vîmes une berline s'arrêter devant notre imprimerie, puis un grand vieillard, le nez en bec d'aigle, le teint bistré, le front osseux, coiffé d'un gros bonnet de castor et vêtu d'un demi-manteau vert-dragon garni de même fourrure, descendre de la voiture et enfiler tout droit notre allée.

Rien qu'au bruit de ses pas, l'oncle Didier, en train de découper avec ses ciseaux un article du *Moniteur universel*, se leva brusquement en s'écriant : « C'est Jean Garnier ! »

En effet, c'était bien lui, toujours le même, sauf les moustaches et les favoris couleur poivre et sel.

Impossible de te représenter la scène qui suivit son apparition ; on riait, on pleurait, on s'embrassait, et lui, le tour des yeux et les joues sillonnés de grosses rides, disait : « Allons, Didier !

Allons, Catherine, et toi, mon cher Jacques, je vous retrouve en bonne santé! C'est le principal. Je n'ai pas voulu prendre mon congé définitif sans vous revoir encore une fois.... Annette et Claudine sont mariées, je pense, et nous allons causer de tout cela.... Voici midi qui sonne à la mairie, c'est l'heure du dîner : je veux encore m'asseoir à la vieille table où nous avons fait de si bons repas, chaque fois que je portais une dépêche de Paris à Strasbourg, à Bâle ou plus loin. Il te reste, j'espère, quelques vieilles bouteilles de Thiaucourt?

— Oui, oui, Jean, il m'en reste même de 1811, l'année de la comète.

— Allons, nous allons juger ça. »

Que te dirai-je de plus ? La mère Catherine avait préparé un superbe plat de choucroute aux saucisses croustillantes.

Claudine, son mari et leur petite fille ne tardèrent pas à arriver; ce furent de nouvelles embrassades. On chercha un jambon chez notre voisin le charcutier Cuissard, et l'on se mit à table comme autrefois.

L'oncle Jean jouissait du meilleur appétit, il avait même conservé toutes ses dents et trouvait tout excellent. Les fenêtres de la petite salle à manger, ouvertes au large sur le verger, reflétaient un magnifique rayon de soleil; une nichée de fauvettes s'égosillait sous la feuillée, accompagnant notre repas de ses chants joyeux; enfin, c'était une journée admirable.

On parla de tous les événements de la famille et l'oncle Jean nous déclara qu'il avait entrepris son long voyage, non seulement pour nous revoir, mais aussi pour visiter tous les anciens champs de bataille de la République.

« Une seule chose m'ennuie, disait-il; je veux faire cette tournée à cheval et je n'ai pas encore trouvé ce qui me convient. J'ai visité bon nombre des meilleures écuries de Paris, mais les chevaux de courses ne sont pas ce qu'il me faut. Je voudrais un cheval solide, à ma taille, capable de fournir d'une traite plusieurs lieues, et non pas un de ces coursiers qui font le tour du Champ-de-Mars en deux minutes et tombent ensuite époumonnés. Je ne veux pas non plus un sac à fourrage, mais un animal sobre, robuste, qui puisse grimper au besoin une côte escarpée avec un poids raisonnable, car je ne suis pas un jockey, je pèse plus de soixante-dix livres. »

Il riait, et l'oncle Didier lui dit :

« Je crois avoir ton affaire : le charbonnier Rebstock de Nideck a justement ce qui te convient; c'est un grand carcan, maigre, sec, hardi, mais d'un caractère intraitable. Ce gueux de cheval ne veut pas se laisser atteler ; on dirait qu'il se croit de haute noblesse. C'est un descendant de ces chevaux que Stanislas a ramenés dans le temps de la Pologne pour les acclimater chez nous. Il en avait une centaine à Rosières-aux-Salines, des animaux solides, nerveux, sobres, seulement du plus mauvais caractère. Après la mort de Stanislas, on les a vendus pour rien ; les bûcherons, les charbonniers, les schlitteurs en ont conservé quelques-uns, à cause de leur bas prix et de leur courage au travail. Ils ne payent pas de mine, on dirait de grandes chèvres efflanquées, ce qui ne les empêche pas d'être les meilleurs chevaux de la montagne. »

L'oncle Jean était devenu fort attentif.

« Où est donc ce cheval ? fit-il. Je serais curieux de le voir.

— Allons à la halle, Rebstock doit s'y trouver. »

Nous partîmes aussitôt, et, dix minutes après, nous étions à causer avec le charbonnier, qui vantait les qualités de son cheval et ne lui trouvait aucun défaut.

L'oncle Jean l'examinait en connaisseur et demanda tout à coup :

« Combien en voulez-vous ?

— Cent écus, répondit le charbonnier, croyant demander un prix fort exagéré.

— Je l'achète, répondit l'oncle Jean.

— Vous l'achetez, mais qui payera?

— Moi, » dit l'oncle Didier.

Rebstock, surpris de voir le marché se conclure si vite, dit alors :

« Je vous préviens que cet animal est très méchant, qu'on l'a renvoyé de tous les haras, qu'on a mille peines à l'atteler et que personne ne peut le monter sans courir le risque de se casser les os.

— Nous allons voir, » dit l'oncle Jean.

Et, l'ayant fait sortir du brancard, il l'enfourcha d'un bond à cru, en s'écriant :

« Écartez-vous ! Gare aux ruades ! Je vais lui donner sa première leçon. »

Et la foule s'écarta.

Te dire ce que fit le maudit animal pour désarçonner son cavalier, se dressant tout droit, ruant, se repliant sur les jarrets, poussant des hennissements sauvages, cherchant même à se coucher, serait chose impossible. L'oncle Jean, armé d'un gourdin, le relevait du bridon, bon gré mal gré. Hans — il s'appelait Hans — fut bientôt blanc d'écume, et tout à coup, comme pris de vertige, il partit ventre à terre vers la Sarre au milieu des clameurs de la foule.

L'oncle Jean, lui lâchant toute la bride, s'écriait en riant :

« Maintenant, je te tiens ! »

Et, au même instant, Hans, furieux, se jetait à la nage. L'oncle avait de l'eau jusqu'à mi-corps ; le cheval ne sortait plus que la tête et tâchait de regagner la rive, mais cela ne faisait pas l'affaire de son cavalier, qui le retenait au milieu du courant.

Hans but un coup.

L'oncle Didier criait du haut de la berge :

« Tu vas te noyer !

— Ne t'inquiète pas, lui répondait l'oncle Garnier, nous en sortirons sains et saufs, mais il faut que la leçon lui profite. »

Rebstock ne finissait pas de répéter :

« Je ne réponds de rien, il est vendu ! »

Hans but un second coup, et seulement alors l'oncle lui permit de reprendre pied. Hans remonta la rive sablonneuse à petits pas, comme étonné de l'aventure ; il ne ruait plus, il avait reconnu son maître. Et pour compléter la leçon, après lui avoir administré une volée de bois vert, l'oncle Garnier le conduisit lui-même par la bride à l'auberge du Grand-Cerf et lui fit donner un bon picotin d'avoine.

Puis, entrant avec le charbonnier à l'imprimerie, il ouvrit sa ceinture et lui compta cinquante écus de six livres dans la main, en s'écriant tout joyeux :

« Voici votre compte ! Je n'ai jamais fait de meilleur marché. Dans quinze jours, Hans et moi nous serons les meilleurs amis du monde.

— Tant mieux pour vous, lui répondit Rebstock, je n'en aurais pas trouvé dix écus dans le pays. »

Là-dessus, ils se séparèrent, et, sans désemparer, l'oncle Jean alla chez le sellier Aigre choisir la selle qui lui parut la plus convenable.

Sa berline était remisée sous le hangar du Grand-Cerf, et ses chevaux à l'écurie, où nous entrâmes pour leur donner un coup d'œil.

Marguerite était là parmi d'autres, et se mit à hennir en me voyant.

Je m'approchai d'elle pour la caresser, et l'oncle Jean me dit : « Ce cheval te connaît ?

— Parbleu, sauf mon pauvre Fanfan tué à Kreutzlingen, et Garçon, tué à Montmirail, je n'en ai pas eu d'autre. Regardez ce coup de baïonnette au chanfrein et cette éraflure de balle le long des côtes, Marguerite les a reçus sous moi à la journée de Ligny. »

J'étais tout attendri : l'oncle Jean comprenait ce sentiment.

« Elle ne marque plus ? dit-il en lui prenant la lèvre.

— Non, elle peut avoir douze ans. Je l'ai payée

de mes deniers. Avec mon casque, mon sabre et ma croix, c'est le dernier souvenir qui me reste de la Grande Armée.

— Cette jument est très belle, dit-il; au besoin, elle ferait encore campagne.... J'en suis d'autant plus content que tu vas m'accompagner dans mon voyage le long du Danube, car je veux revoir Hochstedt et Hohenlinden. »

Tu penses, Claude, si j'acceptai avec enthousiasme. Nous rentrâmes à la maison ; et comme il se faisait tard, la chambre de l'oncle Jean, au-dessus de l'atelier, étant préparée, on alla se coucher.

II

Les jours suivants l'oncle Garnier nous raconta son existence en Amérique, d'abord comme maître d'équitation dans un grand manège de Philadelphie, puis ses excursions comme chasseur de castors et de daims dans les vastes forêts des montagnes Bleues qui longent l'Océan, et dans les montagnes Rocheuses d'où descendent les grands fleuves des États du Nord; son association avec Zienovicz, un ancien frère d'armes de Kosciusko, leur commerce de fourrures à New-York et leurs achats de vastes terrains sur les rives de l'Ontario; leurs défrichements, leurs constructions de moulins, de scieries, leurs dessèchements de marais, et que sais-je? Enfin, son départ pour l'Amérique du Sud à la première nouvelle de l'expédition de Bolivar marchant à la conquête du Venezuela et de la Nouvelle-Grenade; l'excellent accueil que lui avait fait ce chef espagnol à la simple vue de ses états de services sous la République française, en lui donnant aussitôt un commandement de cavalerie; la défaite de Monteverde et de Morillo et la proclamation de l'indépendance de la Colombie.

Nous l'écoutions émerveillés, car alors, en Europe, il n'était question que de Bolivar et de ses hardis coups de main.

« Oui, disait l'oncle, j'aurais pu me fixer là; cette vie dans les pampas, toujours à cheval et le sabre au poing, entrait dans mon caractère; Mais, à la nouvelle de nos défaites en Russie, en Allemagne, en Espagne, je n'y tins plus, c'est sur le Rhin que se trouvait ma place. Bolivar lui-même le comprit et me donna mon congé. Je retournai au lac Ontario, régler mes comptes avec Zienovicz, dont les plantations n'avaient fait que prospérer. Il me compta, pour ma part dans les achats, 30,000 dollars, et je m'embarquai sur un bâtiment de New-York à destination du Havre. C'était en août dernier, et je me souviens d'un fait qui me frappa comme tous les autres passagers et l'équipage. Nous allions entrer dans la Manche, après une traversée de cinq semaines, lorsque nous aperçûmes un bâtiment anglais doublant au large la pointe de Saint-Mathieu. Il venait de Plymouth et se dirigeait vers le Sud. C'était le *Northumberland*; Napoléon s'y trouvait. Il n'allait pas à Madagascar comme les cent jacobins qu'il avait expédiés là bas douze ans avant, sans jugement, et dont pas un n'est revenu; mais il allait à Sainte-Hélène, ce rocher nu, aride, entre les tropiques, dont lui aussi il ne reviendra jamais. Nous l'apprîmes en arrivant au Havre, et cette rencontre ne laissa pas de m'émouvoir. Après tout, depuis César, on n'a pas vu de général pareil : c'était un aigle !

— Un aigle ! s'écria l'oncle Didier avec indignation. Au fait, tu as raison; de tous les rapaces, l'aigle est le seul qui dévore sa proie vivante; le vautour, le faucon, l'épervier même, ont la générosité de la tuer d'abord d'un ou deux grands coups de bec sur la tête. Bonaparte, lui, n'avait pas de pitié. Tu dois le savoir mieux que personne, puisque ta place était marquée au cimetière de Tamatave !

— Sans doute, dit l'oncle Garnier, mais que veux-tu ? jusqu'au 18 Brumaire, j'avais un faible

10.

pour cet homme, son audace me plaisait, et il nous reste toujours quelque chose de nos anciennes amours. Va-t-il s'ennuyer sur son rocher durant des semaines, des mois et des années, en regardant la grande plaine verte, maintenant qu'on lui a coupé les ailes!

— C'est bien malheureux! dit l'oncle Didier d'un ton ironique. Après chacune de ses victoires, il venait demander au Sénat 100 000 hommes et 200 millions pour recommencer, et ce Sénat romain lui votait la chose comme je prends ma prise de tabac. C'était entendu d'avance; la main droite ne refuse rien à la main gauche; tout passe par le même gosier. Et, d'ailleurs, si le Sénat s'était permis de dire non, il l'aurait balayé comme le conseil des Cinq-Cents et celui des Anciens. C'était un Sénat postiche. Ah! les gueux de sénateurs! ce n'est qu'en le voyant battu et les alliés aux portes de Paris qu'ils se décidèrent enfin à le déclarer indigne du trône de Charlemagne. Canailles! Pour bien faire, les Anglais auraient dû les embarquer tous avec lui. »

L'oncle Didier avait retrouvé sa verve d'autrefois à la brasserie du Héron, au milieu des patriotes de l'an VII.

« Le pire de tout cela, disait-il, c'est qu'il nous a ramené les Bourbons dans les fourgons de l'ennemi. Ces braves alliés, qui se gobergent aujourd'hui à nos dépens et nous ruinent de fond en comble, Dieu sait quand ils s'en iront! car, par reconnaissance, Louis XVIII leur a permis de mettre garnison dans la moitié de nos places fortes. »

Ainsi parlait le digne homme, et tous les soirs c'était à recommencer.

Cette existence m'aurait paru fort monotone à la longue, si l'oncle Jean ne l'avait pas variée par le récit de ses campagnes en Europe et en Amérique.

Il ne se plaisait qu'à cheval, et chaque matin, avant le jour, je l'entendais sauter de son lit dans la chambre voisine, s'habiller, tirer ses grosses bottes, descendre, traverser la rue et frapper à la vitre de l'écurie du Grand-Cerf, en face de notre imprimerie.

« Hé! Vigneron! s'écriait-il.

— Voilà, voilà, commandant, » répondait le palefrenier, un vieux brigadier du 6e hussards, qui, depuis la débâcle, avait pris là ses invalides.

Il ouvrait l'écurie, et Hans, déjà tout sellé, sortait.

L'oncle l'enfourchait, et j'entendais le trot du cheval se perdre au loin sur la grand'route, puis le silence revenait et je me rendormais.

Quelquefois, tout en s'habillant, il donnait

deux ou trois bons coups à la cloison de ma chambre :

« Hé ! Jacques ! s'écriait-il, tu n'as pas entendu sonner le boute-selle ? Allons, debout ! Ne nous laissons pas rouiller. »

Je me levais, et nous descendions ensemble.

Vigneron, prévenu d'avance que j'accompagnerais l'oncle le lendemain, avait aussi sellé Marguerite, qui ne demandait pas mieux que de faire un tour avec son ami Hans.

Et, tout en trottant, en respirant l'air frais du matin, nous causions des affaires présentes, qui n'étaient pas couleur de rose.

Nous allions quelquefois jusqu'en Alsace, par Phalsbourg et Saverne, ou, dans une autre direction, aux ruines du Nideck, par Lorquin et Dabo.

Après six semaines de cet exercice, Hans était à peu près dressé ; il avait pris une attitude plus fière, sa croupe s'était arrondie, et l'on ne comptait plus ses côtes comme les cercles d'une vieille futaille.

Une sorte de gaieté naturelle avait aussi remplacé sa mauvaise humeur, et quand Rebstock, se rendant au marché de Sarrebourg avec sa charrette, nous rencontrait, il s'arrêtait tout ébahi, s'écriant :

« Ah, gueux ! te voilà tout fier et fringant, tu n'essayes plus de ruer ni de mordre ! Ce qu'il te fallait, c'était le râtelier du Grand-Cerf, toujours bourré de foin et la mangeoire pleine d'avoine. Après cela dites encore que les animaux sont des bêtes. Il a tant fait de mauvais coups que j'ai dû le vendre au quart de son prix. »

Et le charbonnier passait sa mauvaise humeur sur le dos d'une pauvre bique qui n'en pouvait, en ajoutant :

« Toi, tu ne me rapporteras jamais cent écus ; il faudra bientôt que je traîne ma charrette moi-même. »

Hans, à la vue de son ancien maître, partait au triple galop, comme s'il avait eu le diable à ses trousses, et nous riions de bon cœur, pensant que Rebstock n'avait pas tort de dire que les animaux ne sont pas aussi bêtes qu'on le suppose.

III

Ici, le grand-père Jacques, après quelques instants de réflexion, reprit :

J'en viens maintenant à ce que tu me demandais au sujet de mon mariage, et tu vas reconnaître que le hasard seul décide souvent de notre destinée.

J'étais bien loin, en septembre 1815, de penser

que j'épouserais la fille du vieux fermier de l'Odenvald, témoin jadis de mon combat avec le capitaine de hussards autrichiens réfugié dans sa basse-cour.

Ce souvenir, qui datait de l'an VIII, s'était complètement effacé de ma mémoire, quand une circonstance vraiment étrange vint me le rappeler.

L'oncle Jean et moi, nous revenions d'une de nos excursions en Alsace, et nous avions fait halte à l'hôtel de Metz, sur la place d'Armes de Phalsbourg. C'était le meilleur du pays ; Mme Barrière, qui le tenait, avait la réputation d'être une excellente cuisinière. Ayant donc installé nos chevaux à l'écurie, nous demandâmes à dîner; on nous servit, dans une petite salle du rez-de-chaussée, un plat de becs-fins, de la truite au bleu, un rôti, de la salade, et du bon vin de Barr. Le repas touchait à sa fin, on allait nous apporter le café, quand tout à coup retentit la sonnerie des hussards autrichiens, tenant garnison dans la forteresse, depuis la paix désastreuse de Paris.

Cette sonnerie, que nous avions entendue tant de fois aux avant-postes, en reconnaissance et sur tous les champs de bataille de la République et de l'Empire, n'était pas faite pour nous réjouir, dans une de nos places fortes de la frontière. L'idée nous vint pourtant de voir défiler le régiment revenant de manœuvrer au Champ de Mars.

Nous nous levâmes, écartant les rideaux d'une de nos fenêtres, et justement les hussards débouchaient sur la place, la pelisse flottant sur l'épaule, le sabre sonnant à l'étrier, le colbach, surmonté de sa plume rouge et blanc, et la sabretache ornée de l'aigle à deux têtes, pendue au ceinturon. Les pandours étaient supérieurement montés, il faut en convenir. Mais ce qui me frappa tout d'abord, ce fut la physionomie de leur colonel, un vieux à longues moustaches autrefois blondes, maintenant blanches, les yeux gris clair couverts d'épais sourcils, le nez en bec à corbin, les narines largement échancrées et légèrement teintées de pourpre.

« C'est mon homme de l'Odenvald, me dis-je ; il a vieilli, mais c'est bien lui. Je l'avais pourtant piqué au vif ; comment diable a-t-il pu en revenir ? »

Le régiment s'était formé en ligne de bataille devant les vieux tilleuls plantés par Vauban. Il l'inspectait, et plus je le regardais, plus j'étais sûr de le reconnaître. Je fis part à l'oncle Jean de ma découverte, lui racontant en peu de mots mon aventure près de Gunsberg, et m'étonnant qu'il ne fût pas resté sur place.

« Oh ! dit l'oncle, les chats ont la vie dure ; il

faut les tuer deux fois pour en voir la fin. Je reconnais aussi ce coquin, seulement mes souvenirs datent de plus loin, et je t'avoue, neveu, que j'ai un petit compte à régler avec lui. Il me reste quelque doute à son sujet, et je ne serais pas fâché de le vérifier. Il s'agit du commandant des Secklers, le fameux Barbatzy, dont la mort avait été annoncée au combat de la Thur, avant la bataille de Zurich. Depuis, il n'en a plus été question. »

Je voyais à l'expression de sa figure qu'un sentiment de colère profond venait de naître en lui; ses lèvres frémissaient.

Mme Barrière, une bonne grosse mère, toute réjouie, entrait en ce moment, nous apportant le café et le carafon de kirsch sur un plateau.

« Vous regardez nos hussards, dit-elle : ce sont de beaux merles, mais que Dieu les confonde et les envoie ailleurs, c'est tout ce que nous souhaitons.

— Je vous crois, madame, lui répondit l'oncle, mais nous regardons surtout leur colonel. Comment s'appelle-t-il ?

— En ville, répondit la grosse femme en riant, on l'appelle : Herr Oberst von Kaloza, mais nos paysans l'appellent tout simplement le fou Yégof.

— Comment, le fou Yégof! » demanda l'oncle,

en laissant tomber le rideau et en reprenant place à table.

Je le suivis.

Mme Barrière nous versa le café et lui répondit de bonne humeur :

« C'est le nom d'un fou auquel il ressemble beaucoup, et qui se promenait dans tous les recoins de la montagne avant les deux invasions, coiffé d'une couronne en carton doré et se disant roi des Triboques. Il ne se gênait pas pour entrer dans les fermes, annonçant qu'il allait revenir prendre possession de ses États et que notre fin était proche. Bien des gens le croyaient, il s'asseyait à toutes les marmites sans façon, et les femmes aimaient à l'entendre raconter ses vieilles légendes.

— On aurait dû lui tordre le cou! s'écria l'oncle, car, d'après ce que vous me dites, c'était un espion envoyé par François II pour visiter nos défilés des Vosges. Maintenant, il a reçu sa récompense, on l'a nommé colonel de pandours. »

L'oncle Jean était devenu tout pâle d'indignation, et Mme Barrière, craignant peut-être un esclandre dans son hôtel, répondit :

« C'est bien possible, monsieur, mais il n'est pas bon de le dire dans le temps où nous sommes, ça pourrait vous attirer des désagréments. »

Et elle se retira.

Nous prîmes notre café, tout pensifs, et l'oncle Jean, me lançant un coup d'œil expressif, me dit :

« Avant tout, il s'agit de savoir si ce major est ton capitaine de l'Odenvald ; nous le saurons par les gens de la ferme, qui ne sont pas tous morts, j'espère. Après cela, nous aviserons. Retournons d'abord à Sarrebourg, car ta mère et l'oncle Didier seraient inquiets de ne pas nous voir revenir aujourd'hui. Nous les préviendrons de notre petit voyage au delà du Rhin, et demain, avant le jour, nous serons en route pour tirer tout cela au clair. »

IV

Deux jours après, nous passions le Rhin sur le pont de bateaux, entre Strasbourg et Kehl ; puis, tournant à droite, nous remontâmes la jolie vallée de la Kinsig, pour gagner les sources du Danube.

Jusqu'à Offenfourg, antique ville impériale, on est en plaine au milieu des vignes et des houblonnières. Mais à partir de là commence un défilé des plus pittoresques ; je n'en connais pas de plus gracieux, avec ses hauts sapins, ses hêtres touffus où grimpe le lierre en vrille, ses collines couvertes de bruyères, surmontées de ruines féodales, et sa rivière sinueuse emportant de longues flottes de bois vers le grand fleuve. C'est l'industrie du pays : tous ses habitants sont flotteurs, bûcherons ou ségars. Les femmes tressent à la maison des corbeilles d'osier et des chapeaux de paille.

On jurerait être dans quelque vallée reculée des Vosges; les scieries moussues, les moulins, n'y manquent pas non plus. La seule différence, c'est que de grandes fabriques, des tissages, des filatures, ont enrichi les populations du côté de la France et que, dans la forêt Noire, on ne fabriquait, de mon temps, que des horloges dites de Nuremberg et des têtes de canne grotesques.

Hans et Marguerite, heureux de respirer le chèvrefeuille et l'âpre parfum des forêts résineuses, trottaient en lançant des hennissements joyeux.

« Nous aurions pu, disait l'oncle, nous diriger sur Augsbourg par Stuttgart et Ulm, le chemin aurait été plus direct : mais nous sommes ici sur le terrain de notre campagne de l'an VII. Je ne suis pas fâché de revoir, en passant, les champs de bataille d'Engen et de Stockach. Quand la vieillesse approche, il faut vivre de souvenirs.

— Mais vous n'avez pas l'air plus vieux que moi, oncle Garnier, m'écriai-je; vous êtes toujours droit en selle et ferme sur vos étriers.

— Je ne suis pas encore tout à fait détraqué, faisait-il en souriant. J'ai toujours, comme on dit, bon pied, bon œil, mais, après la soixantaine, il faut s'attendre à décliner, et c'est même pour cela que je ne veux pas renoncer à mes bonnes habitudes ; une fois qu'on se laisse aller, c'est le commencement de la fin. »

Cette vallée de la Kinsig va toujours en se rétrécisssant et se termine par un passage que je connaissais de longue date, ayant laissé là plusieurs de mes camarades en l'an VIII.

Le 1er dragons, qui faisait alors partie de l'avant-garde du corps d'armée de Sainte-Suzanne et se dirigeait par ce défilé sur Fribourg-en-Brisgau, avait été accueilli par un feu roulant de tirailleurs, cachés à droite et à gauche dans les broussailles où l'on ne pouvait charger, ce qui nous avait forcés de battre en retraite précipitamment. Un engagement sérieux s'en était suivi en arrière d'Offenbourg, du côté de Kehl. Notre général, voyant le nombre des troupes ennemies grossir de minute en minute dans la vallée latérale de la Murg, nous avait fait repasser le Rhin et gagner par la rive gauche le pont de Brisach, que nous franchîmes pendant la nuit, pour remplacer à Fribourg le corps d'armée de Gouvion Saint-Cyr, déjà en marche sur Saint-Blaise.

En écoutant ces détails, l'oncle Jean souriait et finit par me répondre :

« C'était une fausse attaque dirigée par l'aile gauche de Moreau sur Offenbourg, pour attirer l'ennemi de ce côté, pendant que les autres corps effectueraient leur passage à Brisach, à Bâle et à Reichlingen. »

Le tour réussit parfaitement, comme je vais te le raconter, car j'étais aussi de la partie. Je me trouvais alors attaché en qualité d'ordonnance à l'état-major de Lecourbe, commandant l'aile droite dans le grand coude du Rhin, entre Constance et Bâle. Il ne devait passer le fleuve qu'au moment où l'aile gauche et le centre se trouveraient à la hauteur de Reichlingen, pour faciliter cette opération ; car, dans ce coude, les ponts avaient été rompus ou brûlés. Tous les préparatifs étaient terminés et les bateaux rassemblés en nombre suffisant au village de Klotten, pour hasarder le coup au moment voulu ; mais Lecourbe ne connaissait pas au juste les forces qui lui seraient opposées.

Alors, il me fit venir et dit : « Voici une dépêche, Garnier ; je ne puis la confier qu'à vous, à cause de votre sang-froid et de votre connaissance parfaite de la langue allemande. Vous allez passer le Rhin, seul, et traverser les avant-postes ennemis sur l'autre rive, pour vous assurer d'abord de leur nombre et de leurs positions, et ensuite pour remettre cette dépêche à Gouvion Saint-Cyr, n'importe où vous le trouverez. Vous me rapporterez sa réponse immédiatement.

— Cela suffit, mon général, lui répondis-je ; à moins que je n'y laisse ma peau, vous saurez tout ce que vous voulez savoir. »

L'opération n'était pas facile, car, à sa sortie du lac de Constance, et après sa chute à Schaffhouse, le Rhin est extrêmement rapide. Heureusement, je connaissais à Reichlingen un vieux meunier, excellent patriote, ancien capitaine à la légion helvétique, nommé Christian Weber. Après la bataille de Zurich, il était rentré dans son moulin, et j'avais eu la chance de le rencontrer dès mon arrivée au pays ; on s'était serré la main, il m'avait présenté à sa femme, à ses deux fils, de solides gaillards, et l'on avait vidé ensemble un demi-cruchon de kirschwasser. Enfin, j'étais sûr de mon ami Christian comme de moi-même.

J'allai le trouver sans façon et le prier de me passer dans sa barque, avec mon cheval, cette nuit même, et de m'attendre de l'autre côté, caché dans les roseaux, jusqu'à mon retour.

Il comprit tout de suite ce dont il s'agissait et me répondit simplement :

« C'est entendu, citoyen Garnier, revenez ce

soir entre onze heures et minuit, tout sera prêt. »

Tu penses bien que je ne mis pas ma dépêche dans une de mes poches. Je pouvais être blessé ou tué ; alors, elle serait tombée entre les mains des kaiserlicks. Je la bourrai dans un de mes pistolets, et, comme elle était écrite sur papier de soie, en faisant feu, elle aurait flambé d'autant plus vite que j'eus soin de la saupoudrer de poudre. A minuit, j'arrivai chez mon ami Christian ; il m'attendait dans sa barque, tenant la barre du gouvernail, et ses fils aux rames. J'entrai dans la barque, tenant mon cheval, excellent nageur, par la bride, et l'on partit. Mon brave Limousin, n'ayant pas son porte-manteau et son harnais, nageait comme un poisson. Une brume épaisse couvrait le fleuve, dont le mugissement profond empêchait d'entendre les rames frapper en cadence. Au bout d'une bonne demi-heure seulement, nous atterrissions au milieu des joncs et des roseaux.

Mon cheval, content de reprendre pied, s'avança. Je l'enfourchais, et dis à Christian :

« Vous m'attendrez ici.

— Soyez tranquille, citoyen Garnier, jusqu'à demain minuit, s'il le faut. »

Ils avaient emporté trois de ces bonnes carabines à canon rayé dont nous avions vu l'effet à Ditikon au passage de la Limmat, du plomb, de la poudre et quelques provisions de bouche. Je m'éloignai, prenant le premier chemin que je rencontrai à droite, vers Stockach.

J'ai toujours eu bonne vue et le sentiment des localités, comme toi, Jacques, et j'avais remarqué des hauteurs de Reichlingen les différents chemins et leurs aboutissants, que je vérifiais sur ma carte. Les deux rives du Rhin, en cet endroit, sont assez escarpées, sauf en face du village de Reichlingen, où le terrain de la rive opposée, sur une étendue d'environ mille mètres, s'abaisse et laisse apercevoir tout au loin le vieux fort de Hohentwiel, alors occupé par des Wurtembergeois. De ses remparts et de ses bastions, on devait découvrir toute la vallée de ce tournant du Rhin et la chute de Schaffouse.

C'est de ce côté que je me dirigeai ; le jour commençait à poindre et j'entendais sur la droite, vers Constance, l'horloge de quelque village sonner trois heures. Il se mit à tomber une forte rosée. Comme j'avais coiffé, pour mon expédition, un colbach d'officier de hussards autrichiens et revêtu tout l'uniforme, qui ne diffère guère du nôtre que par quelques détails insignifiants, je continuais de m'avancer en toute sécurité, quand, le grand jour ayant enfin paru, j'aperçus, toujours à ma droite, un petit village avec son clocher d'ardoise en forme de calotte ; puis, à trois ou quatre cents pas, dans les champs de blé encore en herbe, un petit détachement de hussards en train de fourrager à gauche.

Ma première idée fut de battre en retraite, mais les gueux m'avaient aussi découvert, et, s'ils m'avaient vu tourner bride, ils n'auraient pas manqué de me donner la chasse. Avec le Rhin à dos, tu comprends que ma dépêche aurait été fort compromise.

Je piquai donc des deux et filai droit sur le village, où se trouvait un poste nombreux, les chevaux installés sous un grand hangar en face de la mangeoire vide, les hommes dans l'auberge, les fenêtres ouvertes au large, en train de rire avec les filles, de vider des chopes et de manger du poumpernikel.

A ce spectacle, je m'indignai, et, faisant halte brusquement, je criai d'une voix tonnante :

« Le chef du poste, où est le chef du poste ? »

Aussitôt un jeune officier, de bonne noblesse sans doute, regardant d'une fenêtre du premier avec une jeune femme fort jolie, ma foi ! descendit de l'escalier, tout pâle, coiffé de son petit béret bleu, et me fit le salut militaire.

« C'est vous, lui dis-je d'un ton rude, qui commandez ce poste ?

— Oui, mon capitaine.

— Comment, m'écriai-je, quand on vous confie

un poste avancé, au moment peut-être où ces gueux de républicains méditent de passer le fleuve, c'est ainsi que vous exercez votre surveillance? Les uns dansent, les autres boivent, les autres sont là-bas à fourrager le blé vert!

— Ils sont en fourrageurs, mon commandant, balbutia l'officier.

— En fourrageurs! Est-ce que vous n'avez pas de fourrage dans ce village? Il n'y a que des filles, de la bière et du jambon, à ce qu'il paraît, ici; le foin et l'avoine seuls manquent, le reste est en abondance. Vous ne pouvez rien réquisitionner, sauf ce qui vous convient, à vous en particulier. C'est abominable! Je ferai mon rapport au général.

— Mais, mon colonel, je vous assure qu'ils sont en fourrageurs.

— Est-ce que l'on met les chevaux au vert dans les avoines et les blés au moment d'entrer en campagne? Est-ce qu'une pareille nourriture peut leur donner de la force?

— Mais, mon colonel....

— Assez! assez! interrompis-je. Vous allez me donner deux de vos hussards pour m'accompagner dans mon inspection, et, quant à vous, vous tiendrez les arrêts jusqu'à mon retour. »

Il était consterné.

Aussitôt deux hussards montent à cheval pour

m'escorter, et je poursuis ma route vers Stockach. Ma mauvaise humeur ne semblait pas s'apaiser, et je grommelais à demi-voix : Je parie que ces gens-là ne savent pas même le mot d'ordre.

Le plus jeune de mes hussards dit : C'est Kaiser-Frantz, pour montrer qu'il le connaissait.

« Allons, répondis-je, tout n'a pas été oublié ; ce n'est pas malheureux. »

Insensiblement, je me radoucis, observant tout ce qui pouvait se découvrir au loin, et me gardant bien de poser à mes hommes des questions qui auraient pu leur donner l'éveil. Vers neuf heures, le brouillard du Rhin, qui s'était levé, se condensa aux rayons du soleil ; il se mit à tomber une pluie battante, lorsque retentit le cri de : *Wer da!*

Nous arrivions aux avant-postes de Stockach.

« *Freund!* » répondis-je, en m'avançant pour me faire reconnaître.

A la demande du mot d'ordre, je répondis : Kaiser-Frantz, et nous entrâmes à Stockach, occupé par les impériaux.

Au premier coup d'œil, je reconnus qu'ils avaient accumulé là des munitions de guerre en masse ; dans toutes les rues et sous tous les hangars stationnaient des fourgons qui n'avaient pas trouvé place dans les magasins.

C'était bon à savoir, mais pour m'éclairer davantage, je fis halte devant la commandature, disant à mes hussards de m'attendre. Après avoir donné le mot d'ordre au planton, je montai voir le commandant dans son bureau, au premier : un grand sec, la poitrine chamarrée de décorations, et d'une physionomie rien moins qu'agréable ; c'était un vieux renard. Et, comme je ne m'étais pas fait annoncer, il me demanda brusquement :

« Votre nom, votre grade, vos titres ?

— Christian Von Salig, officier d'ordonnance attaché à l'état-major du prince de Vaudemont, en tournée d'inspection. »

Les quatre poils de sa longue moustache se hérissèrent, il jeta un coup d'œil par la fenêtre, et, voyant là mes deux hussards, son doute se dissipa. Alors, esquissant un sourire, comme s'il m'avait parfaitement reconnu :

« Veuillez prendre place, Rittmeister, » me dit-il.

Ce que je fis, commençant à me plaindre de ce que les règlements en campagne n'étaient pas observés, et citant à l'appui le nom de mon officier, lequel, m'écriai-je, aurait pu facilement être enlevé avec son poste, si l'ennemi avait effectué le passage qu'il projetait. Et, comme il se récriait, j'ajoutai que les républicains s'occupaient avec la plus grande activité de rétablir le pont en face de Stein.

« Oh! dit-il en souriant, ce n'est qu'une démonstration; le gros de leur armée a déjà débouché par le pont de Kehl sur la rive droite. Aussi le feld-maréchal Kray a-t-il détaché trois divisions sur ce point pour renforcer notre aile droite. C'est là que se portera l'effort de la campagne; un premier engagement vient d'avoir lieu en avant d'Offenbourg, et, repoussé victorieusement, l'ennemi a dû battre en retraite. Ici, sans doute, il est bon de se tenir sur ses gardes; mais, dans tous les cas, la première partie de la campagne se déroulera dans les vallées de la Murg et de la Kinsig, que nous occupons solidement.

— Je serai heureux de rapporter au prince de Vaudemont la nouvelle de ce premier succès, lui répondis-je, surtout venant de votre bouche.

— Oui, oui! Vous pouvez lui dire que c'est le feld-wachtmeister Ignatius von Birendorf qui l'affirme d'après ses dépêches. D'ailleurs, nous attendons le général Kollowrath d'un instant à l'autre; il pourra vous l'affirmer lui-même.

— Je serais charmé de lui être présenté par vous; mais, étant pressé de remplir ma mission, ce sera pour une autre fois. »

Et je me levai.

Il m'accompagna jusqu'au bas de l'escalier et, voyant mes deux hussards, toujours à la porte, il me serra la main en me disant :

« Au revoir, mon cher Rittmeister. »

Je m'inclinai profondément et poursuivis ma route du côté d'Engen, riant en moi-même de voir que ces braves kaiserlicks attendaient notre attaque à gauche, quand elle les menaçait à droite, sur toute la ligne du Rhin, de Constance à Brisach.

Il s'agissait maintenant de porter ma dépêche par le plus court chemin à Gouvion Saint-Cyr, qui, d'après l'ordre du général en chef, devait se porter, dès qu'il aurait effectué son passage à Vieux-Brisach, sur Fribourg, puis sur Saint-Blaise.

Le ciel s'était éclairci ; je galopais entre mes deux hussards ; mais ils ne pouvaient m'escorter jusqu'au bout, et j'avais besoin d'eux pour rapporter la réponse. A une petite lieue de Brisach, passant par le village de Sulsbourg, je leur dis, devant un cabaret à l'enseigne de la Pomme-de-Pin (c'est étonnant comme ces détails vous reviennent après seize ans), je leur dis :

« Vous allez m'attendre ici, j'ai besoin de pousser ma reconnaissance plus loin. Voici un florin, de quoi boire un coup en l'honneur de Sa Majesté. L'ennemi n'est pas loin ; mieux vaut être seul qu'à trois ; on risque moins d'être vu et de recevoir des coups de fusil. »

Alors, tout joyeux, ils mirent pied à terre, attachant leurs chevaux sous le hangar du cabaret, et je partis seul.

Une demi-heure après retentit le premier « Qui vive ! » des Français, m'annonçant que l'avant-garde de Gouvion Saint-Cyr occupait déjà cette ville.

« France !

— Passez au mot d'ordre. »

N'ayant pas le mot d'ordre, j'annonçai au chef de l'avant-poste que j'arrivais en estafette de Reichlingen, porteur d'une dépêche pour le général Gouvion Saint-Cyr.

« Cette dépêche, où est-elle ?

— Je l'ai bourrée dans un de mes pistolets en cas d'événement.

— Bon. »

Et, sans autre explication, il me fit escorter de quatre grenadiers, qui chargèrent leur fusil devant moi.

Il ne nous fallut pas aller bien loin, car à peine débouchions-nous sur la rampe en volute qui descend de l'antique cité au pont du Rhin, que Gouvion Saint-Cyr était là, suivi de son état-major. Tout son corps d'armée, en colonne de marche, à perte de vue, sur la route de Neuf-Brisach, cavalerie, infanterie, artillerie, s'avançait allongeant le pas et s'engageant sur le pont dans un ordre merveilleux. J'abordai le général, qui me reconnut aussitôt, car nous avions fait campagne ensemble à l'armée du Rhin et Moselle en 1795, puis en Italie en 1798, sous les ordres de Masséna.

« Hé ! c'est Garnier, dit-il.

— Oui, général, j'arrive de Reichlingen vous remettre une dépêche de la part du général Lecourbe. »

En même temps, sans ralentir le pas, je tirai la dépêche du canon de mon pistolet. Il la parcourut, et détachant une feuille de son carnet, il y traça deux mots. Ce fut l'affaire d'une seconde, puis, me la remettant, il me demanda :

« Par où avez-vous passé ?

— Par Stockach.

— Mais l'ennemi occupe cette position !

— Oui, général ; aussi me suis-je fait accompagner par deux hussards du régiment de Bender, qui sont tout près d'ici à m'attendre au village de Sulsbourg, pour faciliter mon retour. »

Et, comme il me regardait avec surprise, je lui racontai en quelques mots l'aventure.

Il souriait, et me demanda :

« Vous avez fait vos humanités, Garnier ?

— Oui, général, chez le curé de ma paroisse, j'ai même été enfant de chœur.

— Alors, vous connaissez l'aphorisme latin : « *Audaces fortuna juvat*, la fortune sourit aux audacieux ? »

Puis, redevenant sérieux :

« Vous direz à Lecourbe que je serai ce soir à Fribourg et demain à Saint-Blaise, juste à la hauteur de Reichlingen. »

Je m'inclinai, et j'allais repartir, lorsqu'il me rappela :

« Garnier, le mot d'ordre, c'est : « Le vingt-cinq floréal an VIII ». Allez maintenant et ne repassez pas par Stockach, car le vieux renard Ignatius pourrait bien se raviser après le premier moment de surprise.

Sur ce, je repartis à fond de train pour Sulsbourg, car les premiers régiments arrivés sur le plateau commençaient à se déployer, envoyant des reconnaissances dans toutes les directions, et mes deux hussards auraient bien pu être enlevés avant mon arrivée, ce qui m'aurait fort embarrassé. Je les retrouvai dans le petit cabaret de la Pomme-de-Pin.

« A cheval ! leur criai-je, et vite ! les républicains sont à mes trousses. »

Ils ne perdirent pas de temps, tu peux me croire, et nous filâmes comme le vent à travers haies, jardins, broussailles. Je me dirigeai sur les hauteurs de Hohentwiel, évitant à la fois Fribourg et Stockach. Vers sept heures du soir, je repassai par le petit village de Biberen, pour lever les arrêts du jeune officier, non sans lui faire encore une verte semonce. Puis, laissant les deux hussards, je repris le chemin d'où j'étais venu, pour rejoindre la barque de mon ami Christian.

Comme la nuit approchait, il m'aurait été difficile de la distinguer au milieu de la forêt de roseaux, si ses fils n'avaient pas levé leurs rames en me criant :

« Par ici ! »

Alors, traversant cet épais fourré, je remis le pied dans la barque, tenant mon cheval par les rênes, et, sans mot dire, nous repassâmes le fleuve, abordant l'autre rive près de la vanne du moulin à sec, l'écluse en ayant été levée. Au même instant s'ouvrait une lucarne de la vieille bâtisse, au-dessus de la roue, et nous entendions la femme du meunier nous demander avec anxiété :

« C'est vous ? c'est vous ? au milieu des mugissements du Rhin.

— Oui, Gredel, répondit le meunier en amarrant solidement la barque, nous sommes hors de la nasse. »

J'amenai mon cheval sur le talus.

Nous étions à peine en terre ferme qu'une vive fusillade éclatait à l'autre bout du village : chaque coup de feu se distinguait dans l'obscurité sur la rive opposée. Il se passait quelque chose là-bas ; c'est ce qui m'empêcha d'entrer au moulin casser une croûte et vider un petit verre de kirsch. On se serra la main, et je priai mon ami Christian de m'excuser auprès de la mère Gredel, qui, pendant notre absence, avait dû être fort inquiète.

« C'est bon, citoyen, me dit le brave homme, votre commission sera faite. »

Et je partis au trot dans la direction d'une vieille maison d'école, où Lecourbe avait établi son quartier général.

En arrivant là, je le vis, sous le costume de paysan et coiffé d'un large feutre, entrer dans la salle du rez-de-chaussée, accompagné du commandant des pontonniers Dedon, habillé comme lui. Je les reconnus parfaitement à la lumière du falot suspendu au-dessus de la porte. Ils venaient aussi de faire une reconnaissance, sous ce déguisement, sur la rive droite. J'attachai mon cheval à l'un des piliers du hangar, et le planton de garde, qui me connaissait, me laissa entrer sans observation.

« C'est vous, Garnier, me dit Lecourbe, en se retournant au bruit de mes pas ; je vous croyais enlevé. Vous avez vu Gouvion Saint-Cyr ?

— Oui mon général. »

Et je lui remis la dépêche, qu'il lut tout haut :
« Reçu votre dépêche : Gouvion Saint-Cyr. »

« Où l'avez vous trouvé?

— A Vieux-Brisach, sur la rive droite; il était en marche. Son avant-garde occupait la ville; le reste suivait, cavalerie, artillerie, infanterie; les premiers escadrons arrivés poussaient des reconnaissances aux environs de la place.

— A quelle heure?

— Vers deux heures. Le général lui-même m'a dit : « Ce soir, je serai à Fribourg et, demain, je compte être à Saint-Blaise, juste à la hauteur de Reichlingen. »

— Cela suffit. Mais, par où avez-vous passé? Qu'avez-vous remarqué?

— J'ai passé par Stockach.

— Mais l'ennemi s'y trouve en forces?

— Sans doute; seulement, j'avais eu soin de me faire accompagner par deux hussards du régiment de Bender. »

Il me regardait stupéfait; alors je lui racontai dans ses moindres détails l'excursion, sans oublier, bien entendu, ma conversation avec herr mayor Ignatius, dans son propre hôtel.

« Vous êtes un homme précieux, me dit-il, les yeux brillants de satisfaction; c'est à vous déjà que je dois les informations que vous étiez allé prendre au camp même de Souvarof et que je vous chargeai de transmettre à Masséna, ce qui lui fit devancer de vingt-quatre heures la bataille de Zurich et nous valut la victoire. »

Je ne savais que lui répondre, l'approbation d'un pareil homme me touchait au cœur, lorsqu'il ajouta :

« Garnier, voulez-vous me faire un plaisir?

— Si c'est possible, mon général.

— C'est très possible. Vous allez me donner votre montre en échange de la mienne. »

Ma montre était une grosse toquante d'argent; la sienne, la voici, dit-il, en me la montrant; elle est en or et à répétition; mais ce qui me fait le plus de plaisir, ce sont les trois initiales de son nom entrelacées : Claude-Joseph Lecourbe, gravées sur la cuvette.

« Tu comprends maintenant, Jacques, qu'après avoir vu Lecourbe rayé des cadres de l'armée par Bonaparte pour être resté fidèle à son ami Moreau, injustement impliqué dans le procès Cadoudal, je ne pouvais rester au service d'un pareil despote.

— Parbleu! si vous n'aviez pas filé en Amérique, nous ne causerions pas ensemble en ce moment, car il vous aurait envoyé en droite ligne à Madagascar, comme jacobin incorrigible.

— C'est égal, dit-il, Lecourbe aurait bien fait son affaire en Espagne, un pays de sierras, où les plus forts de ses lieutenants ont été se casser le nez. Cette idée a dû lui venir plus d'une fois, car Lecourbe aurait été là dans son élément. Ce qu'il lui fallait, c'était la guerre de montagnes, où les moindres accidents de terrain, quand on sait en profiter, valent des milliers d'hommes. »

V

Depuis longtemps, reprit le grand-père Jacques, nous avions dépassé Offenbourg, Gegenbach, Haslach, Hohrenbaz, et je l'avoue, Claude, qu'ayant un rude appétit, vers une heure, le paysage commençait à me paraître un peu monotone, lorsque nous atteignîmes Triberg, où se fabriquent en masse de petites horloges appelées coucous. C'est l'endroit où se termine le défilé de la Kinsig et le point où commence celui de la Brigach; en un mot la ligne de partage des eaux entre le Rhin et le Danube.

Nous fîmes halte pour déjeuner et rafraîchir nos chevaux, après quoi nous descendîmes le cours de la Brigach jusqu'à Donaueschingen. Là, le Danube prend sa source dans la cour même d'une sorte de caserne où réside le prince de Furstenberg, non loin de Fribourg-en-Brisgau en pleine Forêt-Noire.

En ce moment, le grand-père prit dans sa bibliothèque une vieille carte d'Allemagne qu'il déploya sur la table.

« Quand on parle de guerre ou de voyages, dit-il, la première chose à faire, c'est de jeter un coup d'œil sur la carte. Voici d'abord le Rhin, qui nous sépare de l'Allemagne ; il descend du Saint-Gothard, tourne à gauche, traverse le lac de Constance, forme un coude à Bâle vers le nord, partage la belle vallée d'Alsace et du pays de Bade en deux parties égales, tourne encore une fois à Mayence, et va se perdre plus loin dans les sables de la Hollande. Les Allemands nous l'ont pris vingt fois, nous l'avons repris, et s'ils nous le reprennent par un de ces hasards comme il s'en rencontre dans la vie des peuples, nous le prendrons encore, car c'est la ligne frontière de deux races énergiques. »

Mais, pour le moment, il ne s'agit pas de cela ; revenons au Danube. Il coule de l'ouest à l'est, traverse le Wurtemberg, la Bavière, l'Autriche, la Hongrie, encaissé entre les Alpes rhétiennes et noriques à droite, et les hauts plateaux de la Bavière et de la Moravie à gauche. Il reflète d'un côté, à grande distance, les cimes neigeuses du Vorarlberg et des Carpathes, dont les contreforts viennent mourir en pentes dans ses flots ; sur l'autre rive du fleuve se dressent les escarpements rocheux de la Souabe et de la Bohême, plus rapprochés, et qui même, en quelques endroits, y plongent à pic. Dans ces falaises habitent des oiseaux de guerre. Le busard, le faucon, le gerfaut et l'aigle tourbillonnent sans cesse au-dessus de sa nappe tumultueuse. D'autre part, dans les îles et les mille lagunes du fleuve, la sarcelle, l'étourneau, le canard sauvage, quelquefois le cygne ont élu domicile au milieu des joncs, des saules et des roseaux.

Rien d'imposant comme ce cours d'eau impétueux, où circulent des flottes de bois sans fin et des bateaux plats encombrés de ballots et de bétail. Le pilote à l'arrière, tenant la barre du gouvernail, évite les écueils et les bancs de sable : c'est un noble spectacle.

Je me suis laissé dire que, depuis 1830, on a fait sauter les plus dangereux récifs et que des bateaux à vapeur vont de Sigmaringen à la mer Noire. Quoi qu'il en soit, de mon temps, tel était l'aspect grandiose du Danube, je te le peins comme je l'ai vu pendant mes campagnes de 1800, 1805 et 1809.

C'était une excellente ligne d'opération pour envahir l'Autriche et marcher sur Vienne, mais ses nombreux affluents tels que l'Iller, le Lech, l'Inn, la Traunn, l'Enns, la Leitha, le Raab, la Drave, à droite, et la Brenz, la Wernitz, la Regen, la Morawa, la Theiss, etc., à gauche, sont aussi d'excellentes lignes de défense, comme nous avons eu l'occasion de nous en apercevoir.

« Cette idée générale doit te suffire, » dit le grand-père en remettant la carte dans son rayon : j'en reviens à mon voyage avec l'oncle Garnier, au mois de septembre 1815.

Tu vois qu'à Donaueschingen, sur le versant méridional de la forêt Noire, nous avions passé de la vallée du Rhin dans celle du Danube. Ce massif du Schwartzwald s'avance comme un coin dans le grand coude du fleuve, à Bâle. Étant partis de Donaueschingen au petit jour, nous découvrîmes, vers onze heures, la bourgade d'Engen, dont les toits et le clocher, au bout d'un vallon boisé, se dessinaient en vignette sur la plaine.

Je ne saurais te dire combien la vue de l'ancien théâtre de nos combats me transporta d'enthousiasme. Tout le bon temps de ma jeunesse me revint, les batailles d'Engen, de Mœsskirch, de Biberach défilèrent devant mes yeux. Ce n'était que le début de la campagne d'été, qui se termina par un coup de tonnerre à Hochstedt; puis arriva celle d'hiver et la victoire immortelle de Hohenlinden, qui devait amener la paix d'Amiens. La France apprit alors qu'elle pouvait vaincre sans Bonaparte, et Moreau fut condamné dans l'esprit du premier consul à disparaître, n'importe par quel moyen. Les Tacite de l'avenir le diront, mais ce n'est pas notre affaire.

Le jour suivant, l'oncle Jean et moi, nous côtoyions la rive droite du Danube, quand, aux approches d'Ulm, je lui dis :

« Voici le chemin que notre détachement en reconnaissance suivait au moment où les hussards autrichiens nous apparurent. »

J'indiquai une petite route à droite, serpentant au pied des collines.

« Eh bien, fit-il, la vieille ferme ne doit pas être loin ; poussons un temps de galop dans cette direction. »

Et nous partîmes le nez en l'air, comme deux éperviers battant le pays à la découverte.

Depuis une bonne demi-heure, nous allions ainsi sans rien apercevoir, et je commençais à croire que je m'étais trompé, lorsque l'oncle lui-même, au détour d'un vallon, s'écria :

« Tiens, Jacques, là-haut, à mi-côte, cette bâtisse rustique, entourée d'un mur de pierres sèches, pourrait bien être ce que nous cherchons.

— Oui, lui répondis-je, nous y sommes ; je reconnais le grand toit en auvent et la tourelle du pigeonnier.

— Alors, en avant, dit-il ; nous allons savoir si le fou Yégof était le capitaine que tu as si bien arrangé ? »

Quelques instants après, nous entrions dans la cour de la métairie. Le fumier carré, les poules, les canards, la petite fontaine avec ses auges moussues, le hangar où s'entassaient les instruments de labour, et jusqu'aux volées de moineaux pillards s'échappant des gerbes serrées sous l'auvent, tout était là, rien ne me parut changé.

Un grand vieillard à tête chauve, vêtu d'une large camisole de laine grise, debout sur le seuil, nous regardait venir; un solide mâtin près de lui lança quelques aboiements à notre approche.

En mettant pied à terre, l'oncle me dit : « Le beau vieillard! »

Et le vieux fermier, souriant, lui répondit, en bon français :

« Ce compliment vous revient, messire, je vous l'adresse à mon tour.

— Pardon, dit l'oncle, je ne croyais pas être en présence d'un compatriote, sans quoi j'aurais été plus discret.

— Ah! cela, messire, n'a pas de conséquence. Veuillez entrer et me dire ce qui vous amène dans mon humble demeure. »

Ayant attaché nos chevaux à l'un des piliers du hangar, nous le suivîmes dans une salle assez vaste, les fenêtres donnant sur la cour, meublée d'une table de frêne, les chaises, de même bois, percées au dossier d'un cœur, et, au fond, l'armoire de vieux chêne aux proportions monumentales. Tout était d'une propreté remarquable, mais semblait dater d'un siècle au moins.

Deux jeunes filles venaient aussi d'entrer derrière nous, toutes deux grandes et belles, la chevelure brune abondante, simplement nouée sur la nuque; elles portaient le costume des gens aisés de ce pays : la robe à fond bleu rayé de blanc et la cornette à large ruban de moire. Leur physionomie sérieuse et digne me frappa tout d'abord.

Le fils du vieillard, homme de cinquante ans environ, sec, nerveux, ayant le type français méridional — c'était sans doute le père des jeunes personnes — parut à son tour presque immédiatement.

L'idée nous vint aussitôt que le hasard nous avait conduits au milieu d'une de ces vieilles familles françaises exilées du sol natal par la révocation de l'Édit de Nantes.

Après les salutations d'usage, on s'était assis; les jeunes filles restèrent debout, très attentives à la conversation qui ne tarda pas à s'engager.

« Monsieur, dit l'oncle, voici ce qui nous amène : Vous n'avez peut-être pas oublié qu'en l'an VIII, c'est-à-dire en l'année 1800, les Français, après avoir passé le Rhin et livré plusieurs combats heureux, rejetèrent le général Kray au delà de Ratisbonne?

— Je m'en souviens, répondit le vieillard : de pareils événements qui s'accomplissent sous nos yeux ne sauraient s'oublier; mon fils et mes petites filles, ici présentes, quoique fort jeunes alors, s'en souviennent sans doute aussi. »

Elles inclinèrent la tête en signe d'assentiment.

« Eh bien, à cette époque, au mois de floréal, deux détachements, l'un de hussards autrichiens, l'autre de dragons français, allant en reconnaissance, se rencontrèrent près de cette ferme; les sabres se croisèrent, et, dans la bagarre, un officier autrichien, poursuivi par un de nos dragons, franchit ce petit mur : il indiquait celui de la ferme par la fenêtre entr'ouverte. Son adversaire le suivit, et le combat se rengagea dans votre cour; après quelques attaques suivies de ripostes, l'Autrichien tomba, frappé d'un coup de pointe. »

Impossible de te peindre la surprise de ces braves gens à ce récit.

« Il me semble, dit le vieillard, que cela se passe en ce moment même sous mes yeux. Cette action ne prit pas deux minutes, tant les coups se portaient et se paraient vite. Je me trouvais sur ma porte, et la satisfaction féroce du républicain, les yeux étincelants, la moustache hérissée, lorsqu'il essuya son sabre et repassa la clôture, me fait encore frémir : la fureur des hommes est épouvantable!

— Oui, dit l'oncle avec négligence : à la guerre comme à la guerre. Ce dragon, le voici. »

Tous les yeux se fixèrent sur moi. Je crus apercevoir plus d'admiration que d'horreur dans le regard des jeunes filles, surtout de l'aînée, ta grand'mère, Claude, car c'était elle. Elle paraissait émerveillée, car tu sauras que, pour la femme, il n'y a rien au-dessus du courage de l'homme.

Cette impression que je saisis au passage me fit battre le cœur, et je me dis aussitôt : Voici la femme qui te convient ; tu n'en épouseras jamais d'autre.

Après cette déclaration de l'oncle, il y eut un long silence. Puis il posa la question :

« Nous voudrions savoir si l'officier autrichien est resté sous le coup ou s'il en est revenu.

— Je l'ai recueilli, soigné, comme le bon Samaritain. J'ai versé l'huile sur sa plaie, et savez-vous quelle fut ma récompense? Le gueux, une fois rétabli, essaya de séduire ma servante Salomé.

— Oui, ajouta le fils d'un ton indigné, mon père l'avait fait transporter dans son propre lit, je courus moi-même à cheval chercher le médecin à Gunsberg, au risque d'être pris par les troupes des deux armées, qui battaient le pays. Nous l'avons soigné, non sans danger, dans notre propre demeure, car si les républicains avaient appris que nous cachions un de leurs ennemis sous notre toit, Dieu sait ce qui pouvait arriver. Ma bonne mère et ma femme défuntes, et nous, fûmes, durant six semaines, dans des anxiétés perpétuelles. Eh bien, le misérable essaya de séduire notre servante qui lui portait tous les jours sa pitance, le linge et la charpie pour se panser lui-même, le médecin de Gunsberg ne voulant plus se risquer à venir le voir. Concevez-vous une abomination pareille?

— Sans doute, sans doute, dit l'oncle Jean, qui ne voyait dans ce fait qu'une peccadille. Mais, selon les paroles du Seigneur : « A tout péché miséricorde », et s'il n'a fait que cela....

— Il a commis d'autres indignités, interrompit le vieux. Étant monté moi-même lui signifier de déguerpir au plus vite, car jamais ma maison n'a vu de pareil scandale, il me menaça, me disant :

« Les républicains n'auront pas toujours le dessus! Je reviendrai avec mon régiment et alors, malheur! »

— Je regrette de ne l'avoir pas mieux touché, dis-je, comprenant les sentiments de ces braves gens.

— Oh! s'écria le fils, la blessure était grave, mais l'Éternel le réservait pour notre édification. »

L'oncle Jean, sous forme de parenthèse, ajouta :

« Comme il réserve les renards pour l'édification des poules et des lapins. »

Par bonheur, l'émotion de la famille était si grande que cette réflexion passa inaperçue.

Il poursuivit :

« Je parierais que le scélérat a dû commettre encore d'autres méfaits.

— Vous ne vous trompez pas, messire. Pour comble d'ingratitude, occupant ma chambre, il prit au fond de mon armoire deux cent cinquante florins, que nous réservions, ma femme et moi, en cas de besoin. Et, comme je lui avais intimé l'ordre de partir immédiatement, il descendit sans bruit et enfourcha mon meilleur cheval de l'écurie pour gagner le large.

— Et le sien? demanda l'oncle.

— Le sien avait rejoint le détachement de hussards qui sonnait la retraite.

— Bon, cela devait vous édifier une fois de plus. Mais, n'avez-vous pas conservé quelque chose de lui, ses armes, son uniforme, par exemple? Cela nous remettrait sur sa piste, malgré le nombre d'années écoulées depuis; on saurait quel était son régiment et l'époque de sa disparition.

— Il ne nous a laissé que des papiers sans valeur.

— Je serais pourtant curieux de les voir, » dit l'oncle.

Et le vieillard, remettant à l'aînée de ses petites filles une clef, lui dit :

« Tiens, Louise, va chercher la corbeille. »

Louise partit comme une hirondelle, montant l'escalier à droite au fond de la salle. Quelques instants après, elle redescendait et déposait sur la table une de ces corbeilles plates, finement travaillées, où les anciens avaient l'habitude de serrer leurs papiers de famille. Le vieux huguenot, chaussant ses bésicles, chercha quelques secondes dans ces paperasses, et dit enfin :

« Voici l'un de ces papiers, regardez vous-même. »

L'oncle déploya la lettre et la parcourut d'un coup d'œil. Une émotion subite altéra ses traits.

« Oh ! oh ! fit-il, je ne m'étais pas trompé, nous lançons un bien autre lièvre que le fou Yégof. »

En même temps, il me passa la lettre et je lus :

« *Au colonel Barbatzy, chef du cordon d'avant-postes entre Rastadt et Gernsbach.*

« L'enlèvement des plénipotentiaires français
« dans vos avant-postes produit ici la plus vive
« sensation. L'archiduc ne veut pas en avoir la

« responsabilité, il vient d'ordonner une enquête
« et votre arrestation. Le meilleur conseil que je
« puisse vous donner, c'est de disparaître pro-
« visoirement.

« Signé : LEHRBACH.

« Au quartier général à Stockach,
le 1er mai 1799. »

L'oncle me regardait; je me sentais frémir comme au jour où lui-même nous avait annoncé l'assassinat de nos plénipotentiaires, seize ans avant, à Sarrebourg. Et comme je restais silencieux, l'oncle, remarquant dans la corbeille d'autres papiers de la même écriture, les prit et, s'adressant au vieux fermier, lui demanda :

« Ces papiers, vous n'y tenez pas?

— Que pourrais-je en faire, messire?

— Alors, vous me permettez de les emporter?

— Cela suffit. »

Et l'oncle, tirant son gros portefeuille de la poche de son manteau, y serra les lettres avec soin, puis le remit en place.

Jamais je n'ai vu de satisfaction plus profonde se peindre sur la figure d'un homme.

Il se leva et dit :

« Nous allons tirer bon parti de cette trouvaille et troubler la sécurité de ce bandit.

— Il vit donc encore? demanda le fils.

— Oui, il occupe même un assez beau grade dans les armées impériales. Votre nom, s'il vous plaît?

— Pierre-Jean Merlin, dit le Camisard; c'est un vieux nom de guerre que nous portons de père en fils depuis le soulèvement des Cévennes contre le grand roi Louis XIV.

— Très bien, vos anciens ont combattu pour la liberté de conscience, dit l'oncle; ce nom est un noble héritage. »

Tout le monde s'était levé et nous reconduisait sur le seuil de la ferme.

En mettant le pied à l'étrier, je regardai Louise en m'écriant :

« Je reviendrai. »

Il me sembla la voir rougir légèrement; elle m'avait compris.

Deux minutes après, l'oncle et moi, nous repartîmes au galop, suivant le sentier au pied des collines.

Au dernier détour de la gorge, je tournai la tête et vis encore au loin la famille qui nous suivait du regard, puis tout disparut.

VI

J'avais alors trente-huit ans ; je touchais, depuis le licenciement de l'armée, la demi-solde de mon grade et ma croix ; j'avais en outre quelques économies. L'oncle Didier, qui se faisait vieux, ne souhaitait qu'une chose, c'était de me céder sa petite imprimerie, et ma mère, de me voir marié convenablement. Toutes ces idées me passaient par la tête ; Louise me plaisait, et je résolus dès lors qu'elle serait ma femme.

L'oncle Jean, lui, ne songeait qu'à Barbatzy Ce n'est qu'à l'issue de la vallée, en voyant apparaître au loin la petite ville de Gunzberg, qu'il ralentit l'allure de son cheval et me dit :

« Il y a pourtant une justice en ce monde, Jacques ! Depuis dix-sept ans, je songe à ce coquin, dont la mort au combat de la Thur me vexait ; c'était un bruit stupide qu'on avait répandu pour le dérober à notre vengeance. Je me disais, même en Amérique, qu'il n'aurait dû périr que de ma main. Et de le savoir à six pieds sous terre, j'en étais révolté.

— Vous lui en voulez donc bien ?

— Comment ! Non seulement il a fait lâchement massacrer nos plénipotentiaires, mais il a supprimé de son propre chef mon vieux camarade Lemaire, chargé du service des dépêches entre Strasbourg et Rastadt. »

Nous trottions alors côte à côte. Je vis un éclair d'indignation passer sur sa face.

« Longtemps avant le 30 germinal, dit-il, notre légation à Rastadt s'était aperçue qu'on employait des moyens de tout genre pour dissoudre le congrès. On enlevait nos pontonniers qui passaient la correspondance à Strasbourg. Tu comprends que cela me mit la puce à l'oreille, et je me dis : Attention, Garnier, ces gredins-là sont capables de tout ; leur chef, Barbatzy, est un véritable pandour sans foi ni loi.

« La physionomie du gredin m'avait déplu dès notre première rencontre sur le pont de la Murg. J'arrivais de Paris, porteur d'une dépêche ; lui, à la tête de quelques seeklers, visitait ses avant-postes ; le colback à poche écarlate, le dolman à grosses torsades et les pantalons collants l'habillaient bien. Nos deux regards se croisèrent comme des épées, et je pensai : C'est une tête de loup. Seulement alors, en ventôse, le guet-apens qu'on méditait à Vienne n'était pas décidé ; Barbatzy n'avait pas encore reçu d'ordres à ce sujet. Je passai près de lui sans le saluer ; mon grand chapeau à cornes et ma gibecière d'estafette attirèrent son attention. Il se retourna en selle, pour bien m'examiner.

Cinq semaines après, je revenais encore de Paris, porteur d'une dépêche. Notre légation était établie au château du margrave de Baden-Baden. Le temps était abominable; je descendis à l'hôtel de l'Étoile, en face de la porte de Rheinau, selon mon habitude, et c'est là que j'appris l'enlèvement de Lemaire par une patrouille autrichienne.

« Nos plénipotentiaires avaient protesté contre cette violation du droit des gens et, quoique le territoire badois eût été déclaré neutre par le traité de Campo-Formio, ils demandaient un sauf-conduit pour se rendre à Strasbourg, voulant continuer les négociations en vue de la paix. On n'avait pas daigné leur répondre, et Barbatzy, en haussant les épaules, disait que le sauf-conduit était absolument inutile, attendu que les citoyens plénipotentiaires de la République seraient en sûreté dans leurs berlines, avec femmes et enfants, comme dans leurs chambres.

« Cela me parut louche. Je me rendis au château remettre ma dépêche au citoyen Bonnier. Le plus grand trouble régnait dans les appartements où se trouvaient logés nos représentants. Je me gardai bien de communiquer mes impressions aux gens de la suite, et surtout au secrétaire Bélin, qui me paraissait hors de lui, m'interrogeant sur toutes les remarques que j'avais pu faire. Ce n'était pas le cas de les effrayer encore plus; je pouvais, d'ailleurs, me tromper. Mais je me rendis immédiatement chez moi, renouveler l'amorce de mes pistolets et m'assurer de la pointe et du tranchant de mon sabre.

« Je descendis à l'écurie faire donner un double picotin d'avoine à mon brave Limousin. Il continuait à pleuvoir à verse. J'allai souper solidement dans la grande salle de l'Étoile, où pas une âme, contre l'ordinaire, ne se trouvait : l'appréhension d'une catastrophe régnait déjà dans toute la ville. Je vidai une bouteille de bourgogne, après quoi j'allai seller mon cheval moi-même, serrer les boucles et les sangles, car, en de pareilles circonstances, la moindre négligence peut vous coûter la vie.

« J'avais payé ma dépense, et je m'apprêtais à filer par la porte de Rheinau, lorsqu'au milieu du clapotement des gouttières, je vis passer trois berlines précédées d'une torche, car il faisait nuit noire dans les rues de Rastadt, pas un réverbère n'étant allumé. C'étaient celles de nos représentants qui partaient sans sauf-conduit. Et presque aussitôt une discussion s'engagea entre Jean Debry, dont la voiture marchait en tête, et le chef de poste qui ne voulait pas les laisser sortir.

« Il paraît que l'embuscade de Barbatzy n'était

pas encore dressée. C'est l'idée qui me vint, et, sans perdre une seconde, je traversai la ville ventre à terre pour gagner la porte de Seltz avant sa fermeture. La sentinelle, m'entendant venir, me cria : « *Wer da?* » Mais, sans lui répondre, je poursuivis ma course; un coup de fusil retentit derrière moi dans les échos des remparts, et deux minutes après, ayant parcouru l'avancée du même train, j'étais hors de la ratière.

« Il s'agissait maintenant de traverser la Murg, puis les avant-postes de l'autre côté.

« Le pont de la Murg était aussi gardé, et, cette fois, sans attendre le « Qui vive! » de la sentinelle, je criai de loin, d'un ton de commandement : « *Heraus!* — Aux armes! — *Sie kommen!* — Ils arrivent! » Tous les hommes de garde, croyant que je leur annonçais le passage des voitures, sortirent du poste dans la plus grande confusion. Quand ils revinrent de leur surprise, j'avais déjà passé le pont, et je filai par les chemins couverts autour de la place, pour dépister ceux qu'on pourrait lancer à ma poursuite.

« J'arrivai sur la grand'route de Rheinau au moment même où le massacre commençait. Je n'essayerai pas, Jacques, de te peindre, au milieu du silence, ces grands cris de femmes, ces sanglots, ces prières. J'étais en pleins champs, à trois ou quatre cents pas de là. Un instant, l'idée me vint de me lancer comme la foudre sur les scélérats ; mais j'allais peut-être tomber au milieu d'un escadron, ma perte était certaine et ne pouvait sauver les victimes. D'ailleurs, subitement, tout se tut, et je poursuivis ma route vers Strasbourg, la rage au cœur, jurant de nous venger tant qu'il me resterait un souffle de vie.

« Inutile de te raconter les marches et les contre-marches qu'il me fallut faire dans cette nuit désolante. Tout le pays était couvert de patrouilles en mouvement; les « *wer da!* » partaient tantôt à droite, tantôt à gauche, et si je n'avais pas connu tous les chemins et sentiers de la rive droite à fond, pour les avoir parcourus de jour et de nuit depuis l'an III, je serais cent fois tombé dans une embuscade.

« Enfin, au petit jour, j'entendis le premier : « Qui vive! » à l'avancée du fort de Kehl ; je me fis reconnaître comme courrier de cabinet. On me conduisit immédiatement devant le commandant du fort. Je lui dis que j'étais porteur de nouvelles graves pour le Directoire et lui montrai mon manteau percé d'une balle. Il ne m'en demanda pas davantage : l'enlèvement de Lemaire et de tout un poste de pontonniers l'avait mis en éveil. Il me délivra le laisser-passer réglementaire.

« Quoique connu de longue date, on m'escorta chez le commandant de la citadelle. Je lui racontai en deux mots l'attentat qui venait de se commettre sur la personne de nos plénipotentiaires. Il n'en parut pas étonné, me recommandant seulement de ne rien communiquer de cette triste nouvelle aux habitants de la ville. Mais, en même temps, il ordonna de doubler tous les postes, car, après un coup pareil, tout était à craindre.

« Ce jour-là, mon cheval étant très fatigué, je le conduisis à l'auberge de la Cave-Profonde et pris moi-même quelques heures de repos. Aux approches de la nuit, je repartis de relai en relai, laissant mon brave Limousin aux soins du vieux père Diemer jusqu'à mon retour. C'est alors que, passant par Sarrebourg, le 10 floréal an VII, je vous fis connaître le terrible événement. »

Pendant ce récit, nous étions arrivés à Gunzberg, où nous mîmes pied à terre devant le petit hôtel du Cheval-Brun.

Le grand-père Jacques, en cet endroit, entendant sonner minuit à l'horloge de l'hôtel de ville, s'interrompit :

« Le temps ne nous dure pas, dit-il ; ces vieux souvenirs m'ont fait dépasser mon heure habituelle. Allons-nous coucher, Claude, et renvoyons à demain la suite de mon histoire. »

Le lendemain, le grand-père Jacques continua :

La jubilation de l'oncle Jean, après avoir reconnu l'identité du fou Yégof et du major, était telle qu'en repassant de la vallée du Danube dans celle du Rhin, il ne faisait plus que crier en galopant :

« En avant! Hans! en avant! Nous tenons le gueux, il ne peut plus nous échapper. »

Nous passâmes cette fois par le Val d'Enfer, que la retraite de Moreau, en l'an VII, a rendu célèbre, et nous ressortîmes du massif des montagnes à deux portées de canon de Fribourg-en-Brisgau.

Mais une circonstance étrange exaspéra subitement le brave homme, et je t'avoue que moi-même je partageai ce sentiment.

C'était en septembre 1815; il faisait une chaleur excessive, et, ayant repassé le Rhin au pont volant de Vieux-Brisach, au lieu de gagner Colmar, nous avions pris un sentier longeant le fleuve, pour jouir de la fraîcheur à l'ombre des hauts peupliers, des roseaux et autres plantes aquatiques qui s'étendent au loin dans la plaine. Le bouillonnement du fleuve et les chants lointains des étourneaux, des canards sauvages, des faisans qui peuplent ces massifs de végétations touffues, nous faisaient de temps en temps ralentir le pas pour mieux écouter, quand, tout à coup, un hennissement léger, plaintif et doux frappa nos oreilles.

L'oncle s'arrêta tout court et me dit :

« Jacques, c'est le hennissement de mon brave Limousin, je le reconnaîtrais entre mille. »

Et nous regardions de tous les côtés sans rien voir. Un nouveau hennissement attira notre attention vers une de ces tranchées que les paysans pratiquent dans les prés pour les irriguer. Et, qu'est-ce que nous vîmes, à cent ou deux cents pas de notre sentier en contre-bas? Trois vieilles rosses plongées jusqu'au ventre dans l'eau, mais si maigres, si décharnées, si minables que ce n'étaient plus que des carcasses.

L'oncle, alors, se dressant sur ses étriers pour mieux voir, s'écria d'une voix rauque, la main tendue :

« Le dernier des trois, c'est mon Limousin. »

Et nous descendîmes du talus pour mieux examiner ce qui se passait là. Quand nous fûmes assez proches, nous vîmes que les trois pauvres chevaux avaient le ventre et les jambes couverts de sangsues; de petits filets rouges, serpentant sur leurs membres décharnés, annonçaient que ces êtres vivaient bien et se gorgeaient à leur aise.

L'oncle Jean, qui pourtant n'était pas tendre ni

trop nerveux, devint pâle comme un linge et se prit à hurler :

« Mille, millions de tonnerres! qu'est-ce que ça signifie? Est-ce que les alliés ne se sont pas assez vengés sur nos vieux soldats? est-ce qu'ils veulent encore faire sucer nos braves chevaux? Ah! maintenant, je comprends Bonaparte. »

Et, jetant un coup d'œil dans tous les sens, il aperçut un paysan qui s'approchait de notre sentier la pioche sur l'épaule.

Il partit au galop à sa rencontre, en lui criant de sa voix tonnante :

« Qu'est-ce que cela? Qu'est-ce que ces pauvres chevaux attachés au piquet dans cette raye?

— Ah! fit le paysan le plus tranquillement du monde, c'est la culture de sangsues de M. Rippert.

— Sa culture! il cultive des sangsues?

— Oui, et ça va même assez bien. Il en vend des cent et des mille aux Parisiens. Tous les huit jours, on vient en pêcher par baquets, et puis de grandes voitures partent au galop les vendre dans la capitale. C'est un bon commerce. »

Ainsi parlait le vieux paysan, sans y entendre malice.... Et il avait raison. Cent fois j'avais vu passer ces grandes voitures de tôle en forme d'omnibus, appelées depuis citernes, me demandant ce que cela pouvait être.

« Et où donc demeure M. Rippert? demanda l'oncle en frémissant.

— Ici, tout près, à Batzenheim, le premier village. Le pharmacien Rippert qu'on appelait dans le temps Laudanum, parce qu'il vendait des pilules pour faire dormir les gens ; maintenant on l'appelle l'apothicaire aux sangsues.

— C'est bien, fit l'oncle, merci de vos renseignements. »

Le vieux paysan partit, et l'oncle, regardant son vieux Limousin, qui n'était plus que l'ombre de lui-même, murmura : « Il m'a reconnu. Il m'a appelé à son secours. Eh bien, il ne s'est pas trompé. »

Jamais je n'aurais cru qu'un homme de la trempe de mon oncle Jean pouvait s'attendrir. Et je vis une larme couler lentement le long de son grand nez crochu. Il ne l'essuya pas et me dit :

« Jacques, as-tu de l'argent?

— Oui, mon oncle.

— Combien?

— Une trentaine d'écus.

— En voilà cent. Tu vas racheter mon Limousin à tout prix, m'entends-tu! Dans l'état où il est, le pauvre vieux ne vaut pas deux liards.... Tu vas me le racheter, tu le remonteras, coûte que coûte, à l'auberge. S'il a perdu ses dents, on le nourrira avec des tranches de pain, et de temps en temps on lui remontera le cœur avec une bonne bouteille de vin. »

On aurait dit que le pauvre Limousin le comprenait ; il relevait la tête et le regardait de ses yeux ternes.

L'oncle Jean, ne pouvant plus y tenir, sauta brusquement en selle en me criant :

« Tu le ramèneras à petites journées, Jacques. Moi, j'ai un compte à régler avec M. Rippert. Tu es censé ne rien savoir. Il ne faut pas qu'on nous sache ensemble. Tu ne me connais pas.

— Bon, bon ; soyez tranquille. »

J'aurais voulu lui faire quelques observations au sujet du pharmacien qui n'en pouvait. Mais, avec un homme pareil, il n'y avait pas d'explication possible.

« Faut-il avoir l'âme basse et lâche, pour faire un commerce pareil ! » grommelait-il.

Il partit ventre à terre ; cinq minutes après, il avait disparu dans la grande rue de Batzenheim.

Moi, selon la vieille habitude du soldat, je tirai de mon bissac une croûte de pain sèche, je la trempai dans l'eau et la présentai au brave Limousin, qui la prit avidement en me jetant un regard de reconnaissance.

Les deux autres levèrent aussi la tête, mais je

n'avais rien pour eux, hélas! Ils étaient condamnés à mourir.

En ce temps, le fameux médecin Broussais avait mis les sangsues à la mode ; on en faisait un commerce immense, et voilà comment on les entretenait.

Au bout d'une demi-heure, je repartis, malgré les gémissements de détresse du pauvre Limousin, qui ne se doutait pas que je reviendrais le prendre. Et je descendis au vieil hôtel du Bœuf-Rouge, à Batzenheim, agité dans ce moment d'une émotion extraordinaire. Un individu grand, sec, était entré, disait-on, dans l'officine de M. le pharmacien Rippert, sur la place de la Fontaine, et, ayant demandé à ce respectable apothicaire s'il était le sieur Rippert, sur sa réponse affirmative, lui avait administré deux furieux coups de cravache par la figure, en lui disant :

« Gardez-moi ça, en souvenir de mon passage à Batzenheim. »

Puis, ressortant, il avait sauté en selle et poursuivi sa route au triple galop dans la direction de Marckolsheim. Les cris terribles de M. Rippert : « Arrêtez! arrêtez! » n'avaient produit aucun effet; les gens, voyant cet individu arriver ventre à terre, s'étaient prudemment écartés de sa route.

Le brigadier de la gendarmerie, informé du

fait, venait de donner l'ordre à deux gendarmes de monter à cheval, mais le gredin, du train dont il allait, devait être déjà bien loin, et l'on ne savait au juste s'il avait passé par Marckolsheim ou gagné la montagne : voilà ce que j'entendis raconter dans la grande salle de l'auberge du Bœuf-Rouge, en déjeunant tranquillement près d'autres honnêtes bourgeois qui se communiquaient ces étranges nouvelles à la table voisine. Les uns disaient que ce devait être un fou, d'autres quelque brigand de la Loire revenu de captivité. Personne ne pouvait rien y comprendre, et j'avoue que c'était assez difficile à deviner.

Dans l'intervalle, un gendarme entre, promène un regard dans tous les coins de la salle, et finit par me demander mon passeport, que je lui remets. Il le parcourt, et, voyant que j'étais un capitaine de dragons en retraite, il me fit le salut militaire et sortit.

Ayant pris mon café, j'allai faire une visite à M. Rippert, un petit homme roux, la figure bandée d'un mouchoir, et qui me reçut comme un chien dans un jeu de quilles.

« Je n'ai besoin de rien, dit-il aigrement, me prenant sans doute pour un voyageur de commerce.

— Pardon, monsieur, je ne viens rien vous

offrir, je viens au contraire pour vous acheter....

— Quoi? fit-il en se radoucissant un peu.

— Un des trois chevaux de votre établissement de sangsues. »

Il me regarda très attentivement pour s'assurer que je ne me moquais pas de lui. Mais j'étais sérieux.

« Combien ? fit-il.

— Vingt écus. »

Nouveau coup d'œil méfiant.

Sa femme sortit du cabinet voisin ; un être pâle, décharné, qui se grisait sans doute, car elle dit en nasillant :

« Huppertel, donne-le, ils sont tous les trois encore plus maigres que moi.

— Lina, rentre donc, tu sens l'éther, » lui cria le petit homme, qui ne pouvait digérer les coups de cravache.

Et il me répondit :

« Donnez-en trente, et n'importe lequel des trois est à vous, au comptant, bien entendu.

— Cela va sans dire, les voilà. »

Et je lui comptai les trente écus sur son comptoir d'acajou. Il les examina l'un après l'autre avec méfiance, les faisant sauter et sonner sur la plaque de marbre, puis appelant :

« Kasper, Kasper.... »

Un garçon apothicaire sortit, en tablier de toile

grise, la tignasse ébouriffée, et le nez tourné à la friandise.

« Monsieur?

— Tu vas conduire monsieur à la réserve des sangsues ; il choisira celui des trois coursiers qu'il voudra, tu m'entends? »

Le gueux de pharmacien, malgré ses coups de cravache, qui avaient failli lui crever un œil, faisait de l'esprit!

« Et tu l'aideras à tirer sa bête de la raye, mais en ayant bien soin de détacher les annélides, tu m'entends? les annélides de sa peau, sans leur nuire, tu comprends, Kroumenass?

— Oui, monsieur. »

Et, me regardant avec un sourire ironique :

« Vous aurez de la peine à le monter, fit-il ; ayez pour lui des ménagements; dans tous les cas, je ne réponds de rien. Je ne vous ai pas caché ses vices plus ou moins rédhibitoires.

— Cela suffit, monsieur, lui répondis-je; on ne vous réclamera rien, vous avez reçu votre compte à l'avance. »

Ces derniers mots parurent lui donner un soupçon. Mais mon air bonhomme le rassura; il se dit sans doute : c'est un imbécile....

Je sortis avec le garçon. En passant devant l'hôtel du Bœuf-Rouge, je pris une demi-miche de pain et une bouteille de vin. Et nous partimes vers ce que M. Rippert appelait sa réserve de sangsues.

Que te dirai-je, Claude? Nous eûmes mille peines à tirer le brave Limousin de sa raye. Il était si faible, si faible, que je dus entrer dans le ruisseau pour le conduire dans un endroit moins profond, et ensuite le pousser par derrière pour l'aider à monter pendant que le garçon Kasper le tirait par son licou. Enfin, nous réussîmes ; il tremblait sur ses pauvres jambes. Je lui passai les tranches de pain, qu'il mâchait lentement avec un bonheur inexprimable. Puis, je lui levai la tête, comme nous avions fait, l'oncle et moi, seize ans avant, au Frohnalpstock, et lui versai dans la bouche la bouteille de vin que j'avais apportée pour le réconforter. Alors, ses yeux éteints se ranimèrent, il me regarda avec une douceur infinie, et nous partîmes au petit pas.

Les deux autres semblaient avoir compris la scène et retournaient la tête comme pour me dire : et nous, ne viendras-tu pas aussi nous tirer de là?... C'étaient de vieux chevaux de cavalerie, qui portaient le numéro matricule. Je remarquai même que l'un d'eux avait une blessure cicatrisée à la hanche. Ils avaient fait la guerre. Mes entrailles frémirent de les laisser là ; mais, que faire? Combien d'autres se trouvaient dans la même situation depuis le licenciement de l'armée, forcés de traîner la charrue, roués de coups par des êtres brutaux, incapables d'aucun sentiment humain…. Je ne pouvais les sauver tous.

Je restai deux jours à l'auberge du Bœuf-Rouge, ayant soin que le râtelier du brave Limousin fût toujours bien garni. Quand il me parut suffisamment remonté, nous regagnâmes Sarrebourg par petites étapes. Nous y arrivâmes dans les derniers jours de septembre 1815, et, chose bien remarquable, à peine eut-il aperçu l'oncle Garnier de loin que le brave Limousin se mit à trotter et à hennir comme pour dire : C'est moi, me voilà !

L'oncle, qui se trouvait précisément sur la porte de notre imprimerie, ne se lassait pas de le regarder et de le caresser en disant :

« Oui, oui, tu me reconnais, mon vieux frère d'armes ; nous avons fait plus d'une campagne ensemble ; il est temps de prendre nos invalides. Je vais t'établir à ma petite ferme de Kortzeroth, où l'avoine et le bon foin ne te manqueront point ; le temps des sangsues est passé. Je veux même te promener pour respirer l'air des champs, et cela durera jusqu'à ce que l'Être suprême nous fasse signe de venir le rejoindre. »

VII

Dès son retour à Sarrebourg, l'oncle Garnier, s'enfermant chez lui, se mit à compulser la correspondance de Barbatzy. Parmi ces lettres, remontant à l'an IV, il s'en trouvait d'allemandes, d'anglaises, d'italiennes et d'espagnoles. L'oncle, ancien traducteur et compositeur à l'imprimerie de Kehl, connaissait ces langues à fond, et ses nombreux voyages en Europe et dans les deux Amériques les lui avaient rendues familières.

Un soir, après souper, s'adressant à l'oncle Didier, il lui dit :

« Le hasard nous fait découvrir quelquefois de singuliers documents sur les faits dont nous avons été nous-mêmes acteurs et témoins sans pouvoir nous en rendre compte. Tu n'as pas oublié la campagne de Championnet en l'an VII, la prise de Naples, où les lazzaroni se firent massacrer en l'honneur de leur bon roi Ferdinand VII et de leur excellente reine Marie-Caroline, qui se dépêchèrent d'évacuer le terrain et d'aller régner à Palerme. Bonaparte était en Égypte. Souvarof vint renforcer Kray et Mélas en Italie, et Championnet, écrasé sous le nombre à Genola, dut battre en retraite.

« Dans ce temps, je fus chargé par la commission

des missives de porter plusieurs dépêches à Championnet, et, comme les Anglais tenaient la mer, je passais par la Corniche, suivant le littoral. Ce voyage me prenait trois semaines. Dès mon retour à Paris, j'allais remettre la réponse du général au Directoire, et me rendais ensuite à l'hôtel de Normandie, rue du Bouloi, derrière le palais national.

« Cet hôtel, tenu par la citoyenne Pichot, veuve d'un vieux camarade tombé pour la bonne cause, était le rendez-vous des courriers de cabinet; on y causait librement de toutes les affaires du jour, mais aussi des charmes de la citoyenne Emma Harte, qui, seule, avec deux suivantes et un domestique nègre, occupait le premier. Elle menait d'ailleurs grand train, avait son équipage et fréquentait les salons et les théâtres. Je n'ai jamais vu de femme plus belle ni plus distinguée : grande, pâle, d'une pâleur mate, le nez aquilin, les yeux et la chevelure noirs, elle imposait par son air de noblesse vraiment impérial; mais son regard d'oiseau de proie m'inquiétait.

« Je ne sais comment Lemaire avait obtenu ses bonnes grâces. C'était un excellent garçon, déluré, plein d'entrain et d'une physionomie fort agréable. Elle le recevait parfaitement; tous les camarades lui portaient envie. »

Un jour, je me permis de lui dire :

« Mon cher Lemaire, vous êtes le plus heureux des hommes, mais soyez sur vos gardes; la citoyenne Harte, malgré son grand air et sa situation dans le monde, ne doit pas vous inspirer confiance.

— Mêlez-vous de vos affaires! » me dit-il sèchement.

Si nous n'avions pas été de vieux amis, la chose aurait pu mal tourner. Bref, il en résulta quelque froideur entre nous, mais les choses en restèrent là. Or, un jour, revenant d'Italie, après avoir porté ma missive à la commission, je me dirigeais vers l'hôtel de Normandie, heureux de prendre enfin un repos dont j'avais grand besoin. L'habitude d'avoir toujours l'œil ouvert et de tenir note des moindres incidents qui se présentaient sur ma route me fit apercevoir l'équipage de la citoyenne Harte filant par la rue du Mail, le cocher, fouettant à tour de bras les chevaux du haut de son siège, et les deux suivantes assises derrière.

« Où diable ces gens-là vont-ils de ce train? » me dis-je, sans attacher d'ailleurs aucune importance à cette remarque. Je m'arrêtai donc à la porte de l'hôtel, où s'entendaient des éclats de voix qui m'étonnèrent.

Une heure avant moi, Lemaire, porteur d'une dépêche de l'armée du Rhin était aussi arrivé;

mais, au lieu de se rendre directement au Luxembourg, il avait voulu voir sa belle. Le brave garçon était resté quelques instants avec elle ; mais, en descendant dans la grande salle où se tenait la table d'hôte, il s'aperçut tout à coup que sa gibecière avait disparu. Croyant l'avoir oubliée, il remonta pour la reprendre et trouva porte close. Alors, redescendant précipitamment, les traits altérés, il raconta aux camarades ce qui venait d'arriver.

J'entrais justement, et, sans lui rappeler ma recommandation, je lui criai :

« A cheval, Lemaire ! la coquine n'est pas encore loin, mais il n'y a pas une minute à perdre. »

Mon cheval était encore sellé, le sien aussi pour se rendre au Luxembourg, et nous partîmes à fond de train, gagnant le boulevard Saint-Denis par la rue de Cléry.

Il était temps ! la calèche, au milieu de la cohue des autres voitures, allait disparaître, au tournant du Marché aux fleurs ; c'est le cocher nègre, avec son chapeau galonné, qui nous la fit reconnaître de loin.

Vous pensez bien qu'à cheval nous la gagnâmes de vitesse ; l'ayant dépassée, Lemaire saisit les rênes, moi, je sautai à terre, j'ouvris brusquement la portière. La citoyenne Harte, toute pâle qu'elle était, pâlit encore davantage ; je m'assis auprès d'elle et je lui dis d'un ton impérieux :

« La dépêche ! et puis allez au diable ! Mon devoir serait de vous conduire chez le préfet de police, mais Lemaire serait trop compromis. »

Elle voulut parler.

« Allons, allons ! interrompis-je, la dépêche ! Sinon, en route pour la préfecture. »

Alors, se levant, elle ouvrit la banquette et me répondit toute frémissante :

« Voici la gibecière. »

Elle n'avait pas eu le temps de l'ouvrir, je la pris, et, la présentant à mon vieux camarade, je lui dis :

« Voilà votre affaire. »

Vous pensez avec quel enthousiasme il la saisit. Bon nombre de badauds s'étaient assemblés autour de la voiture, curieux de savoir ce qui se passait là. Nous remontâmes à cheval. Lemaire se rendit directement à la commission des missives. Moi, je repris le chemin de la rue du Bouloi.

Après ce récit, l'oncle Garnier ajouta :

« Eh bien, plusieurs des lettres adressées à Barbatzy, les premières en date, sont signées Emma Harte, ce qui me porte à croire qu'elle était la maîtresse du pandour et qu'elle a fait expédier Lemaire quelque temps avant nos plénipotentiaires pour n'avoir pas le désagrément de le rencontrer dans les avant-postes de Rastadt, ce qui aurait pu amener des complications et mettre toute la légation en défiance. »

Il me serait difficile de te peindre notre émotion à ce récit, dit le grand-père Jacques, il faut se rappeler notre situation à cette époque, l'occupation du pays, le licenciement de l'armée la noblesse réclamant les biens nationaux, le milliard voté aux émigrés, les duels sans nombre entre nos officiers en demi-solde et ceux des alliés, maîtres chez nous, les missions à l'intérieur prêchant aux paysans l'expiation du crime de vingt-cinq ans, et surtout la publication toute récente des mémoires d'Emma Harte, affichant ses anciennes amours à Naples avec Nelson, le vainqueur d'Aboukir et de Trafalgar. Il faut se rappeler tout cela pour se rendre compte de notre stupeur. Après la publication de la correspondance de Nelson avec son ancienne maîtresse juge de ce qu'aurait été celle de la luronne avec Barbatzy; le scandale aurait dépassé toute mesure.

« Que penses-tu faire de ces lettres, Jean? demanda l'oncle Didier, épouvanté des conséquences qu'aurait eues leur publication.

— Moi, je veux forcer Barbatzy à se battre en duel avec moi, et, s'il refuse, je les publie.

— Prends bien garde! à cette menace seule on l'enverrait au Spielberg; trop de gens influents sont intéressés à étouffer cette vilaine affaire.

— Bah! bah! répondit l'oncle Jean, tu vois toujours les choses en noir. D'ailleurs, je vais me garder à carreau. Nous allons imprimer nous-mêmes cette correspondance dans ton imprimerie, le soir, les volets fermés, après le départ du personnel.... Nous en tirerons quelques exemplaires, et j'en enverrai un au colonel des Secklers, en garnison à Phalsbourg, sans me dessaisir des originaux. D'ailleurs on ne confisque pas un individu de ma trempe aussi facilement que tu le penses, Didier. Je me suis trouvé dans des passes plus difficiles que celle-ci, et ceux qui se flattaient de m'escamoter y ont tous laissé leur peau. »

Son aplomb nous étonnait.

Tout à coup la mère s'écria :

« Jean, vous avez raison; si Claude vivait, il vous approuverait, et je ne crois pas que Jacques vous donne tort.

— Non ma mère, je suis de votre avis; seulement, c'est moi qui me battrai. »

L'oncle Garnier s'indigna de cette prétention :

« Crois-tu donc, fit-il, que je ne sache plus tenir une épée? Tout vieux que je suis, j'en vaux encore deux comme toi sur le terrain.

— Je le sais, mon oncle. A vous l'honneur ! Mais si, par impossible, vous étiez touché, c'est alors à moi que le sbire aurait affaire.

— Allons, dit-il en se levant, nous sommes d'accord, mais ne nous endormons pas sur le rôti. J'entends Broussousse et Martin qui partent. Il est temps de nous mettre à l'œuvre. »

L'oncle Didier, voyant qu'il avait tout le monde contre lui, ne dit plus rien. Et cette nuit même, on se mit à composer les lettres d'Emma Harte, sans désemparer, jusqu'au petit jour. C'est l'oncle Jean qui se chargea de la besogne principale, car lui seul connaissait l'allemand, l'anglais, l'italien. J'étais émerveillé de son adresse ; il n'avait pas oublié le métier. Moi, je manœuvrais la presse. Au bout de dix jours, l'affaire était faite, et alors l'oncle Jean se rendit à notre petite ferme de Kortzeroth, avec Hans et le brave Limousin.

Trois semaines environ se passèrent sans rien de nouveau.

L'oncle Jean remontait la vieille ferme sur le modèle de celles qu'il avait vues aux rives du lac Ontario, garnissant le fenil, le bûcher, achetant du bétail, le tout rondement, et venant de temps en temps à Sarrebourg nous expliquer ses réformes.

Il prenait aussi, je pense, ses mesures pour forcer le colonel Barbatzy à se battre.

Quant à moi, j'avais communiqué mes vues sur Louise à la mère et à l'oncle Didier. Ils en étaient enchantés, et, vers la fin de l'automne, je venais d'écrire à George Merlin ma demande, en exposant à mon futur beau-père ma position de capitaine en demi-solde, mes économies et la promesse formelle de l'oncle Didier, imprimeur à Sarrebourg, de me céder la suite de ses affaires moyennant une part de tant dans les bénéfices.

Nous attendions sa réponse, lorsque, un matin du mois de novembre, entre neuf et dix heures, trois officiers de hussards autrichiens firent halte à notre porte; le colonel Barbatzy était du nombre. Ils attachèrent leurs chevaux à la grille du verger et entrèrent.

L'oncle Didier, son bonnet de coton sur sa grosse tête, tranquillement assis à son bureau, corrigeait les épreuves; Broussousse et Martin, devant leurs cases, composaient le numéro du jour; moi, près de notre poêle, en petite tenue, le bonnet de police sur l'oreille, je fumais ma pipe, rêvant à Louise.

Les trois personnages promenèrent un regard inquisiteur dans toute l'imprimerie. Le colonel semblait fort animé; les deux autres, plus calmes, restaient à la porte, m'observant du coin de l'œil. Lui, s'avançant, s'adressa brusquement à l'oncle Didier, sans le saluer, et lui demanda d'un ton de supériorité :

« Connaissez-vous le nommé Jean-Paul Garnier?

— Il est en mer depuis quinze jours, répondit l'oncle sans se lever, comprenant très bien ce dont il s'agissait; il vogue à pleines voiles du Havre à New-York. Que lui voulez-vous?

— Je veux lui demander raison de la lettre insolente qu'il s'est permis de m'écrire. Connaissez-vous cela? » fit-il, en tirant de sa sabretache un paquet de lettres.

L'oncle regarda et répondit :

« Je ne connais pas l'espagnol; je n'imprime que du français. »

Alors, sans me déranger de ma chaise, et continuant de fumer ma pipe d'un air impassible, j'élevai la voix et lui dis :

« Il me semble, colonel, qu'un peu de politesse ne gâterait rien à votre entrée ici. Votre ton n'est pas celui d'un officier. »

Il bondit et, se retournant vers moi, s'écria furieux :

« Qui êtes-vous? je n'accepte pas vos leçons!

— Vous en avez pourtant grand besoin, lui répondis-je du même ton calme. Je suis Jacques Garnier, capitaine au 1ᵉʳ dragons, et je représente ici mon oncle Jean-Paul Garnier.

— Alors, si vous le représentez, vous me rendrez raison de sa lettre !

— Parfaitement, où et quand il vous plaira.

— Eh bien, ici, tout de suite.

— Vos armes ?

— Le sabre de cavalerie.

— Bon, je monte prendre le mien et je suis à vous.... Ces officiers sont vos témoins ?

— Oui.

— Voici les miens, » dis-je en montrant Martin et Broussousse, stupéfaits de la scène.

Une minute après, je redescendais avec mon sabre de dragons. Le sien, de hussards, était peut-être un peu plus long, mais je n'y regardais pas de si près.

Ma mère avait tout entendu de la chambre voisine ; elle nous vit passer et ne dit rien.

Nous sortîmes dans notre verger tout blanc de givre. Un sentier le traversait, bordé d'arbustes déjà dépouillés de leur verdure, et aboutissant à une tonnelle à claire-voie. J'ôtai ma veste et la jetai sur un groseillier. Barbatzi en fit autant, et c'est dans le sentier rempli de feuilles mortes qu'on s'aligna.

Au moment de tomber en garde, je l'entendis murmurer :

« J'ai déjà vu cet homme. »

Et je lui répondis :

« Oui, nous nous sommes déjà regardé le blanc des yeux. »

Il eut un frisson. Les armes se croisèrent et les témoins dirent :

« Allez ! »

Chose étrange, au premier froissement du fer, je sentis la main de mon ancien adversaire ; il me porta les mêmes coups et je les parai de même. A la seconde parade, je me fendis à fond et le perçai du même coup de pointe qu'à Gernsbach, dans la basse-cour du vieux huguenot. Il tomba en murmurant :

« C'était lui ! »

Ce souvenir m'a souvent fait penser depuis qu'il existe une destinée.... Le gredin devait périr de ma main ! Il en était réchappé la première fois, et, quinze ans plus tard, il devait y rester : cette façon de voir, Claude, n'est pas plus bête qu'une autre. Bref, il ne bougea plus, je lui avais percé le cœur. Ses témoins n'en parurent pas trop fâchés.... C'était sans doute un mauvais coucheur, et puis, il faisait place à un autre, peut-être à l'un de ces deux-là.

Je remis ma veste et rentrai dans l'imprimerie rallumer ma pipe. Les témoins se réunirent à l'auberge du Grand-Cerf pour rédiger le procès-verbal ; puis on enleva le corps de Barbatzy, et je crois que c'est sur la charrette de Rebstock, qu'on le reconduisit à Phalsbourg. Ces choses-là se passaient journellement entre nos officiers et ceux des alliés. Le commandant Thomas, du Petit-Saint-Jean, en avait au moins une demi-douzaine sur la conscience.

Tu penses, Claude, combien l'oncle Jean fut vexé en apprenant que je lui avais enlevé son gibier; il ne me pardonna qu'après s'être fait bien expliquer en détail comment l'accident était arrivé. « Je ne pouvais pas les renvoyer à Kortzeroth, lui dis-je, surtout après la provocation directe. »

Il le comprit et dit en souriant : « Allons, tu as du sang des Garnier dans les veines ; je ne puis pas t'en vouloir et je ne t'en veux pas, surtout maintenant que tu vas te marier. La bonne race ne périra pas. C'est égal, fit-il ensuite, je dois reconnaître que tu as plus de courage que moi, car, sur le chapitre du mariage, je n'ai jamais osé me décider. »

Peu de temps après cet événement, à l'entrée de l'hiver, George Merlin, mon futur beau-père, arriva s'assurer lui-même que tout ce que je lui avais écrit était exact. Ces huguenots sont des gens pratiques : avant de me confier l'avenir de sa fille, le brave homme tenait à voir mes états de service, le brevet de ma croix, mes économies et l'imprimerie de l'oncle Didier. Il les vit, et seulement alors, étant à table avec nous, le verre en main, il nous dit que ma demande avait été fort bien accueillie par son respectable père, Jean Pierre Merlin, le Camisard, et par Louise, ce qui me fit le plus grand plaisir.

Il voulait remettre les noces au printemps suivant, mais cela n'entrait pas dans mes vues, et, malgré les premières neiges qui commençaient à tomber, ma mère, enveloppée d'une chaude pèlerine et commodément assise dans un char-à-bancs alsacien, partit accompagnée de l'oncle Jean et de moi pour faire la connaissance de ma fiancée et conclure le mariage.

Il eut lieu en décembre 1815, et, depuis, j'ai vécu aussi heureux qu'un homme peut l'être en ce monde. Sans doute, j'ai vu disparaître tour à tour ceux que j'aimais le plus, la mère, l'oncle Didier, ma sœur Claudine et ma femme elle-même.... Oui! mais de nouveaux rejetons avaient poussé autour de moi pour me consoler.

Celui des anciens qui disparut le dernier, c'est l'oncle Jean. Il s'était retiré dans sa petite ferme de Kortzeroth, qu'il cultivait avec soin, venant, tous les jours de marché, à Sarrebourg vendre ses grains et ses autres denrées. Tu n'as pas oublié ce grand vieillard sec, osseux, toujours à cheval, causant de tout avec bon sens, connu de tout le monde au pays et donnant à tous les meilleurs conseils. Il t'a fait sauter plus d'une fois sur ses genoux, en te sifflant le boute-selle et s'écriant : « Celui-là repassera le Rhin, il redemandera compte aux kaiserlicks de tous les ennuis qu'ils nous ont causés, n'est-ce pas? » faisait-il. Et tu lui répondais : « Oui, mon oncle, » ce qui le transportait d'enthousiasme.

Je ne lui ai jamais connu qu'un défaut, résultant de ses longues campagnes : il aimait un peu trop le kirsch, s'arrêtant à tous les bouchons en chemin, sans descendre de cheval, et vidant son petit verre sur le pouce. Mais cela passait comme de l'eau et ne l'empêchait pas d'être aussi ferme sur ses étriers.

Un matin, en 1835, son garçon de labour, Nicolas Coiffé, décoré pour avoir été reconnaître si la brèche de Saragosse était praticable, vint m'apporter un billet de sa part, écrit d'une main tremblante : « Arrive, il est temps. » Je ne perdis pas une seconde et partis sur Marguerite au triple galop. Vingt minutes après, j'arrivais à la ferme et j'entrais dans la petite chambre à coucher du vieillard.

Au bruit de la porte, il tourna la tête sur l'oreiller et me dit :

« Je t'attendais, Jacques! »

Puis, étendant le bras avec effort :

« Serre-moi la main, dit-il, et adieu! »

Sa respiration était haletante; elle cessa brusquement. Il venait d'expirer sans agonie. C'est une des plus grandes douleurs de ma vie. Il avait soixante-quinze ans.... C'est mon âge, Claude.

« Mais, vous êtes encore fort, grand-père, » lui dis-je.

Il sourit, et, se levant, me répondit :

« Allons-nous coucher, j'ai sommeil. »

KALEB ET KHORA

I

Hier, 20 mai 1890, étant levé de grand matin, ma petite fenêtre ouverte au soleil du printemps, j'écoutais les premiers chants du merle dans le bosquet de Lunéville, le bruissement des feuilles dans mon verger et le caquetage des poules dans la basse-cour du voisin. Ces bruits familiers de la maison me portaient à la rêverie, et, tout à coup, je me revis jeune homme dans l'arrière-boutique de notre épicerie, en face de la vieille halle à Phalsbourg.

Je sentis l'odeur du poivre, du gingembre, de la cannelle, comme au bon temps de la jeunesse.

Mon père, alors âgé de soixante ans, le front

large, le nez aquilin, les yeux bruns et vifs, la tête grisonnante, ouvrait le magasin au petit jour, jetait un coup d'œil sur la place du Marché encore déserte, prenait brusquement une prise de tabac, puis rentrait s'asseoir au bureau pour copier le brouillard au grand-livre.

Ma mère était morte depuis longtemps, mes frères et sœurs mariés au loin : je restais seul à la maison. J'avais dix-huit ans et je faisais ma philosophie sous M. Poirier, au collège communal de la petite ville, en 1840.

Seigneur Dieu, que ces temps sont loin de nous et qu'ils sont différents du nôtre!

Notre servante Rosine, une grande blonde, un peu rousse, balayait le magasin. Le feu pétillait dans la cuisine; Madeleine préparait le café au lait avant mon départ pour la classe. La petite Charlotte remontait de la cave avec une grosse cruche d'huile qu'elle déposait sous le comptoir.

Au bout de la rue Lobau, le clairon du 18ᵉ léger sonnait le réveil; quelques ouvriers en bras de chemise se rendaient à leur atelier.

On sentait que la journée allait être chaude et que bientôt la boutique se remplirait de monde : paysans et paysannes de tous les environs allaient venir au marché du vendredi avec leurs hottes et leurs paniers de beurre, d'œufs frais, de volailles, de légumes.

Oui, c'était un grand jour de marché, et nos gens se dépêchaient de tout mettre en ordre pour être prêts au moment de la presse.

Moi, debout derrière la porte vitrée du bureau, qui nous servait aussi de salle à manger et de cabinet littéraire, les cheveux ébouriffés, et maigre comme un coucou à force de méditer sur Dieu et l'immortalité de l'âme, je regardais la petite Charlotte, qui me souriait du coin de l'œil, ce qui me troublait plus que je ne saurais dire.

Il y avait bien de quoi, vous allez voir.

Cinq ou six semaines avant, une après-midi, au moment de nous lever de table, le vieux garde-chasse, Michel Perlot, de Clairefontaine, était entré dans l'arrière-boutique. Sa fille Charlotte l'accompagnait.

C'était un vieux garde, grand, sec, les moustaches et l'impériale blanches, la figure longue, hâlée, osseuse, sillonnée de rides. Mais sa fille Charlotte, âgée de seize ans au plus, les yeux malins, le petit nez droit légèrement retroussé, les cheveux bruns en bandeaux autour de ses oreilles roses et le petit bonnet alsacien aux larges rubans moirés déployés en ailes de papillon, était fraîche et gracieuse comme une églantine.

On devinait qu'elle avait longtemps couru au grand air, à l'ombre des bois, butinant à droite et à gauche les fraises et les mûres dont ses lèvres semblaient teintes de pourpre.

Enfin, que vous dirai-je? tout philosophe que j'étais, le plus fort de la classe en psychologie, logique, morale et théodicée, je sentis à sa vue comme un léger frisson me passer dans les cheveux, d'autant plus qu'elle-même se mit à me regarder d'un air de satisfaction singulière. Oui, nous étions étonnés et satisfaits l'un de l'autre.

Je me demandai soudain si Mlle Léontine Bonat, la fille de notre respectable juge de paix, la plus belle blonde cendrée que j'eusse encore vue et qui souvent me faisait rêver des demi-heures à l'étude, je me demandai si la belle Léontine, avec ses yeux bleu pervenche, ses longues boucles à la Sévigné, pouvait bien se comparer à cette petite fleur sauvage.

Je restai indécis.

« Monsieur Gérard, dit le vieux garde en levant son képi, je vous amène ma fille Charlotte, comme nous en sommes convenus dimanche dernier.

— Ah! c'est vous, Perlot, dit le père en souriant; vous allez vous asseoir et prendre un verre de vin. Lucien, donne une chaise à M. Perlot. »

Le vieux garde s'assit, le père remplit un verre

en regardant la jeune fille, qui venait aussi de s'asseoir, son petit panier sur les genoux.

« Elle est un peu jeune pour servir au magasin, fit-il en prenant une bonne prise, mais elle me paraît intelligente.

— L'esprit et le bon sens ne lui manquent pas, dit le vieux garde en relevant ses moustaches pour boire. A votre santé, monsieur Gérard.

— A la vôtre, Perlot.

— Oui, reprit le père, elle pourra déjà nous rendre service les jours de marché, en cherchant les marchandises au grenier, à la cave. On n'a pas tout sous la main, il faut courir.... Elle est vive?

— Comme un écureuil, dit le vieux garde en souriant; cinq ou six escaliers à monter et à descendre d'un trait ne lui font pas peur.

— Je le pense bien, dit le père, tout égayé de voir une si jolie fille les yeux timidement baissés d'un air naïf. Eh bien! nous lui donnerons tout de suite quinze francs de gages par mois pour commencer, la table, le logement, le blanchissage. Rien ne lui manquera : elle sera comme l'enfant de la maison.

— Oh! chez vous, je sais qu'elle sera bien. Et vous l'aiderez de vos conseils, fit le brave homme avec attendrissement, vous la tiendrez dans le bon chemin, monsieur Gérard?

— Cela va sans dire. Tous les domestiques de ma maison ont fini par de bons mariages ; on sait que, chez moi, tout se passe en ordre ; il n'y a pas de danses les dimanches et jours de fête ; on ne fait pas de mauvaises connaissances ; on est chez de braves gens.

— Oui, et c'est ce qui m'a décidé.... Vous comprenez, on a toujours de la peine à se séparer de son enfant, à la mettre dans une ville où tant de vauriens cherchent à séduire la jeunesse.

— Oh ! pour cela, vous pouvez être tranquille, » dit le père en se levant, car plusieurs personnes venaient d'entrer au magasin.

Le garde et Charlotte se levèrent aussi, et le père, s'arrêtant encore une seconde avec eux, leur dit :

« C'est donc une affaire entendue. Charlotte, tu peux entrer à la cuisine ; Madeleine te montrera ta chambre et vous prendrez vos repas ensemble.... Allons, je vois qu'on m'appelle dehors : au revoir, Perlot ; ôtez-vous tous les soucis de la tête ; nous la mettrons vite au courant et, dans six mois, si tout a bien marché, nous augmenterons ses gages.... »

Il sortit. Le vieux garde et sa fille s'embrassèrent, les larmes aux yeux, et, comme en ce moment sonnait l'heure de la classe au collège, je partis en courant, tandis que Charlotte, son petit panier au bras, se retournait, me suivant d'un regard émerveillé.

Elle n'avait sans doute pas encore vu de philosophe les cheveux ébouriffés, les joues pâles à dix-huit ans, et mon air mélancolique l'intéressait.

Enfin, voilà comment Charlotte et moi nous avions fait connaissance, et maintenant vous devez comprendre mon trouble, depuis six semaines, en présence de ce joli petit être que je me promettais chaque jour de ne plus regarder et dont la pensée me suivait même en classe, en écoutant les savantes dissertations de M. Poirier sur la force invincible de la volonté combattant avec avantage toutes les passions et faisant triompher partout le devoir et la vertu.

II

Mon père avait alors, dans la ruelle des Capucins, derrière les écuries de la gendarmerie, une antique baraque qui lui servait de grange, de remise, de cave, de grenier pour toutes les choses encombrantes de la maison.

Cette baraque avait appartenu jadis à un nommé Geisse, logeur à la nuit; c'est là que descendaient les bateleurs, les joueurs d'orgue, les meneurs d'ours et autres gens de cette espèce.

On disait alors que, pendant la chère année, de 1816 à 1817, Geisse, déjà très obéré, ne pouvant plus se faire payer d'une troupe de bohémiens qu'il hébergeait en ce temps de grande misère, avait vendu l'enfant d'une jeune tzigane pour se couvrir de ses frais. J'ai su depuis que Geisse, qui avait peut-être d'autres méfaits à se reprocher, était pourtant innocent de celui-là.

Khora, la malheureuse mère, désespérée, parcourait la ville, réclamant à toutes les portes son petit garçon.

Cette affaire avait fait grand bruit; la justice s'en était mêlée.

On prétendait qu'un personnage considérable, passant par Phalsbourg et se rendant à Baden, avait acheté l'enfant. Geisse ayant disparu sans régler ses affaires, sa maison avait été vendue, par adjudication forcée, à la requête des créanciers, et mon père s'en était rendu acquéreur.

Depuis, les choses restaient à peu près dans le même état, sauf que la baraque était devenue un peu plus vieille et plus délabrée.

Au fond de ce nid à rats se trouvait une cour où la lumière et la pluie descendaient des toits environnants comme dans un entonnoir; là, sous un hangar vermoulu, s'entassaient une quantité de sacs, de caisses, de futailles vides, et le long des poutres pendaient d'immenses toiles d'araignée pleines de crépi et de mouches desséchées.

C'était un coup d'œil étrange, surtout quand la chaude lumière du midi tremblotait au milieu de ces ombres.

A l'entrée du rez-de-chaussée, sur la ruelle des Capucins, trois tonnes où fermentaient quelques résidus de vins et de mélasse répandaient une forte odeur de vinaigre. Plus loin, dans la cuisine sombre, sous le rayon oblique d'une lucarne, un escalier de bois montait au magasin des paperasses, que le père achetait à toutes les ventes de la mairie et de la régie pour en faire des cornets.

C'est dans ce réduit, éclairé de deux fenêtres cintrées, à vitraux octogones, que je passais des heures en méditation.

J'avais là cinq ou six rayons de livres et de brochures : mes auteurs grecs et latins, mes dictionnaires de science, d'histoire, de géographie et mes cahiers de notes, serrés en bon ordre, mon petit poêle de fonte, ma vieille table de chêne entre les deux fenêtres, enfin tout ce qu'il me fallait pour travailler à mon aise.

En été, les fenêtres ouvertes, le coude sur

mon pupitre et l'oreille dans la main, je contemplais la haute muraille décrépite du cloître en face, converti en collège après la fuite des capucins au début de la Révolution et dont une pierre saillante portait la date de 1575, époque où le comte palatin George-Jean de Weldentz avait cédé Phalsbourg au duc Charles III de Lorraine.

Le plus profond silence régnait dans la ruelle, et je songeais aux écoles philosophiques qui, depuis Thalès de Milet jusqu'à Descartes et Leibniz, avaient essayé d'expliquer le grand mystère de l'existence.

III

C'est là que venait me voir tous les jours, après la classe, mon ami Timothée Brestel, son violon sous le bras, et qu'il me jouait une foule de morceaux de sa composition.

Timothée était le fils du père Brestel, notre voisin, ancien hussard Chamborant, marié jadis avec Mlle Aurélie Chanoine dont il avait eu trois enfants : Mlles Christine et Salomé, qui tenaient l'auberge du Mouton d'Or, et Timothée, qui faisait ses études au collège avec moi.

Tous ces braves gens, je crois encore les voir : Christine, avec son gros bonnet tuyauté, surveillant les marmites, et Salomé veillant au service des voyageurs logés au Mouton d'Or jusque sous les toits.

L'auberge du père Brestel avait une grande réputation aux environs de la ville ; son heureuse situation en face de la halle attirait là tous les gens du marché : voitures de meuniers et de paysans stationnaient à sa porte ; les fouets claquaient, les vendeurs et les acheteurs entraient et sortaient comme les abeilles d'une ruche ; les longues tables se garnissaient de nombreux convives, on buvait, on discutait le prix des grains, on se tapait dans la main.

Le père Brestel, en veste de drap gris, culottes de velours brun, bas de laine, souliers ronds à boucles d'argent, accueillait gaiment toutes ses pratiques :

« C'est toi, Christophe ! C'est toi, Jean-Baptiste ou Nicolas ! Les affaires vont toujours bien?

— Mais oui, père Brestel... pas mal... ça roule...

— Allons, tant mieux. »

Il était connu de Saverne à Sarrebourg, de la Petite-Pierre à Dabo.

Bien plus : les touristes allant de Paris à Baden ou de Baden à Paris descendaient tous chez lui, grâce à son enseigne, que l'on voyait flamboyer de la porte de France à la porte d'Alsace.

IV

Au moment où débute cette histoire, un artiste hors ligne, M. Ladislas Durosier, s'y trouvait établi depuis quelques jours et faisait sensation en ville. Il occupait tout le premier de l'auberge, et sa chevelure crépue, retombant à flots sur sa nuque comme la toison d'un mérinos, son nez fortement busqué, ses dents d'une blancheur éblouissante, son teint doré donnaient à ce personnage un caractère fort remarquable.

Il paraissait d'ailleurs sans gêne et bon enfant. Mon ami Timothée avait tout de suite lié connaissance avec lui; ils sortaient ensemble tous les jeudis et les dimanches, prendre quelques vues aux environs de Phalsbourg, soit à la Roche Plate, soit à la Forêt du bois de chênes, sur la côte de Saverne ou ailleurs.

Il va sans dire que mon camarade portait le chevalet, la chaise pliante et la boîte de fusain....

Le soir, M. Ladislas et lui faisaient après souper de la musique, car cet étranger jouait supérieurement du violoncelle, et Timothée l'accompagnait....

Le père Brestel, ayant décidé que son fils serait avocat, médecin ou qu'il entrerait à l'École de Saint-Cyr pour en sortir officier de hussards, ne lui demandait que de suivre ses classes, ce qu'il faisait d'ailleurs consciencieusement, se contentant d'être régulièrement le dernier.

Il avait horreur du grec, du latin, de l'histoire, de la géographie et de la rhétorique ; aussi M. Poirier le déclarait-il incapable de jamais se faire recevoir bachelier et, à plus forte raison, d'entrer à l'École de Saint-Cyr.

C'était aussi l'opinion de M. Laurent, notre professeur de mathématiques. Mais, en revanche, M. Schloupp, ancien maître de chapelle des comtes de Salm-Salm avant la Révolution, devenu, par suite des catastrophes de l'Empire, simple organiste à l'église de Phalsbourg et donnant aussi des leçons particulières de musique au collège, M. Schloupp le considérait comme un aigle, lui prédisait qu'il deviendrait un second Paganini.

Le fait est que Timothée, pourvu de doigts d'une longueur exceptionnelle, pouvait saisir toutes les notes de son violon sans démancher, qu'il avait l'oreille juste et qu'autant il se moquait d'Homère, de Virgile, de Lucrèce et d'Horace, autant il admirait Mozart, Haydn, Weber et Rossini.

Timothée, faible et poltron comme il était, serait devenu la risée des camarades si je ne m'étais trouvé là pour le défendre quand on essayait de le bousculer ; mais, au premier cri : « Lucien ! Lucien ! » j'accourais, serrant les poings et faisant face au danger.

Il s'arrêtait derrière mes larges épaules, et les autres, ayant appris par expérience que j'aimais la bataille, redevenaient calmes.

Aussi Timothée me disait-il quelquefois :

« Avec toi, Lucien, je traverserais les enfers comme le pieux Énée. »

C'est tout ce qu'il avait retenu du VIe livre de Virgile.

Cela dit, j'en reviens à mon histoire avec la petite Charlotte.

V

Le jour même où le vieux garde Perlot était venu confier sa fille à mon père, j'avais senti le plus grand trouble sans pouvoir me rendre précisément compte de ce que j'éprouvais. Au lieu d'écouter les savantes dissertations de M. Poirier sur la force invincible de la volonté, l'idée de Charlotte ne me quittait pas : je la voyais encore, les yeux naïvement baissés sur son petit panier ; je m'en voulais de l'avoir regardée avec autant de complaisance, me disant qu'un philosophe ne doit pas s'arrêter à de pareilles futilités.

Enfin, la classe terminée, j'avais regagné ma baraque, non pour rédiger mes notes comme d'habitude, mais pour rêver à cet étrange phénomène.

Depuis le grand bal offert par les habitants de Phalsbourg aux officiers de la garnison, à l'hôtel de ville, où j'avais dansé je ne sais combien de valses avec Mlle Léontine Bonat, la balançant sous les guirlandes de la salle aux sons de la musique du 18e, aucune émotion pareille ne m'avait agité. Mais Léontine, grande, souple, vêtue d'une robe d'azur et ses magnifiques cheveux blonds flottant sur ses épaules blanches, n'offrait aucune analogie avec cette petite myrtille de la forêt.

L'une, aurait dit le bon M. Poirier, représentait la poésie lyrique, l'autre la naïve pastorale.

C'était aussi mon avis, et j'y songeais depuis une heure, quand, tout à coup, j'entendis la porte s'ouvrir en bas.

Le père avait l'habitude d'envoyer Rosine ou Madeleine remplir la grande cruche de vinaigre à l'une des tonnes qui fermentaient au rez-de-chaussée.

« Si c'était Charlotte... » me dis-je, et Dieu sait si mon cœur se mit à galoper.

La porte se referme; j'entends quelqu'un rôder dans l'antique bâtisse, passer de la chambre dans la cuisine, lever la plaque du four où Geisse cuisait jadis son pain, puis entrer dans la cour et, là, s'arrêter un instant.

Qui cela pouvait-il être?

Timothée connaissait la masure aussi bien que moi : il trouvait l'escalier en entrant.

Cette idée de Charlotte m'inquiétait; la tentation de descendre et de l'embrasser me venait, malgré ma philosophie.

C'était une rude épreuve... et j'hésitais.

Enfin, on monte : je regarde, et qu'est-ce que je vois? la tête laineuse de M. Ladislas Durosier coiffée de son béret rouge à grand pompon de soie bleue, au profil grave et mélancolique de dromadaire, vêtu de noir et le gilet chargé de breloques.

Quelle déception?

VI

Ladislas était là sur les dernières marches et me regardait, ses grands yeux bruns veinés de jaune fendus en amande.

« Pardonnez-moi mon indiscrétion, monsieur, dit-il, mais cette antique masure m'a vivement intéressé; c'est peut-être la seule qui subsiste des anciens comtes de Weldentz antérieure aux fortifications de Phalsbourg, par Vauban. »

Je ne pouvais me dispenser d'être poli et d'offrir une chaise à ce monsieur.

Il s'assit, regardant mes fenêtres cintrées avec une attention profonde, en ajoutant :

« On croirait être ici dans le laboratoire du philosophe méditatif de Rembrandt. Habitez-vous depuis longtemps ce recoin du monde ?

— Depuis quatre ou cinq ans, lui répondis-je. Je fais mes études dans la vieille capucinière en face, convertie en collège par le baron Parmentier, en 1806 ; je viens rédiger ici mes devoirs pour être plus tranquille.

— Ah ! fort bien ; je comprends. Vous devez jouir ici d'un profond repos, reprit-il. Mais cette maison, à qui appartient-elle ?

— A mon père, M. Gérard, dont l'épicerie se trouve juste en face de la halle aux grains et de l'auberge du Mouton d'Or, où vous logez. Vous avez dû la remarquer ?

— Parfaitement, mais cette vieille maison, il la possède depuis longtemps ?

— Depuis au moins vingt ans. »

Tout en me parlant, ce personnage ne cessait de parcourir des yeux mon réduit, d'en examiner les poutres, les vitraux avec une attention singulière. Et, quoiqu'il n'eut guère plus de vingt-cinq ans, chaque détail semblait lui rappeler quelque lointain souvenir. Mais il ne disait plus mot, et son silence commençait à m'embarrasser, car je devinais là quelque mystère, lorsque l'ami Timothée, grimpant quatre à quatre l'échelle de meunier, parut à la soupente.

« Ah! dit-il gaiement, tu es en société, Lucien? Je vous dérange?

— Du tout, répond l'étranger, asseyez-vous donc, monsieur Timothée : vous n'êtes pas de trop.

— Ah! c'est M. Ladislas Durosier, » dit alors mon camarade.

En prenant place, il s'écria :

« Je viens de découvrir dans les cahiers de maître Schloupp un motif délicieux : ce n'est qu'une seule phrase, mais tout à fait dans le goût du *Robin des Bois*, de Weber, et qu'on pourrait intituler : la Danse des sylphides sous la roche de Clairefontaine. Tu sais, Lucien, il y a là un petit bassin d'eau limpide comme le cristal, entouré de cresson sauvage : de temps en temps, une goutte tombe de la roche en demi-voûte dans le bassin; alors l'eau immobile tremble en frémissant et quelques mouches, plus transparentes que la dentelle, s'en élèvent et tourbillonnent au-dessus. Combien de fois je me suis arrêté là pour les contempler; quelques rameaux de lierre, d'une fraîcheur incomparable, tapissent la roche et, à sa base, s'élancent trois grandes tiges toutes chargées de clochettes blanches et pourpres qui se mirent dans l'eau; ce sont des fleurs rares, mais on les dit empoisonnées. L'autre jour, revenant de la pêche, au moment où le soleil se couche, je ne savais comment atteindre ces fleurs, quand le vieux garde Perlot, suivant le même sentier que moi, me dit : « Timothée, prends garde : ces fleurs, « sont de l'aconit; laisse-les et crains de t'empoisonner.... » Il avait raison; mais, c'est égal, cette coupe de granit en forme de bénitier n'en est pas moins belle à l'ombre des vieux chênes, et les mouches qui voltigent au-dessus sont les plus légères du monde. Si Monsieur veut, je vais vous jouer l'air des sylphides d'après le motif du père Schloupp.

— Vous nous ferez le plus grand plaisir, dit le jeune homme, que l'enthousiasme de mon camarade semblait charmer.

— Voici d'abord le motif, » dit Timothée en appuyant son violon à l'épaule; puis, s'animant, il exécuta sur ce motif des variations innombrables, tantôt brillantes, tantôt mélancoliques.

De temps en temps, le motif revenait dans toute sa simplicité; mais Timothée, encore mieux inspiré ce jour-là que d'habitude, y trouvait sans cesse de nouvelles ressources.

A la fin, s'essuyant le front, il murmura :

« J'aurais bien d'autres choses à vous dire, mais je n'en puis plus. »

Et l'étranger, lui serrant la main, s'écria :

« C'est admirable! Ce n'est pas ici, dans ce réduit, c'est à Paris, dans quelque grand théâtre, que vous devriez improviser de pareilles variations, et vous seriez apprécié à votre juste valeur.... Vous êtes un artiste.

— Et nos forêts, dit Timothée en souriant, nos forêts qui frissonnent à la brise; nos vallées, qui chantent au passage des torrents; les milliers d'oiseaux : hautes grives, merles, rossignols, fauvettes, qui saluent chaque jour l'apparition du soleil, ne sont-ils pas des artistes aussi... et bien plus grands, plus touchants que nos maîtres les plus illustres?

— C'est vrai, dit Ladislas : la nature est infiniment plus grande que l'art.... Jamais nous n'atteindrons à sa hauteur. »

VII

Le bon Timothée était émerveillé de la sympathie que lui témoignait ce personnage, lorsque je lui demandai :

« Tu connais donc le vieux garde Perlot, de Clairefontaine, puisqu'il te parle et te tutoie?

— Si je le connais? C'est un des plus vieux camarades de mon père; ils ont servi quinze ans ensemble aux hussards Chamborant, et, chaque fois que Michel Perlot vient faire son rapport à M. le garde général des eaux et forêts, il ne manque pas de venir serrer la main de son ancien maréchal des logis Brestel; on fait monter une bouteille de Wolxheim pour trinquer ensemble; on parle de Hohenlinden, d'Austerlitz, de Wagram, d'Iéna : « Te souviens-tu de celui-ci? « Te souviens-tu de celui-là?... » On s'attendrit en se rappelant les braves tombés dans tous les coins de l'Europe. Chaque fois, il faut boire un coup pour se consoler, et souvent deux ou trois bouteilles y passent. Oui, oui, je connais bien le vieux garde, continuait Timothée, et quand on a besoin au Mouton d'Or d'un chapelet de mésanges, d'un levraut bien tendre ou d'une gigue de chevreuil, c'est à lui qu'on s'adresse. Ah! si je connais l'excellent homme! Combien de fois, pendant les vacances, j'ai passé des semaines chez lui, à la maison forestière, dans sa prairie et son verger, à cueillir des raisins, à secouer les pruniers, à détacher les poires fondantes, à conduire le bétail au pâturage en allumant des feux de chènevotte dans la vallée! Je suis là comme chez nous, Lucien ; Marie-Anne, la femme de Perlot, me considère comme de la famille, et souvent, quand Michel a fait le tour de son finage, après souper, les braves gens me disent : « Joue-nous quelque chose, Timothée : une valse, une sauteuse. » Et je m'assieds au bout du banc, la jambe gauche à cheval sur l'autre, et les deux vieux se mettent à tourbillonner autour de la chambre ; Charlotte bat la mesure et m'accompagne en chantant. Ah ! le bon temps des vacances... j'y pense toujours. »

VIII

Ainsi parlait Timothée avec une sorte de frémissement intérieur qui me rendait tout pensif.

« Sais-tu, lui dis-je à la fin, que Charlotte est maintenant engagée chez nous pour apprendre le commerce ? »

A peine avais-je parlé que mon brave camarade, déjà si pâle, pâlit encore et parut tout interloqué.

« Comment, fit-il en bégayant, Charlotte, la petite Charlotte chez vous ?... dans votre boutique ?... servir une livre de chandelles ou de savon ? Mais pourquoi Michel Perlot ne l'a-t-il pas placée plutôt chez nous ? Elle aurait appris la cuisine, elle aurait dressé la table, elle aurait été bien mieux que dans votre épicerie.

— Hé! hé! lui répondis-je, dans une auberge achalandée comme la vôtre, où les voyageurs logent à pied et à cheval, où les sous-officiers ont établi leur cantine, peut-être Charlotte n'aurait-elle pas été aussi bien placée que chez nous...

— Mais, s'écria Timothée, est-ce que je n'aurais pas été là, moi, pour la surveiller?

— Toi, mais tu fais ta philosophie; tu n'es pas à la maison les trois quarts du temps.

— Ma philosophie, ma philosophie, s'écria-t-il, exaspéré, je me moque bien de ma philosophie, de Cousin, de Damiron et d'un tas d'autres dont M. Poirier a la bouche toujours pleine : ce sont des ânes. Je les aurais tous plantés là, j'aurais pris un tablier, j'aurais rincé les verres, lavé les assiettes. Avocat, moi! médecin! élève de l'École de Saint-Cyr! Allons donc!... mon père est fou, et mes sœurs ne pensent qu'à se débarrasser de moi pour mettre la main sur le magot. Voilà le fond de l'histoire.... Moi, m'en aller! leur laisser l'auberge qui rapporte sept mille francs par an! Si elles comptent là-dessus, elles se trompent. Je reste!... oui, je reste! »

Timothée hors de lui, la tête penchée et les mains croisées sur le dos, allait et venait dans mon réduit. Jamais je ne l'avais vu dans cet état, et, tout à coup, l'idée me vint qu'il était amoureux de Charlotte.

« Tu aimes Charlotte? lui dis-je. »

Alors, s'arrêtant et me regardant, les yeux troubles, il s'assit et fondit en larmes.

« Eh bien! oui, me dit-il, je l'aime... mais elle ne m'aime pas, elle, c'est toi qu'elle préfère!

— Moi? tu perds la tête. Elle ne me connaît que d'aujourd'hui; elle ne m'avait jamais vu avant ce matin.

— Oh! fit-il, continuant à sangloter; elle est plus fine que tu ne penses. Je veux bien croire que tu ne l'as jamais remarquée les mercredis et les vendredis, son petit panier au bras au milieu de la foule qui remplit votre boutique. Oui! avec tes idées philosophiques, tu passes à travers la cohue sans faire attention à personne; mais elle, c'est autre chose. Elle accompagnait toujours son père quand il venait en ville, elle lui laissait à peine le temps de vider sa bouteille chez nous, disant : « Allons, allons, il est temps de partir; il nous faut du sucre, du poivre, de la cannelle; il nous faut ceci, il nous faut cela.... Ne perdons pas de temps; allons chez M. Gérard. La mère nous attend; nous arriverons trop tard. » Et le vieux, à la fin, ennuyé, se levait; ils allaient chez vous.

— Bah! toutes les femmes en font autant : elles sont toujours les plus pressées, lui dis-je.

— Non! Un jour Charlotte m'a même parlé de

toi; elle a voulu savoir en détail ce que tu faisais. Je te répète qu'elle veut te prendre dans ses filets.

— Si c'est vrai, lui répondis-je, touché de sa désolation, elle arrive trop tard; j'en aime une autre.

— Une autre, s'écria-t-il, la figure éclairée comme d'un rayon de soleil... une autre, Lucien! Mais qui donc?

— Ah! tu comprends que ces choses ne se disent pas.

— Je parie que c'est Mlle Léontine Bonal, s'écria-t-il. Au dernier bal, tu n'as fait que danser avec elle; j'étais à l'orchestre : j'ai tout vu. »

Ce fut à mon tour de me troubler; mais, prenant aussitôt mon parti.

« **Eh bien!** oui, lui dis-je, j'aime Mlle Léontine, et tu sauras qu'aussitôt reçu licencié en droit je la demande en mariage.... Le vieux juge de paix ne me refusera pas sa fille. »

Pendant toute cette scène, M. Ladislas Durosier, absorbé par ses propres réflexions et considérant mon réduit d'un œil rêveur, ne donnait nulle attention à notre conversation ou semblait s'en soucier fort peu.

A la fin cependant, il dit :

« Notre ami Timothée est un peu trop nerveux; mais, du moment que vous en aimez une autre que sa Charlotte, monsieur Gérard, il doit être rassuré.

— Je le suis, » répondit le brave garçon.

Et, reprenant son violon, qu'il avait déposé au rebord de la fenêtre, il lançait un coup d'archet triomphal, quand Rosine se mit à me crier de la ruelle :

« Monsieur Lucien, le marché est fini : la table est mise ; M. Gérard vous attend.

— Allons, dis-je à Timothée, tu nous joueras la valse une autre fois. »

Et reprenant le chemin de l'escalier, nous descendîmes tout riants dans la rue des Capucins.

Je refermai ma baraque à double tour, et, nous acheminant vers la halle aux grains, chacun rentra dans son logis.

IX

Après avoir vu mon pauvre camarade Timothée si désolé d'apprendre que Charlotte était en condition chez nous et sa joie quand je lui avais dit que j'en aimais une autre, je me serais considéré comme un gueux de faire attention aux mille agaceries de la petite.

J'aurais voulu la bannir de toutes mes pensées ; mais ce n'était pas facile, car sa fenêtre, sur la cour, entourée de volubilis dont les fleurs bleues, jaunes, roses, violettes se renouvelaient chaque nuit, donnait juste en face de la mienne.

Et, tous les matins, en me levant, je la voyais là, ses croisées ouvertes, toute gracieuse et pimpante, en petit jupon, les bras nus jusqu'aux coudes, devant une petite glace de Saint-Quirin, grande comme la main, se tournant et se retournant, la taille cambrée, lustrant les tresses de son abondante chevelure brune et les tordant avec goût sur sa nuque.

Elle semblait ne pas me voir et fredonnait gaiement un vieil air de son village : « Je ne vous dirai pas, tra la la la... Non! vous ne saurez pas le nom de celui que j'aime ».

« Hé! Charlotte! lui criait Madeleine de la cuisine en bas, au-dessous de ma chambre, ne chante donc pas si haut : tu vas éveiller M. Lucien.

— Oh! faisait-elle alors en me lançant un joli petit coup d'œil de côté et me montrant ses petites dents blanches, il est plus matinal que nous, Madeleine : il va déjà partir pour son collège. Ne vous inquiétez pas! »

Elle pensait sans doute engager avec moi la conversation; mais qu'aurais-je pu dire? Je faisais mine de ne pas l'entendre et je descendais en pensant : « Le père aurait bien pu la placer ailleurs que là devant mon nez; nous avons d'autres chambres dans la maison donnant sur la place des Acacias ; mais il a tant de confiance en ma vertu que c'en est désolant. Si je n'étais pas philosophe et si Timothée n'avait pas ma parole, les choses pourraient prendre une tout autre tournure. »

Aujourd'hui que j'y songe, après tant d'années, ces réflexions me paraissent encore fort justes, et je m'étonne même d'avoir été si vertueux. Mais les choses allèrent ainsi et je ne m'en repens pas : c'est le principal.

Je prenais donc mon café, tout rêveur, puis je me rendais à la vieille salle d'études enfumée me mettre au travail. La bonne volonté ne me manquait pas; mais ce : « Tra la la la!... Non, vous ne saurez pas le nom de celui que j'aime! » bourdonnait longtemps à mes oreilles comme celui d'une jolie petite guêpe qui menace de vous piquer.

Sauf les jours de composition latine où j'avais besoin de toute mon attention pour ne pas commettre des solécismes et des barbarismes en masse, je m'interrompais souvent, les yeux au plafond, contemplant en moi-même avec extase cette charmante figure dans son cadre de volubilis :

« A quoi rêves-tu donc, Lucien? » me demandait alors Timothée, dont le pupitre touchait le mien.

Et, sortant comme d'un songe, je lui répondais :

« A Mlle Léontine Bonat.

— Ah! tant mieux, faisait-il, tant mieux... elle est charmante. »

X

On ne parlait plus alors, à Phalsbourg, que de la petite Alsacienne en condition chez M. Gérard, et de M. Ladislas Durosier, logé au Mouton d'Or.

Timothée, fort loquace de sa nature, ne perdait pas une occasion de célébrer les mérites de son ami Ladislas.

« Tous les matins, disait-il, il se peigne et se parfume de mille essences pendant une bonne demi-heure. Les murailles de son appartement sont décorées de magnifiques paysages peints par lui-même et d'instruments de musique dont il joue aussi bien que le père Schloupp. Au-dessus de son salon, il vient de louer notre grenier pour en faire un atelier de peinture; le vitrier Régul a déjà posé dans le toit six grandes glaces qui donnent de la lumière dans tous les recoins; et le maître menuisier Nivoi lui construit une sorte d'estrade en face d'un immense chevalet où se trouve exposée dans son cadre de chêne une toile d'au moins vingt pieds de large sur quinze de haut. Ladislas, ajoutait-il, paye tout comptant et restera chez nous des mois pour terminer une grande œuvre. »

Mais ce qui surtout ravissait le bon Timothée, c'était le cheval de son nouvel ami, un arabe pur sang, bai brun, la crinière et la queue noires teintées de pourpre au bout, à la manière orientale ; la tête carrée, les yeux vifs et doux comme ceux d'un enfant.

A force d'entendre mon camarade célébrer la beauté de ce cheval, je voulus aussi le voir ; il occupait seul un compartiment de la vaste écurie du père Brestel, séparé des autres chevaux par une cloison pour l'empêcher de donner et de recevoir des ruades. Une lucarne de la rue Lobau l'éclairait en plein. J'avoue n'avoir jamais vu de plus bel animal, la tête haute et fière, le poitrail large et bien ouvert, les jambes fines et nerveuses. J'en fus émerveillé ; et comme je lui prodiguais mes éloges, il tourna la tête, me regardant par-dessus l'épaule, il semblait me comprendre ; son regard avait quelque chose d'humain. Les pauvres rosses de paysans, lourdes et massives, alignées plus loin dans l'ombre, semblaient d'une autre essence.

XI

Mais, après vous avoir parlé de mon père, du vieil aubergiste Brestel et de ses filles, de Charlotte et de Michel Perlot, de Timothée, de tous les personnages qui doivent figurer dans cette histoire, il est temps, je crois, de vous entretenir de choses plus extraordinaires.

Un soir, après souper, étant assis tout pensif, selon mon habitude, derrière notre fourneau, la chaise renversée au mur et les pieds sur l'échelon, je regardais Rosine, Madeleine et Charlotte en train de fabriquer des cornets autour de la lampe.

Le père lisait son journal.

De temps en temps, la sonnette du magasin annonçait l'entrée d'une pratique; Rosine se levait pour la servir, puis rentrait s'asseoir.

Et cela semblait devoir durer jusqu'à dix heures, moment où l'on allait se coucher, quand tout à coup quelqu'un traverse le magasin, la porte vitrée de l'arrière-boutique s'ouvre et M. Ladislas Durosier paraît, accompagné de mon ami Timothée.

Le père replie son journal et leur présente des chaises en demandant à l'étranger :

« Monsieur, qu'est-ce qui me procure l'honneur de votre visite? »

Ladislas, prenant place, lui répondit sans façon :

« Votre fils, monsieur Gérard, a dû vous raconter mon apparition inattendue dans son laboratoire de la ruelle des Capucins, et je viens vous demander depuis quand vous êtes propriétaire de cette antique masure.

— Depuis 1818, dit le père, devenu très attentif. Je l'ai achetée à l'occasion de l'expropriation forcée d'un nommé Geisse, logeur à la nuit; ce Geisse recevait chez lui tous les vagabonds du pays, il se servait depuis longtemps chez moi et me payait régulièrement, quand survint l'année désastreuse de 1816 à 1817, après la seconde invasion. Alors son compte s'éleva rapidement à quelques centaines de francs; je n'espérais plus être payé et fus tout surpris de le voir un jour venir me solder jusqu'au dernier centime. Il en fit autant chez son voisin Brestel, boulanger d'étape en ce temps, et qui lui fournissait du pain : surprise fort agréable pour tous les deux. Nous supposâmes qu'il avait fait quelque gros héritage, soit en Alsace, soit en Lorraine. Mais bientôt le bruit se répandit en ville que le logeur à la nuit avait vendu l'enfant d'une jeune bohémienne à quelque haut personnage se rendant à Baden, et dont la berline s'était arrêtée à l'hôtel de la Ville-de-Metz. Cette affaire fit grand bruit, la justice s'en empara; Geisse fut arrêté et traduit en cour d'assises cette année même à Nancy. Brestel et moi nous fûmes cités comme témoins pour dire qu'étant dépourvu de toutes ressources Geisse nous avait payé intégralement sa dette. »

Pendant ce récit, la physionomie de Ladislas avait changé plusieurs fois d'expression, s'animant et pâlissant tour à tour.

Timothée, Rosine, Madeleine, Charlotte et moi nous étions tout oreilles.

« J'ai souvent été juré dans ma vie, reprit le père, mais jamais aucune affaire ne m'a plus touché que celle-là. Tout Nancy se pressait aux audiences; une quantité de bohémiens se trouvaient aussi cités comme témoins: mais ces gens, s'imaginant qu'on allait les comprendre dans les poursuites, s'étaient dispersés dans nos bois : il avait fallu les rechercher et les amener au tribunal sur de longues voitures alsaciennes escortées de la gendarmerie. Aucun ne parlait le français; l'interprète ordinaire ne sachant pas leur langue, composée d'allemand, d'italien, d'espagnol, Brestel et moi, habitant le pays et journellement en rapport avec eux, étions seuls à les comprendre à peu près. Le président nous désigna pour traduire leurs dépositions au jury après nous avoir fait prêter serment. Je n'oublierai jamais celle de la mère de l'enfant, une femme jeune encore et vraiment belle malgré ses guenilles. L'attitude de cette femme avait quelque chose d'imposant et de terrible. Ce n'est pas Geisse qu'elle accusait, c'était son homme. Il me l'a pris dans les bras, criait-elle ; je n'ai pu le défendre, car il était plus fort que moi, et puis j'avais peur de faire mal au pauvre petit être. Kaleb est à moi, disait-il. Et je lui répondais : Non! je suis sa mère, il ne te doit rien, c'est moi qui l'ai nourri, c'est moi qui l'ai porté. Il sera riche, disait-il, il aura des chevaux, des serviteurs, il ne souffrira pas de la faim, du froid comme nous. Et je lui répondais : Ça m'est égal, c'est mon enfant, j'aime mieux qu'il souffre avec moi que d'être riche avec les autres et de ne plus le voir : Je l'aimerai tant qu'il me pardonnera d'être sa malheureuse mère. L'enfant criait. Je m'étais placée contre la porte pour empêcher mon homme de sortir, mais il me repoussa en disant : Tu es folle! et emporta le petit dans la nuit sombre. Je tombai à terre comme une masse et quand je me réveillai je n'avais plus d'enfant! »

Ladislas ne se possédait plus d'indignation. « C'est une infamie », disait-il. Et le père, toujours si calme, s'arrêta, frémissant encore à ce souvenir.

XII

« Geisse, reprit-il après un long silence, n'ayant pas vendu l'enfant, fut acquitté, ce qui ne l'empêcha pas d'être ruiné de fond en comble; ses biens furent mis en vente par ordre de justice à la requête des créanciers, et c'est alors que je me rendis acquéreur de sa baraque.

— Et l'homme, s'écria Ladislas d'une voix brisée, qu'est-il devenu?

— L'homme avait passé le Rhin au début des poursuites, répondit le père; c'était le fameux Zuchetto. Mais il n'échappa pas longtemps à la justice. Wellington, chargé en ce temps-là du commandement de l'armée d'occupation des alliés, faisait exécuter des manœuvres dans les vastes plaines de la Hunau, le long du fleuve. J'avais alors, à Sarrebruck, un parent nommé Zimmer, facteur d'orgues et de pianos, et, quelques intérêts de famille m'ayant forcé d'aller le voir, j'appris de lui que Zuchetto venait d'être arrêté avec toute sa bande. Ces misérables avaient repassé le Rhin et faisaient des réquisitions de bétail au nom de Sa Majesté le roi d'Angleterre, sans parler d'autres réquisitions d'argent, de victuailles et de tout ce qu'ils trouvaient à leur convenance. Les villages de la rive gauche en étaient désolés. Mais, s'étant laissés surprendre dans un moulin isolé au moment du partage de leurs rapines, le généralissime anglais, qui ne plaisantait pas sur ce chapitre, les avait fait tous condamner à la potence par un conseil de guerre, sans autre forme de procès. Mon cousin Zimmer me proposa d'aller voir cette exécution et j'y consentis. La foule, accourue de la plaine et de la montagne pour s'assurer que le pays allait être débarrassé de cette engeance, n'est pas à peindre. On ne s'était pas même donné la peine de dresser un gibet en l'honneur des pillards; un grand poirier dominant le plateau devait suffire à les expédier tous dans l'éternité. J'ai vu là Zuchetto pour la dernière fois, les mains garrottées sur les reins; il ouvrit la marche, traversant la cohue sous bonne escorte.

« A-t-il au moins montré du courage? demanda Ladislas brusquement.

— Beaucoup, dit le père; le bruit courut alors dans la foule qu'en montant à l'échelle il avait dit à l'exécuteur des hautes œuvres : « Tu m'appuieras solidement les deux pieds sur les épaules, car j'ai la nuque forte et je ne veux pas me débattre trop longtemps. » L'autre lui avait répondu : « Sois tranquille, tout se fera dans les règles : ça craquera. » Les aides en riaient à gorge déployée.

— Allons! fit Ladislas, il avait au moins le courage animal; c'est la dernière des vertus, mais c'en est une.

— Oui, poursuivit le père, et ses camarades y passèrent tous après lui, avec ou sans grimaces. Le vieux poirier est toujours là sous mes yeux, qui plie sous le poids de tous ces pendus, les jambes raides en pointe, leurs grands cheveux pendants sur la face. Il y en avait même un boiteux, dont la jambe de bois se dessinait de loin sur le ciel. C'était horrible, dégradant pour l'humanité, mais les misérables qui n'ont jamais eu de pitié pour les autres ne méritent pas qu'on en ait pour eux.... »

Un long silence suivit cette description épouvantable.

« Vous avez raison, monsieur Gérard, repartit enfin Ladislas, ce serait une folie d'épargner ceux qui n'épargnent personne.... Mais de ce que Zuchetto ait disparu, cela ne prouve pas que tous les bohémiens aient disparu; cette race originale et pittoresque doit avoir conservé quelques représentants dans ce pays?

— Sans doute, dit le père, il n'en manque pas. » Et, s'adressant à Charlotte qui n'avait pas perdu un mot de la conversation, non plus que Rosine et Madeleine : « Hé! Charlotte, fit-il, je crois qu'il se trouve encore quelques bohémiens aux environs de Clairefontaine; tous ceux qui viennent faire de la musique dans les cabarets les jours de fête arrivent de vos forêts, à ce que l'on dit.

— Oui, monsieur Gérard, répondit la petite; à deux lieues de chez nous, sous la Roche-Creuse, ils se réunissent. Mon père a beau leur défendre de brûler du bois vert, ils en font toujours sécher des tas, et la nuit leur feu brille sur la côte des Genêts comme une étoile.

— Est-ce bien loin d'ici? demanda Ladislas.

— A trois lieues de montagne, monsieur, répondit Charlotte; en prenant le chemin de traverse qui longe le ruisseau de la Bande-Noire.

— Eh bien, j'irai les voir! s'écria Ladislas.

— Nous irons ensemble, dit Timothée; Lucien emportera sa gaule et nous pêchera une friture; moi, je prendrai mon violon pour faire danser le vieux Perlot et Marie-Anne comme au bon temps des vacances. »

Il regardait Charlotte, qui, se rappelant la maison forestière, se prit à fondre en larmes, le tablier sur les yeux, et dit :

« Monsieur Gérard, voilà bientôt trois mois que je n'ai pas vu la mère. C'est demain dimanche : est-ce que vous ne pourriez pas me permettre d'accompagner MM. Lucien et Timothée? Je serais si contente d'embrasser mes parents!

— Mais, dit le père tout attendri, je comprends

cela très bien, Charlotte. Tu pourras même leur apporter les deux premiers mois de tes gages, ce qui leur fera plaisir.... Seulement, il faudra partir de grand matin et rentrer le soir avant dix heures, sans faute.

— Nous partirons à trois heures, dit mon camarade Timothée, et je me charge de porter le panier de Charlotte, que nous remplirons de raisins cueillis à la vieille treille de Clairefontaine en revenant.

— Allons, dit le père, c'est une affaire entendue : vous partirez demain avant le jour, et, si M. Durosier veut être de la partie, il verra sous la Roche-Creuse autant de bohémiens qu'il en voudra voir; c'est leur retraite ordinaire. »

Là-dessus, on se leva. Charlotte, tout heureuse, et rouge comme un coquelicot, courut faire son petit paquet pour être prête de bonne heure. Timothée, heureux de la voir si contente, disait en se frottant les mains :

« Nous aurons une belle journée... le ciel fourmille d'étoiles. »

Et moi, je voyais déjà ma ligne flotter parmi les glaïeuls de la Zinsel, et je croyais sentir une grosse truite se débattre à mon hameçon.

Le lendemain dimanche, à trois heures du matin, bien avant le jour, nous étions en route pour Clairefontaine, Ladislas, Timothée, Charlotte et moi.

Nous traversâmes la place d'Armes au milieu du plus grand silence.

De loin en loin, un chat, surpris dans sa promenade nocturne, gagnait le soupirail voisin; la lune, à son dernier quartier, s'inclinait sur les cimes du Dabo.

Tout dormait dans la forteresse; à peine entendait-on au loin le pas régulier d'une sentinelle devant le poste de la mairie et du commandant de place.

Timothée marchait en tête avec son violon dans un sac de cuir en sautoir; Charlotte, son petit panier au bras, le suivait; moi, je marchais à côté de Ladislas Durosier, qui était à cheval.

Il avait en croupe, bouclé sur son portemanteau, un violoncelle dans son étui et une grande boîte d'acajou renfermant sans doute quelques feuilles de papier et ses crayons.

Moi, j'avais ma gaule, mon sac à pêche, mes lignes, mes hameçons et mes crins de Florence, comptant pêcher à la sauterelle, la meilleure des amorces après la fauchée.

C'est ainsi que nous arrivâmes à la porte d'Alsace au moment où le portier-consigne venait de l'ouvrir.

Nous traversâmes les deux ponts, puis l'avancée, respirant à pleins poumons l'air frais de la campagne.

Quelques légers nuages traversaient le ciel à des hauteurs immenses; tout annonçait une journée splendide.

En de pareils moments, personne n'éprouve l'envie de parler; notre âme est tout à la contemplation.

Nous voyions devant nous, sur la route blanche de Saverne, bordée de peupliers, à gauche, le cabaret de la Roulette, où descendaient les rouliers; à droite, les tombes du cimetière, entouré de haies vives; plus loin, le bouchon du Panier-Fleuri, où les soldats de la garnison allaient danser après la messe et les vêpres avec leurs amoureuses, et, plus loin encore, la grande poste aux chevaux, son réservoir et sa petite chapelle de Saint-Jean.

Tout ce paysage nous souriait au clair de lune les forêts qui l'entouraient à perte de vue en formaient le cadre naturel.

Au loin, bien loin, les chiens de garde du village des Quatre-Vents aboyaient, se répondant l'un à l'autre dans le silence, et quelques vieux coqs, enroués par la brume matinale, chantaient en se détirant les ailes.

Pas un autre bruit, pas un soupir ne troublait notre recueillement.

« Donne-moi ton panier, Charlotte, disait Timothée ; il te fatiguerait d'ici Clairefontaine.

— Non, j'aime mieux l'avoir au bras, répondait la petite en trottinant au revers de la route ; si je n'avais rien, je serais gênée. »

Ladislas, contemplant le paysage qui se déroulait autour de nous, me demandait :

« Qu'est-ce que cette vieille bâtisse-là, dans ce repli de terrain à gauche ?

— C'est la tuilerie du commandant Charpentier, maintenant aveugle et qui ne peut se faire la barbe que devant une petite glace pendue à la tringle de sa fenêtre, tant l'habitude est grande.

— Et, à droite, sur cette hauteur, ces quelques maisons blanches ?

— C'est le village des Baraques du bois de chênes, où les bonnes gens de Phalsbourg vont déjeuner les dimanches, à la Roche-Plate, en famille. »

Au bout de vingt minutes, nous arrivions au sentier de la Roulette, qui descend, à travers les prairies, à Clairefontaine, puis aux roches de la Bande-Noire.

En cet endroit, sous un pont en dos d'âne, commence le ruisseau des Ablettes ; mais, à mesure qu'il descend, bondissant par-dessus les roches, il s'élargit, formant des remous où les truites et même les saumons remontent du Rhin à l'époque du frai pour y déposer leurs œufs. Bientôt, c'est un torrent que les joncs et les roseaux ont de la peine à ralentir. Enfin, au bout de cinq ou six kilomètres sous bois, il s'élance dans la Zinsel et va rejoindre le grand fleuve.

Sur le cours de ce ruisseau torrentueux, à l'endroit même où il se précipite dans la Zinsel, se trouvait l'auberge forestière du père Mathis et la maison du vieux garde Perlot, en pleine forêt.

C'est là que nous allions, écoutant les premières hautes grives, à la cime des sapins, annoncer l'approche du jour, respirant avec bonheur les âpres parfums du chèvrefeuille sauvage et des arbousiers, qui s'exhalaient par bouffées de tous les ravins environnants, à mesure que le soleil montait, dorant les hauteurs à perte de vue.

Un héron, plus matinal encore que nous, faisait sa pêche debout sur un galet du ruisseau, à deux portées de fusil, saisissant le poisson dans l'écume, le lançant en l'air pour le rattraper par la tête et l'engloutir plus facilement. Il s'éloignait à notre approche, recommençant la même manœuvre de distance en distance, et finit par prendre son vol dans la grande vallée de Dosenheim, allant chercher fortune ailleurs.

Tout cela, Timothée, Charlotte et moi, nous le connaissions depuis longtemps et nous ne faisions halte une seconde que pour écouter les cerfs bramer au fond des taillis ou les éperviers pousser leur cri de guerre en montant dans les nues, au départ pour la chasse.

Notre compagnon s'en émerveillait et s'écriait parfois :

« Je connais ces paysages ! Je les ai vus : ce sont des souvenirs qui se réveillent en moi ; jamais ils ne s'étaient complètement effacés. »

Vers cinq heures, le grand jour remplissait la vallée, et nous apercevions, sur une éminence à droite, la toiture moussue de la maison forestière.

Alors Charlotte, hâtant le pas, murmura avec des larmes dans la voix :

« Vont-ils être heureux de me voir !... Pourvu que le père ne soit pas déjà sorti dans ses coupes et que nous puissions nous embrasser ! »

Elle courait presque : Timothée et moi nous avions peine à la suivre.

Sur le toit, une volée de pigeons se peignaient du bec ; d'autres voltigeaient autour du pigeonnier en forme de tourelle.

Enfin, nous sommes à la porte du treillage qui précède le verger, nous l'ouvrons et remontons le sentier sablé de la maisonnette, bordé de buis et de quelques rosiers épanouis, à l'ombre des pruniers et des grands poiriers où s'enroulent le lierre et le houblon.

Le vieux chien Dagobert, un griffon gris de fer

à grosses moustaches, accourt en aboyant : il reconnaît Charlotte et se met à danser autour d'elle en poussant des cris de joie que nulle expression ne saurait rendre.

« C'est bon! c'est bon! Dagobert, disait la petite, caressant la bonne bête; le père est encore là, car tu l'aurais suivi. »

Et, dans le même instant, nous traversions la cour où, dans une vieille auge de bois toute vermoulue, coulait un filet d'eau vive; une poule au milieu de ses poussins caquetait autour, becquetant le cresson répandu sur le pavé, tandis que le coq à jabot pourpre, en sentinelle sur le goulot de la fontaine, poussait son cri de triomphe....

Michel Perlot et Marie-Anne apparaissaient au seuil de la maison forestière, les bras étendus, criant : « C'est elle! »

Et déjà Charlotte était dans leurs bras.

Timothée en avait les larmes aux yeux.

Ladislas, soulevant son béret, saluait les deux vieillards, et moi, je leur disais :

« Nous venons vous surprendre. Le père vous salue, monsieur Perlot et Marie-Anne; il est content de Charlotte et l'envoie vous embrasser... Est-ce qu'il reste des truites dans le ruisseau de Clairefontaine?

— Oui! oui! répondait le vieux garde en riant, après avoir encore embrassé deux et même trois fois sa fille. Oui, monsieur Lucien, il n'en manque pas; mais elles deviennent tous les jours plus malignes : le tout est de savoir les prendre.

— Entrez, entrez, faisait la bonne vieille Marie-Anne en me débarrassant de ma gaule et de mon sac à pêche; vous allez prendre un verre de vin, messieurs. Le père Brestel va toujours bien, Timothée?

— Mais oui, Marie-Anne; il m'a chargé de compliments pour vous. »

Et le père Perlot, regardant le cheval de notre camarade, murmurait, en sa qualité d'ancien hussard Chamborant : « Une belle bête, mille tonnerres! Le colonel Desseliers n'en avait pas une pareille. C'est une jument espagnole pur sang et qui doit avoir coûté gros. »

Ladislas riait.

Ayant débouclé son violoncelle, il le posa debout dans un coin de la petite salle, blanchie à la chaux et décorée d'antiques gravures d'Épinal représentant quelques batailles de l'Empire.

Charlotte et Marie-Anne s'étaient dépêchées d'entrer à la cuisine; elles en revinrent bientôt nous servir sur la table de hêtre une motte de beurre frais où perlait encore le petit-lait, de grosses raves taillées en tranches, une miche de pain de ménage et une bouteille de vin rosé.

Après notre course matinale, c'était pour nous

un véritable plaisir d'accepter la petite collation de ces braves gens et de trinquer avec le vieux garde.

Marie-Anne et Charlotte nous servaient.

Ce qui paraissait intriguer Michel Perlot, c'était le grand violon que Ladislas avait posé contre la boîte de l'horloge.

Timothée s'était aussi débarrassé de son instrument en l'accrochant au mur pour manger plus à l'aise.

On causait du pays, de la montagne, des coupes, de tout ce qui pouvait intéresser le vieux forestier, dont la seule crainte était de se voir remplacer bientôt, vu son âge.

« Bah ! lui répondait Ladislas, ne vous tourmentez pas : si l'on vous fend l'oreille, je vous prends à mon service, moi, car j'ai aussi des forêts, des étangs et je fais des coupes de haute et de basse futaie. »

Il disait ces choses avec tant d'aplomb qu'on avait de la peine à ne pas le croire.

Enfin, se levant, il ouvrit une fenêtre donnant sur le ruisseau de la Bande-Noire, blanc d'écume à perte de vue.

C'était un de ces coups d'œil comme Claude Lorrain aimait à les peindre, quelque chose d'immense et de solennel.

Le flot bondissant sur ces pentes escarpées

avait des reflets éblouissants et son mugissement continu inspirait le sentiment de l'infini.

XV

Timothée causait à voix basse avec Charlotte ; ils semblaient redevenus fort intimes, et le vieux garde vidait gravement la bouteille restée à moitié pleine sur la table, quand, tout à coup, notre camarade dit, en se tournant vers Timothée :

« Je vais chanter ce paysage ; accompagnez-moi. »

Il prit aussitôt son violoncelle et, s'asseyant en face de la fenêtre ouverte au large, pour tout prélude, il ne donna que le ton, d'un coup d'archet.

Timothée avait accordé vite son violon et répondu : « J'y suis. »

Alors Ladislas, d'une voix grave, se prit à chanter sous forme de récitatif ce qui suit, et Timothée l'accompagnait avec discrétion, ne se permettant quelques légères variations que dans les instants de reprise.

> Sur la mousse, l'onde pure
> Ruisselle au fond des ravins ;
> A l'ombre des noirs sapins

Elle frissonne et murmure.
Puis, dans son cristal mouvant,
Elle dessine en rêvant,
Leur flottante chevelure.

Bientôt grossit le courant;
La gorge résonne et fume,
Elle se remplit d'écume
Au passage du torrent.

Dans le lit de la rivière
Un héron fait son repas;
Il se promène à grands pas,
En fouillant de sa rapière
Buissons d'épine et de houx,
Rochers moussus et cailloux,
Pour remplir sa carnassière.

Un joli martin-pêcheur
Le contemple de la rive
Sous un vieux saule pleureur
Et lui lance son : « Qui vive? »

« De ces lieux abandonnés
Qui vient troubler le mystère? »
Dit, en tournant son grand nez,
Notre héron solitaire.
« Est-ce toi, petit oiseau,
Être chétif et vorace,
Qui du haut de ton roseau
Me persifle quand je passe? »

« Regardez, dit l'oiseau bleu,
Un point noir dans ce nuage ;
D'instant en instant, morbleu !
Il s'approche davantage.
C'est un aigle qui nous voit ;
Son grand cercle se resserre ;
Sur nous il descend tout droit :
Monseigneur, gare à la serre ! »

A peine a-t-il dit ces mots
D'une petite voix sèche,
Que le héron à propos
S'élance la tête en flèche.
L'aigle le serre de près.
Ils se perdent dans les nues
Bien au delà des marais,
Sur des rives inconnues.

Le flot grossit en marchant
Et gronde dans le silence ;
La cascade, de son chant,
Remplit la vallée immense.

Et notre joli martin
Sur la pelouse irisée,
Va, comme chaque matin,
Se baigner dans la rosée.
Sous les saules vermoulus
Il poursuit à tire-d'ailes
Les brillantes demoiselles
Et les gros bourdons velus.

Sur la mousse, l'onde pure
Ruisselle au fond des ravins ;

> A l'ombre des noirs sapins
> Elle frissonne et murmure,
> Puis, dans son cristal mouvant,
> Elle dessine en rêvant
> Leur flottante chevelure.

XVI

Charlotte ne quittait pas des yeux Timothée ; elle l'admirait peut-être pour la première fois.

Le fait est qu'il n'avait jamais montré plus de finesse dans son jeu, plus de tact et de mesure.

« Mon cher ami, s'écria Ladislas, en remettant le violoncelle à sa place, vous êtes un artiste. J'ai longtemps cherché mon homme, et c'est ici, dans ces forêts, que je le trouve.... Embrassons-nous !

— Hé ! répondait Timothée en riant, après l'accolade, je n'ai fait que vous accompagner : cela ne mérite pas tant d'éloges.

— Écoutez, interrompit Ladislas : allons droit au but. Depuis des années, je médite une tournée par le monde. Nous donnerons des concerts dans toutes les capitales de l'Europe, et, après avoir recueilli assez de lauriers, sans parler des espèces sonnantes, nous reviendrons ici planter nos choux au milieu des grands bois.... Cela vous convient-il ? »

Timothée regardait la petite Charlotte, tout

attendri : « Si Charlotte consent, murmurait-il, moi je ne demande pas mieux ; mais il faut qu'elle nous accompagne. »

Et la petite, baissant les yeux, de son air naïf, répondait tout bas : « Demandez au père et à la mère, monsieur Timothée ; ce qu'ils voudront, je le voudrai. Et puis, il faut que les deux familles soient d'accord pour se marier ; il faut que vos deux grandes sœurs, Christine et Salomé, disent : Oui !

— Je me moque bien de mes deux grandes sœurs ! s'écriait Timothée ; qu'elles se marient avec qui leur plaira... ça les regarde. Pourvu que le père Brestel ne fasse pas opposition, je prends tout le reste sur moi, et, le lendemain des noces, nous filerons sur Saint-Pétersbourg ou Constantinople. »

La petite, comme toutes les femmes, ne rêvait que voyages ; cette idée de courir le monde lui souriait.

« Allons, dit Ladislas, nous recauserons de tout cela plus tard ; il s'agit maintenant d'aller voir les bohémiens. En route, camarades, en route ! »

XVII

Nous prîmes alors congé de Marie-Anne, de Michel Perlot et de Charlotte.

Ladislas, étant sorti le premier, reboucla le violoncelle sur son portemanteau et se remit en selle. Timothée fourra son violon dans le sac qu'il portait en sautoir, et moi, laissant ma gaule à la maison forestière, nous repartîmes ensemble d'un bon pas pour la Roche-Creuse, que je connaissais aussi bien que ma baraque de la rue des Capucins.

Il faut avoir grimpé la côte des Genêts quand le soleil, déjà haut, fait lever sous vos pas des nuages de sauterelles et de criquets, pour se rendre compte de la fatigue que nous éprouvions au bout d'une heure de marche sur cette pente escarpée où, de loin en loin, quelques maigres bouleaux jetaient à peine leur ombre papillotante.

A mi-côte s'avançait en visière un banc de roches que les flots diluviens avaient minées à leur base dans les temps lointains où la vallée d'Alsace et la Forêt-Noire ne formaient qu'un lac immense.

Les bohémiens logeaient là-dessous ; une légère

spirale de fumée, s'effilant dans le ciel, annonçait qu'ils étaient en train de faire leur soupe.

Nous grimpions donc à travers les genêts et les bruyères, nous dirigeant sur ce point, quand, tout à coup, la bande nous apparut, comme une nichée de renards accroupis autour de la marmite.

Hommes et femmes, jeunes et vieux, coiffés de leurs tignasses crépues, la peau tannée, couverts de guenilles indescriptibles, les uns pieds nus, les autres chaussés de savates ramassées au coin de quelque borne, contemplaient gravement le brouet noir en train de mitonner sur un feu de brindilles et de feuilles mortes.

Notre compatriote Callot, abandonnant, à douze ans, le foyer paternel pour suivre une bande de ces vauriens en Italie, fut certainement inspiré par le Seigneur Dieu. Sans cela, aurions-nous jamais eu les *Gueux*, les *Foires*, les *Misères de la guerre*, la *Tentation de saint Antoine* et tant d'autres chefs-d'œuvre inimitables, uniques dans leur genre?

Je vous laisse à penser la surprise des coquins en nous voyant apparaître sur ce plateau. Ils en étaient tout ébahis, s'attendant sans doute à quelque visite de la gendarmerie venant leur demander compte des nombreuses peccadilles qu'ils avaient tous sur la conscience.

Une vieille, si vieille que je me souvenais à peine l'avoir vue dans mon enfance errer de porte en porte à Phalsbourg, le dos rond, et la main tremblotante appuyée sur le bec d'une canne, attira d'abord mon attention.

Je la croyais morte depuis longtemps, mais elle avait pris ses invalides sous la Roche-Creuse, n'ayant plus d'autre fonction que de remuer les croûtes de pain avec une cuillère à pot dans la marmite.

On l'appelait jadis la « Pie-Noire », à cause de ses doigts crochus, et je m'aperçus qu'elle était devenue borgne.

Elle devait bien avoir quatre-vingt-dix ans ; ce n'était plus qu'une carcasse de chouette déplumée, comme on les cloue sur les portes des granges. Mais, si vieille et si ratatinée qu'elle fût, cela n'empêchait pas son petit œil noir de se promener en tous sens avec une vivacité singulière, et d'abord il se fixa sur notre camarade Ladislas, dont elle examina le cheval, le harnais, le costume et la physionomie dans les moindres détails.

Puis elle prononça quelques mots rapides que ni Timothée ni moi ne pûmes comprendre. Et tous les autres, se retournant, parurent émerveillés.

Que leur avait-elle dit? Je n'en sais rien... mais

une sorte d'admiration fit place à leur épouvante.

« Dis donc, vieille, demanda Ladislas après quelques instants de silence, est-ce que tu n'as pas connu dans le temps un nommé Zuchetto?

— Si je l'ai connu ! fit-elle en ricanant. C'était un beau coq, mais depuis longtemps il a cessé de chanter. »

Et cette race de va-nu-pieds, naturellement portée à voir les choses au comique, partit d'un grand éclat de rire.

« Il s'est enroué, reprit-elle, pour avoir mis une cravate de chanvre trop serrée, ce qui lui a coupé la respiration. »

Et les éclats de rire redoublèrent.

Mais alors un vieux bohémien à face osseuse et la toison grisonnante se leva, brandissant un énorme gourdin, et lui dit :

« Vieille pie borgne, tâche de te taire ou je vais te peler le dos de la belle manière. »

Et donnant un coup de pied à la marmite, il ajouta furieux :

« Vous riez parce que mon frère Zuchetto n'est plus là; mais, s'il revenait, vous trembleriez encore tous devant lui comme des lapins à l'approche du renard. »

Évidemment, cet homme exaspéré cherchait quelqu'un à qui s'en prendre, et, voyant Ladislas rester impassible, il lui dit :

« Toi, tu viens nous espionner et je ne sais pas ce qui m'empêche de te casser les reins. »

Alors Ladislas, sans s'émouvoir, tirant de ses fontes un de ces longs pistolets espagnols à la crosse incrustée d'ivoire, lui répondit :

« Essaye ! »

Le bohémien, comprenant la force de cet argument, se rassit en murmurant :

« Zuchetto valait mieux que toi !

— Oh ! dit Ladislas, nous ne sommes pas d'accord sur ce chapitre.... D'abord, je n'ai pas vendu mon enfant, ensuite, je n'ai pas chassé le bétail des fermiers du Hunsdrück au bois pour les vendre, et je n'ai pas détroussé non plus les marchands sur les grandes routes.

— Tu n'as jamais eu froid ni faim, dit le gitano ; tu ne connais pas la misère, tu ne sais pas ce qu'elle fait faire. »

Un long silence suivit cette réflexion.

Timothée et moi, restés hors de la caverne, nous écoutions, observant ce tas de gueux effarouchés au fond de leur repaire. Les femmes et les enfants relevaient la marmite sur son tas de cendres et y remettaient le peu de viande et les croûtes de pain répandues autour.

Nous regardions en silence, lorsque le bohémien reprit brusquement :

« En définitive, que voulez-vous ?

— Je veux vous peindre tous tels que vous êtes là, répondit Ladislas.

— Nous peindre! A quoi cela peut-il te servir?

— Eh! fit la vieille, tu ne comprends pas, Zapheri? Il veut nous mettre en ex-voto à la chapelle du Petit Saint-Jean : le monsignor travaille pour les églises. Nous serons tous dans de beaux cadres dorés, et les gens viendront s'agenouiller devant nous. N'est-ce pas, signor?

— Oui, dit Ladislas en souriant; c'est justement cela. Venez demain au Mouton d'Or, à Phalsbourg; je vous dessinerai. Rien ne vous manquera; le père Brestel recevra l'ordre de vous goberger à bouche que veux-tu, vous m'entendez! Pendant plus d'un mois, vous n'aurez qu'à festoyer et à me faire de la musique; toute la ville et les environs viendront vous contempler, et les plus petits d'entre vous se souviendront de cette fête jusqu'à la fin de leurs jours. Cela vous convient-il?

— Cela me convient beaucoup, dit la vieille; seulement, je ne peux plus marcher. Qui est-ce qui me portera?

— On tressera pour toi un brancard en branches de saules, et, dans la vallée, une carriole viendra te prendre.

— C'est bon, signor, c'est bon, fit-elle, mais je voudrais bien voir la couleur de votre argent. »

Aussitôt Ladislas, fouillant dans ses poches, lui remit quelques pièces blanches, qu'elle examina très attentivement ; puis, les cachant dans ses guenilles, elle lui dit :

« Vous êtes un vrai monsignor, et nous arriverons tous sans faute ; seulement il faudra nous coucher quelque part.

— Oh! s'écria Timothée, vous coucherez au grenier à foin ; la place ne vous manquera pas. »

En ce moment, la bande entière, passant de la défiance à l'enthousiasme, comme toutes les races nomades, se prit à sauter, à danser, à jouer de la flûte, de la clarinette, du hautbois, à faire résonner ses castagnettes et ses tambours.

Le frère de Zuchetto lui-même, revenu de son irritation, emboucha son cor de chasse, dont les vibrations mélancoliques se prolongèrent d'écho en écho jusqu'au fond de la vallée.

XVIII

C'est au milieu de cette scène bizarre que nous reprîmes le sentier de la maison forestière, où nous arrivâmes vers midi.

Charlotte et sa mère étaient dans tous leurs états pour nous préparer à dîner, et Perlot, sachant bien que je ne prendrais pas de truites sur la côte des Genêts, était allé lui-même jeter son filet dans la rivière.

A peine étions-nous rentrés dans la petite chambre, qu'il revenait, le filet plein de beaux poissons frétillants sur son épaule, et nous disait d'un ton joyeux :

« En deux coups d'épervier je prends plus de truites que M. Lucien, dans toute sa journée, à la ligne, car je connais les bons endroits. »

Bref, nous dînâmes à Clairefontaine du meilleur appétit.

On vida quelques bouteilles de vin blanc d'Alsace et, le soir venu, après les embrassades de Charlotte et de sa mère, Michel Perlot, le fusil en bandoulière et Dagobert sur les talons, voulut nous accompagner jusqu'au bouchon de la Roulette, tenu par son ami Lambs, un robuste Alsacien, aux larges épaules, qui avait fait toutes les campagnes de la République et de l'Empire et se plaignait sans cesse d'avoir passé six ans sur les pontons de Plymouth par la trahison d'un certain sir John Faxland, dont le souvenir seul lui faisait donner sur la table des coups de poing à faire trembler toute sa bicoque.

Je n'ai pas besoin d'ajouter qu'il maudissait les Anglais de père en fils jusqu'à la cinquantième génération....

Perlot se serait fait un véritable scrupule de

passer devant le cabaret de Lambs sans entrer lui serrer la main.

Il me semble encore aujourd'hui que tous ces anciens formaient une sorte de confrérie qui se perpétuait en s'entretenant de leurs campagnes, le verre en main. Ces types avaient tous le même cachet ; on les reconnaissait assis ou debout, en marche ou au repos. Pas un peintre, sauf Carle Vernet, n'a su les rendre dans leur originalité complète. C'est un monde antédiluvien.

Nous ne quittâmes de là que sur les sept heures et demie, à la nuit close. Perlot reprit alors le chemin de la maison forestière, et nous celui de Phalsbourg.

XIX

Ladislas et Timothée rentrèrent au Mouton d'Or ; Charlotte et moi, dans notre magasin.

Le couvre-feu sonnait justement à la mairie. Rosine et Madeleine étaient couchées depuis longtemps ; le père seul nous attendait dans l'arrière-boutique, lisant son journal.

« Ah ! c'est vous, fit-il en souriant ; vous devez être fatigués ?

— Pas trop, monsieur Gérard, répondit Charlotte, toute fraîche et rayonnante, en déposant son petit panier sur la table.

Elle en enleva la serviette, découvrant les belles poires fondantes et les magnifiques raisins que Marie-Anne y avait mis, et dit :

« Le père et la mère m'ont chargée pour vous de leurs compliments et vous prient de recevoir ce petit cadeau.

— Oh! les beaux fruits, dit le père ; à la première occasion, je veux remercier moi-même Perlot de ce présent. C'est bien, c'est très bien, mon enfant. En attendant, l'heure est venue d'aller dormir. J'espère que tu ne feras pas de mauvais rêves.

— Oh! non, monsieur Gérard, dit la petite en sortant.

— Alors, tout s'est bien passé, Lucien? me demanda le père, de bonne humeur.

— Très bien. »

Je lui racontai notre visite à la Roche-Creuse où la Pie-Noire vivait encore, ainsi que Zapheri, le frère de Zuchetto.

Il m'écoutait avec intérêt et finit par me répondre :

« Rien de tout cela ne m'étonne.... D'abord ton camarade Ladislas Durosier est un tzigane : son teint doré, ses yeux noirs, ses grosses lèvres, son épaisse crinière, ses dents d'une blancheur éblouissante, tout le prouve. Et la vieille l'a sans doute reconnu; elle a dit aux autres : « Celui-ci est un des nôtres... » Voilà ce que vous n'avez pas compris, Timothée et toi. Mais Ladislas, lui, peut-être s'en doute-t-il. Nos souvenirs remontent bien plus haut qu'on ne pense généralement... La vie du monde civilisé ne peut les effacer; ils subsistent en nous à l'état d'instinct et se réveillent quelquefois dans notre esprit en rêve... C'est ce que j'ai remarqué cent fois en moi-même. Qui sait si ce jeune homme n'est pas l'enfant vendu par Zuchetto? Ce serait un grand hasard que les circonstances l'aient ramené dans ce pays et remis sur la trace de sa filiation. Mais combien de faits pareils se produisent et passent inaperçus, faute d'attention! Le type asiatique de ton camarade constitue seul une preuve de sa race; tout le reste est supposition, mais les faits naturels sont d'un grand poids pour l'homme qui pense. Enfin, nous allons voir demain l'arrivée des tziganes au Mouton d'Or; si Ladislas Durosier parvient à les peindre comme nous les connaissons, ce ne sera pas une œuvre vulgaire, et je ne doute pas qu'elle n'obtienne un grand succès à la prochaine Exposition. »

Là-dessus, ayant refermé notre magasin, nous allâmes nous coucher.

Tous les habitants de Phalsbourg qui survivent de cette époque se souviennent du festin de Balthazar que les bohémiens firent alors à l'auberge du Mouton d'Or pour leur début. Les rôtis, les fricassées, les vins de Volxheim, de Barr, de Ribeauvillé et d'autres crus renommés qui défilèrent par leurs gosiers en cette occasion mémorable, il est impossible de se figurer cela. On ne pouvait s'empêcher de frémir en pensant à la masse de comestibles que de pareils êtres sont capables d'engloutir en quelques tours de langue.

Quant aux éclats de rire, aux chansons bachiques, aux danses burlesques dont ils accompagnaient leur festin, cela dépasse toute imagination.

La Pie-Noire elle-même fredonnait, le nez dans son verre, je ne sais quelle antienne, en répandant de douces larmes, et, de temps en temps, Zapheri se levait au bout de la table comme pour parler : on faisait silence, puis il se rasseyait brusquement en s'écriant :

« J'ai soif ! »

Ladislas, ce jour-là, n'en fit monter aucun dans son grenier pour le peindre, car aucun n'aurait été capable de gagner l'escalier.

La foule, dehors, accoudée sur les fenêtres, riait à chaudes larmes, et, le soir venu, tous ces braves gens eurent mille peines à mettre un pied devant l'autre en s'appuyant aux murs et se soutenant entre camarades pour gagner le grenier à foin du père Brestel, leur chambre à coucher.

XX

Les premiers jours, toute la ville se fit du bon sang à ce spectacle : mais on trouva bientôt que la comédie durait trop longtemps. Quand d'honnêtes ouvriers, disait-on, ont tant de peine à gagner leur vie en travaillant et sont heureux, le soir, de boire leur chopine de vin, tandis que les femmes et les enfants se nourrissent de pommes de terre, du premier jour de l'an à la Saint-Sylvestre, faut-il voir un tas de gueux pareils avaler des tranches de gigot, des salades, des cervelas et des bouteilles de vin autant qu'ils en peuvent supporter, sans qu'il leur en coûte rien que d'ouvrir la bouche et d'étendre les bras ! C'est abominable !

Et les sous-officiers ayant leur cantine au Mouton d'Or allèrent s'établir au cabaret du père Marmonier, non loin de la caserne, pour n'être pas exposés à coudoyer journellement de pareilles gens.

Chaque soir, Timothée, assis derrière notre poêle, nous racontait ce qui se passait à leur auberge.

Il paraît que Ladislas, aidé de Vignerelle, peintre en bâtiment à Phalsbourg, et chargé spécialement de broyer les couleurs, avait commencé son grand tableau.

Ce qui nous étonnait le plus, c'est qu'au lieu de prendre la Roche-Creuse pour théâtre de la scène qu'il se proposait de représenter, chose qui nous aurait paru toute naturelle, il avait choisi ma chambre de la ruelle des Capucins.

« Il est debout sur son estrade, en petit veston, disait Timothée, la chemise bouffante, le pantalon à la hussarde, les pieds fourrés dans des sortes de savates en maroquin jaune et coiffé de son béret rouge à pompon bleu, sa large palette au pouce, un paquet de pinceaux à la main, brossant sa toile à tour de bras sans relâche et criant seulement de temps en temps à Vignerelle : « Du bitume!... de l'ocre!... de ceci, de cela... et vivement ! » Vignerelle a de toutes les couleurs dans de petites vessies, et, quand Ladislas m'entend entrer dans le grenier après la classe, sans même tourner la tête, tant il est affairé à son travail, il me demande : « C'est vous, Timothée? — Oui, « monsieur Durosier. — Ah! bon!... comment trou- « vez-vous ça? — C'est magnifique..., ça marche... « — Eh bien! allez me chercher un tel : j'ai be- « soin de le revoir. » Et je redescends prendre à table un des gueux, qui monte en s'essuyant le nez du revers de la manche. Il le pose lui-même et lui dit : « Maintenant, reste tranquille, ne bouge plus, ou je te balafre avec mon pinceau. »

Rosine, Madeleine et Charlotte, en train de compter les gros sous dont le père faisait des rouleaux de trois francs qu'il empilait sur une chaise, l'écoutaient, émerveillées.

« Et tu es sûr, Timothée, demandait le père, que c'est bien la chambre de Lucien qu'il représente?

— Si j'en suis sûr! On croirait y être, monsieur Gérard : les deux fenêtres au fond avec leur vitrage en forme de toile d'araignée, le plafond rayé de poutres, la trappe et la petite balustrade au haut de l'escalier, tout y est : sauf la table, les chaises et les livres, il n'y a rien de changé. Mais il a peint, à gauche, un vieux fourneau de briques tout décrépit, et, à droite, un tas de paille répandue sur le plancher

— Et, dans le fourneau, reprenait le père, est-ce que le feu brille?

— Non, monsieur Gérard; il devrait pourtant en mettre, car les fenêtres, toutes blanches de neige, montrent qu'un froid terrible régnait là-dedans.

— Ah! ah! disait le père tout en poursuivant sa besogne, c'est une scène d'hiver qu'il peint, une scène de grande misère; il a bonne mémoire, le garçon! Ces souvenirs d'enfance, et surtout ceux-là, ne s'oublient jamais. »

Il se faisait en quelque sorte ces réflexions à lui-même. Mais, me rappelant ce qu'il avait raconté du procès de Geisse en 1817, je me disais qu'il pensait à cet événement lointain, à la vente de l'enfant par Zuchetto, à tout ce drame lugubre....

« Et par qui donc a-t-il commencé sa peinture? reprenait le père après quelques instants de réflexion.

— Par la masse des gueux couchés pêle-mêle sur la paille, maigres, grelottants et minables, répondait Timothée ; il ne les a pas encore achevés tous, mais, de temps en temps, il en fait remonter un pour mieux le finir, puis il le renvoie en lui disant :

« Tu reviendras plus tard. »

— Il lui faudra plus de trois mois pour les terminer. »

Timothée, sans doute flatté de l'attention que nous lui prêtions, reprenait au bout d'un instant :

« Quand il a fallu porter la Pie-Noire au grenier et qu'elle a vu les petites vitres rondes couvertes de givre, elle est restée d'abord toute consternée, la bouche ouverte, son petit œil écarquillé d'épouvante, puis elle s'est mise à crier : « Qu'on m'emporte d'ici, je veux retourner à la « Roche-Creuse, j'en ai bien assez de jambons

« et de saucisses, je ne veux pas qu'on me
« pende! »

« Enfin, ajoutait Timothée, c'le était folle, et
depuis ce moment elle ne demande qu'à retourner au bois; mais les autres aiment mieux
rester, et comme elle ne peut s'en aller seule
sur ses béquilles, il lui faut bien passer ses journées au grenier à foin, où Zaphéri lui porte de
temps en temps une tranche de gigot et un verre
de vin. »

Ce soir-là, quand Timothée, sur le coup de
dix heures, eut regagné leur auberge et que
nos servantes furent parties en nous souhaitant
le bonsoir, ayant refermé la devanture de notre
magasin, le père, tout pensif, me regardant, s'é-
cria :

« Souviens-toi, Lucien, que rien dans le
monde ne reste ignoré, la vérité perce tôt ou
tard, et la justice suit pas à pas le crime, sans relâche. Heureux ceux qui jouissent d'une bonne
conscience! Allons dormir en paix. »

XXI

Sur ces entrefaites, la vie de tous les jours, les
heures de classe et de salle d'étude, les dissertations de M. Poirier sur l'immortalité de l'âme, la
chansonnette de Charlotte dans sa petite cham-

bre en face de la mienne, tous les matins, mes longues rêveries dans la baraque de la rue des Capucins et les visites de Timothée, venant me jouer ses nouvelles inspirations, le tumulte des jours de marché sous la halle aux grains et devant l'auberge du Mouton d'Or, tout allait son train ordinaire.

Or, il advint que le 15 août, fête de notre petite ville, eut lieu le festin traditionnel que le père donnait à tous ses amis et connaissances.

C'était un usage des anciens, qui s'est perpétué jusqu'en 1870.

Ladislas et Timothée voulurent bien accepter mon invitation. La tante Nicole, veuve du capitaine Vidal; sa sœur, Mme Venon, le percepteur Cauchois, ancien officier-payeur à l'armée d'Italie, et d'autres personnages promirent aussi d'être des nôtres.

Et ce même jour, le père, assis à son bureau, voyant passer M. Schmitt, professeur de dessin au collège, s'empressa de l'appeler en toquant à la vitre :

« Mon cher monsieur Schmitt, dit-il, vous dînerez avec nous?

— Impossible, je suis invité par M. le maire Parmentier avec M. Poirier et mon ami Steken, je ne puis manquer au rendez-vous.

— Alors, vous me ferez au moins le plaisir de

prendre le café chez moi? Je veux vous mettre en rapport avec un artiste distingué, M. Ladislas Durosier, un charmant garçon qui désire faire votre connaissance.

— Il a des espèces sonnantes, dit Schmitt en souriant, et, par le temps qui court, c'est le premier des talents.

— Oui, dit le père, c'est le nerf de la guerre... Ce garçon-là veut produire une œuvre originale : il a fait avec Lucien et Timothée un tour à la Roche-Creuse et les bohémiens, accroupis autour de leur marmite, lui ont donné dans l'œil. Est-ce que vous avez toujours votre croquis de Khora la Devineresse, que vous avez pris sur le seuil même de ma boutique, il y a cinq ou six ans? Je n'ai jamais rien vu de mieux enlevé et je crois que M. Durosier en serait émerveillé.

— Si je l'ai! répondit Schmitt, j'en ai bien d'autres encore dans mes cartons que je conserve avec soin; car ces types-là, monsieur Gérard, sont des originaux que l'on trouve toujours à placer. Mais si M. Durosier désire les voir, entre confrères, ils sont à sa disposition.

— Alors, vous me promettez de venir?

— Oui, oui! vous pouvez y compter; sur les deux heures je viendrai ».

Et Schmitt partit d'un bon pas dans la direction de la place d'Armes où demeurait M. Désiré Parmentier, notre maire.

Représentez-vous maintenant notre arrière-boutique à l'heure de midi. Au milieu de la table ronde couverte de sa nappe blanche, la grosse soupière à ventre rebondi enluminé de fleurs pourpres, jaunes et bleues, répandant son parfum jusqu'au magasin, les antiques assiettes fleuronnées, les couverts étincelants et les serviettes pliées en bonnet d'évêque ; enfin, une véritable table de gala.

Timothée et Ladislas, en grande tenue, n'avaient pas manqué à l'appel, ni le percepteur Cauchois avec son jabot et ses manchettes de dentelle.

Charlotte, en cornette alsacienne, l'avant-cœur parsemé de paillettes argentées, servait.

Madeleine apportait les plats fumants, les bouteilles de vieux vin, dont plusieurs dataient de la comète et qu'on ne débouchait qu'avec recueillement ; le jambon, les tartes, les corbeilles de fruits, les grands kugelhofs dorés, bref, tout ce qui constituait un de ces festins bourgeois dont le souvenir seul nous reste, hélas !

Les deux bonnes vieilles tantes, dans tous leur atours, présidaient à la fête.

On pense bien que les joyeux propos étaient

de la partie et que tantôt l'un, tantôt l'autre se mettait à rire sans trop savoir pourquoi.

Ladislas me remerciait de l'avoir amené à cette fête de famille, où la tante Nicole, au dessert, se mit à nasiller l'air du « Beau Dunois partant pour la Syrie », au milieu des applaudissements de la société, qui fredonnait le refrain en chœur.

Mon ami Timothée ne quittait pas des yeux la petite Charlotte, circulant toute pimpante, autour de la table, et chacun, à la fin du repas, se trouvait dans cet état de béatitude qui nous porte à la somnolence, quand parut Nicolas Schmitt, la physionomie enluminée, dont le verbe haut nous réveilla tous comme un coup de fouet.

« Ah! s'écriait-il, je puis me vanter de tenir à ma parole, pour avoir quitté la table du maire au moment où sautait le premier bouchon de champagne.

— Vous étiez en bonne compagnie, lui répondit le père, et je vous sais gré de votre sacrifice ».

Puis, se levant :

« J'ai l'honneur, dit-il, de vous présenter Monsieur Durosier, un de vos confrères en peinture. »

Et, s'adressant à Ladislas :

« Monsieur Schmitt, professeur de dessin au collège de Phalsbourg. »

Après les salutations réciproques, la connaissance fut faite sans autre cérémonie.

« J'ai d'autant plus de mérite à vous avoir tenu parole, monsieur Gérard, reprit Schmitt en humant sa tasse de café, que parmi les convives de M. le maire Parmentier se trouvait un personnage de distinction dont vous n'avez sans doute pas perdu le souvenir, quoiqu'il ait quitté Phalsbourg depuis une vingtaine d'années.

— Qui donc, mon cher monsieur Schmitt?

— Sir John Faxland, qui, revenant des eaux de Baden, a voulu revoir son vieux nid.

— Je l'ai très bien connu, dit le père. C'est un finaud. A la rupture de la paix d'Amiens, George III, sans déclaration de guerre, ayant mis l'embargo sur tous les bâtiments français qui se trouvaient dans ses ports, Bonaparte, par représailles, mit la main sur le collet de tous les sujets de Sa Majesté qui voyageaient en France. Sir John Faxland était du nombre; il resta quelque temps sous les verrous de la place; mais, plus tard, il devint prisonnier sur parole et put circuler dans nos environs, à la condition de se reconstituer prisonnier tous les soirs. Il exerçait la profession de médecin et me disait quelquefois, en riant comme une vieille chèvre :

« Vos paysans n'ont qu'une maladie ; ils abusent des pommes de terre ; je les guéris tous avec quelques bons de viande ».

« Cette figure en lame de rasoir ne me revenait pas ; mais sir John, recevant des banknotes d'Angleterre, faisait du bien au pays, et je ne me souciais pas du reste.

— Dans ce temps-là, dit la tante Nicole en riant, sir John Faxland épousa Mlle Clotilde d'Arneterre, la plus riche héritière en biens-fonds des Vosges. Cette pauvre Clotilde, élevée comme nous chez le citoyen Berthomé pendant la Révolution, ne voulait rien entendre de ses parents et criait :

« Sir John Faxland ou la mort ! »

Toute la table partit d'un éclat de rire.

« Sir John fit alors une fâcheuse affaire, dit le père.

— Oui, ajouta le percepteur Cauchois, mais il n'était pas plus Anglais que vous et moi, monsieur Gérard : c'était tout bonnement un émigré, espion du prince de Condé, qui parlait plusieurs langues et eut beaucoup de chance, en 1802, d'être arrêté comme sujet britannique. Après son mariage, il fila pour l'Espagne avec sa femme, et les pauvres vieux ne reçurent plus de ses lettres que sous forme de missive leur demandant de l'argent.

— Comment savez-vous cela, Cauchois? demanda le père.

— Eh! c'est tout simple, répondit le vieux percepteur. En 1814, il se rendit à Paris réclamer son titre de comte français : Rolland de Ribeaupierre, avec les vastes domaines de sa femme, que Louis XVIII lui accorda sans difficulté; de sorte qu'après avoir tiré le diable par la queue pendant des années, sir John roula sur l'or; il eut des châteaux, des parcs, des étangs, des forêts et participa même au milliard des émigrés. Le tout du chef de sa femme..., car les d'Arneterre étaient de vieille noblesse terrienne, et les Ribeaupierre n'avaient ni sou ni maille.

— Vous avez raison, monsieur Cauchois, reprit la tante Nicole; mais, comme tout venait de Clotilde, sir John Faxland aurait eu besoin d'un enfant pour tout conserver, et, après 1814, l'enfant n'arrivait pas, car la comtesse avait passé quarante-cinq ans, et les enfants sont rares à cet âge. Tous les ans, ils allaient en pèlerinage à Marie Einsiedeln, en Suisse, supplier la sainte Vierge de leur en accorder un. Ils s'arrêtaient à l'hôtel de la Ville-de-Metz, et la pauvre Clotilde venait nous prier, ma sœur et moi, de joindre nos prières aux siennes pour obtenir cette grâce. N'est-ce pas, Catherine?

— Oui, répondait la mère Venon; mais on ne

pouvait plus guère compter sur un pareil miracle.

— Pourquoi M. le comte de Ribeaupierre n'avait-il pas eu l'idée, en se mariant, de faire mettre au contrat que la jouissance de tous les biens resterait au dernier survivant? dit le père en prenant une bonne prise. Il aurait peut-être été forcé d'avouer que les siens se réduisaient à zéro ou de décliner ses véritables nom, prénoms et qualités. En 1802, la chose était scabreuse. Mais, s'il l'avait fait, le miracle n'aurait pas été nécessaire.

— Cela ne l'aurait pas empêché de s'accomplir, reprit Schmitt, car, à la fin des fins, un fils leur est venu contre toute espérance. »

XXII

Le père regarda Ladislas, dont tous les traits exprimaient une attention extrême :

« Oui, s'écria Schmitt, un fils leur est né, mais un de ces êtres auxquels on ferait bien de tordre le cou quand ils viennent au monde, pleins de mauvais instincts et de malice ».

Schmitt remplit sa tasse de kirchenwasser et poursuivit avec indignation :

« Le comte de Ribeaupierre nous a raconté tous les méfaits de son triste rejeton, qu'il a fallu enfermer entre les quatre murs d'un collège, même pendant les vacances, pour l'empêcher de nuire. Il était sombre, mélancolique, ne voulait frayer avec personne et ne montrait quelques dispositions que pour l'escrime, la musique et la peinture. Quant à la peinture, on ne peut pas trop le blâmer d'avoir eu ce goût et cela montre plutôt un certain bon sens naturel. Mais le gueux caricaturait ses professeurs d'une façon abominable, et, sans la haute position de ses parents, on l'aurait cent fois mis à la porte. Ce qu'il y a de pire, c'est qu'à peine sa mère morte, le gredin, qui venait de finir ses études, força son père de lui rendre des comptes et de lui restituer tous les biens maternels, dont il eut la jouissance. A-t-on jamais vu pareille ingratitude?

— Le fait est, dit le père, qu'il doit être fort désagréable pour le comte de vivre avec vingt mille francs de rente après avoir pris l'habitude d'en dépenser soixante mille : cela doit le vexer considérablement.

— Le vexer! je crois bien; c'est comme si l'on me retirait les deux tiers de mes appointements. Faut-il avoir du guignon pour engendrer un gueux de ce caractère!

— Ce sont là des choses qu'on ne peut prévoir, dit le père, et le plus simple est de s'y résigner, d'autant plus que la loi donne raison au fils et que la loi c'est la raison écrite, comme disent les jurisconsultes. »

En ce moment, l'heure des vêpres sonnait à pleine volée, et les dames sortirent en nous faisant leur révérence.

« Mon cher monsieur Schmitt, demanda le père, avez-vous apporté vos dessins?

— Ils sont là sur votre bureau, monsieur Gérard, où je les ai déposés en entrant. »

Et le père, impatient comme un jeune homme, alla les prendre lui-même.

« Oui, c'est ça : voici Khora, dit-il; elle descendait les trois marches du magasin lorsque vous l'avez dessinée en quelques coups de crayon.

— C'est vrai, dit Schmitt, mais, à la maison, il m'a fallu deux heures pour la terminer, car, voyez-vous, monsieur Gérard, la première idée, ce n'est pas tout : ce sont les ombres et les extrémités qui nous prennent le plus de temps; c'est là que se montrent l'expérience et l'étude du véritable artiste. »

Ladislas avait pris le dessin et, les coudes appuyés sur la table, le considérait avec une attention profonde.

« Voyez, lui disait Schmitt, penché sur son épaule, voyez la noblesse de cette tête et la fierté de cette attitude : c'est du David tout pur. Jetez là-dessus une chlamyde au lieu de ces guenilles, tressez ces cheveux à l'antique et vous aurez un modèle parfait. La grande misère et la souffrance n'ont même pu déparer cette femme. »

Ladislas ne répondait pas.

« Où donc ai-je vu cette figure ? murmurait-il d'une voix étouffée ; est-ce un rêve ?...

— Et dire, reprenait Schmitt, qui s'attribuait sans doute l'admiration de notre camarade, et dire que ces pieds si fins, si petits ont traîné dans la poussière des grandes routes ; que ces mains si parfaites ont ramassé des brindilles au bois pour en faire des fagots, été comme hiver ! »

Le père, Timothée et moi, comprenant qu'il s'agissait là pour Ladislas d'une tout autre question que celle de l'art, nous l'observions sans murmurer un mot.

Il était pâle et la sueur perlait sur son front.

« Voici d'autres dessins de gitanos pris au vol, dit alors Schmitt en éparpillant sur la table quelques autres de ses croquis ; mais ce sont des types vulgaires comme ceux de la Roche-Creuse ou de la vallée de Senones ; cela s'enlève de chic et tombe dans le grotesque. Le beau seul est difficile à rendre.

— Je suis de votre avis, dit alors Ladislas : ces

figures n'ont de mérite qu'au point de vue du pittoresque ; mais encore, à ce point de vue, annoncent-elles un vrai talent, et je ne puis, mon cher confrère, que vous en féliciter. »

Cependant, en rendant à Schmitt ses croquis, il en ressaisit un vivement et s'écria :

« Où donc avez-vous vu cette tête?

— Elle n'est pas de moi, répondit Schmitt : elle est de M. Michaud, mon digne maître, auquel j'ai succédé voilà plus de quinze ans. Il avait beaucoup voyagé, surtout en Espagne et en Italie, et m'a laissé ses cartons en souvenir d'amitié. J'ai trouvé parmi ses gouaches cette tête de gitano qui m'a paru vigoureusement enlevée et qui doit être ressemblante, car la ressemblance se devine même lorsqu'on n'a pas vu l'original. Peut-être est-elle de votre temps, monsieur Gérard?

— C'est la tête de Zuchetto, dit le père en y jetant un coup d'œil. Voilà bien son front plat, ses larges mâchoires, ses yeux brun foncé fouetté de jaune. C'était un superbe gaillard et un fameux musicien ; souvent il venait dans mon magasin avec ses camarades choisir des cordes de violon ou de basse : il s'y connaissait. Michaud l'a peint à l'entrée du bois, coiffé de son grand feutre gris pointu, une brindille de bruyère dans la ganse. Le chêne qui le couvre de son ombre est aussi très bien rendu. Son feuillage rouillé nous représente les teintes de l'automne; le bandit semble à l'affût, il écoute; sa carabine doit être cachée dans les broussailles aux environs. »

Ladislas, tenant le dessin, n'en détachait pas les yeux, il s'était même levé pour le mieux examiner à la fenêtre dans ses moindres détails; un léger frémissement agitait ses lèvres.

Enfin, revenant s'asseoir après avoir remis à Schmitt sa gouache, il lui tendit la main en s'écriant :

« Vous viendrez me voir à Paris, j'espère : rue de Tournon, près du Luxembourg; voici ma carte. Vous serez reçu en ami, et, si je puis vous rendre service, comptez sur moi. »

Le père avait fait apporter quelques cruchons de bière, et la fête continua jusqu'au soir.

Dehors bourdonnaient les trompettes de bois des enfants et les cris des marchands de pain d'épice, dont les baraques couvraient la place, et les bohémiens, échappés du Mouton d'Or, se promenaient de cabaret en cabaret, en faisant entendre leur musique sauvage.

XXIII

En ce temps, Phalsbourg partit d'un grand éclat de rire ; l'époque des foires étant arrivée en Alsace, une belle nuit, les tziganes dénichèrent tous ensemble de l'auberge du Mouton d'Or, sans tambour ni trompette, préférant la vie libre des bois et des villages aux festins du père Brestel.

Il fut question d'abord de mettre la gendarmerie à leurs trousses; mais, les gueux ayant eu la prudence de n'emporter que leurs clarinettes, leurs trombones, leurs tambours, etc., on ne put que leur souhaiter bon voyage.

Ce jour-là, sortant de la classe, Timothée et moi nous causions de ces événements extraordinaires, lorsque M. Schmitt, sur les marches du collège, nous prenant bras dessus, bras dessous, comme des camarades, s'écria tout joyeux :

« Allons donc voir un peu le tableau de notre ami Ladislas Durosier; depuis bientôt trois mois qu'il y travaille, l'ouvrage doit être assez avancé. Je serais curieux de savoir comment nos artistes parisiens s'y prennent pour mener à bonne fin une œuvre pareille. »

Nicolas Schmitt, natif du petit village d'Echbourg, n'avait guère vu jusqu'alors d'autre peinture à l'huile que celle de l'église, représentant le Chemin de la croix et qu'on attribuait à Ricard, peintre d'enseignes avant la Révolution; aussi considérait-il les gouaches de son maître Michaud comme le summum de l'art.

Nous voilà donc partis pour l'auberge du

Mouton d'Or. C'était un jeudi ; nous avions notre après-midi libre, ce qui ne laissait pas de nous être fort agréable. Et, comme nous entrions dans la grande salle du rez-de-chaussée, le père Brestel et son camarade Perlot, des hussards Chamborant, étaient attablés là, comme d'habitude, tous les jours de marché.

« Hé ! c'est vous, monsieur Schmitt, s'écria le vieil aubergiste ; vous allez prendre avec nous un verre de vin.

— Impossible. Je ne suis venu que pour donner un coup d'œil au tableau de mon confrère, M. Ladislas Durosier.

— Eh bien ! nous allons vous accompagner, mon ami Perlot et moi. Arrive, Michel, tu ne seras pas fâché non plus de voir le travail de ce brave garçon qui passe les trois quarts de son temps dans mon grenier, quand il pourrait galoper sous bois et mener joyeuse vie à Clairefontaine ou ailleurs. »

Ainsi parlait le père Brestel en se cramponnant à la rampe, et nous le suivions, tout intrigués de ce que nous allions voir. Timothée frappe à la porte du grenier, et Ladislas lui-même vient nous ouvrir.

Le tableau était complètement terminé.

Je n'ai jamais vu de figure plus stupéfaite que celle de Nicolas Schmitt en face de cette toile immense représentant, non un paysage comme il s'y était attendu, mais mon réduit de la ruelle des Capucins en plein hiver, les vitraux scintillants de givre, le plancher couvert de paille où s'entassaient pêle-mêle des êtres haves, grelottants, mourant de froid et de faim : c'était sinistre comme le radeau de la Méduse.

Au milieu de la scène se dressait une femme pâle, décharnée, haletante, les cheveux noirs épars, retenant de ses mains crispées un enfant qu'un gitano aux yeux farouches s'efforçait de lui arracher. Cette femme, belle dans son affreuse misère, poussait un cri de désespoir que l'on croyait entendre.

« Voici Khora, disait le vieux garde d'un ton rêveur, et voici Zuchetto. »

Nous autres, nous restions muets et saisis à ce spectacle comme en présence d'une réalité poignante ; pas une parole ne nous venait aux lèvres, lorsque Ladislas demanda :

« Vous avez connu Khora, monsieur Perlot ?

— Eh ! sans doute, fit-il, tout Phalsbourg l'a connue, et, presque chaque jour, je la rencontrais sous bois ou sur la grande route, quand j'allais faire mon rapport en ville. C'était en 1815, après le licenciement de l'armée de la Loire, où l'on nous avait renvoyés dans nos foyers. Quelle belle fille c'était, avec son teint doré, ses yeux noirs, sa chevelure retenue par des épingles à grosse tête argentée, ses boucles d'oreilles en anneaux qui lui retombaient jusque sur les épaules. Et comme elle dansait bien en se balançant sur les hanches! comme elle riait en montrant ses petites dents blanches, faisant sonner son tambourin garni de grelots! On trépignait autour d'elle en criant : Bravo! Viva... Viva la Khora! Et les gros sous de pleuvoir dans sa sébille lorsqu'elle faisait le tour du cercle en disant : « Allons, messieurs... mesdames... allons courage!... » Personne n'osait lui refuser ses deux liards. Chacun mettait la main à la poche. Est-ce vrai, Brestel?

— Oui, je crois bien, on ne parlait que de Khora dans tout le pays et ses camarades la suivaient comme une reine, sur les deux rives du Rhin, à toutes les foires, soufflant dans leurs instruments, les joues gonflées jusque derrière les oreilles. Ils faisaient de bonnes journées avec elle. Dieu sait comment Zuchetto, avec sa tête de loup, a pu la séduire!

— Tout passe, reprit le vieux garde, tout finit, et aujourd'hui...

— Aujourd'hui, ajouta brusquement Ladislas, elle est morte.

— Morte... Non, répondit tristement Perlot, mais elle n'en vaut guère mieux, la pauvre femme, et je crains bien qu'elle s'en aille avec les premières feuilles d'automne. »

Nous le regardions, étonnés.

« Depuis quinze jours ou trois semaines, dit-il, elle est dans mon étable sous la crèche. »

Et, nous voyant tous attentifs, il poursuivit :

« Ce jour-là, je revenais de faire mon tour dans les coupes vers six heures du matin, quand j'entends de loin aboyer Dagobert, et tout de suite je me dis qu'il avait rencontré un hérisson. Je m'approche en allongeant le pas, et qu'est-ce que je vois? une femme étendue dans la haie contre le treillage de notre verger, mais si maigre, si décharnée que l'idée me vint aussitôt qu'elle allait rendre l'âme. Naturellement, j'appelle Marie-Anne. Elle arrive et se met à crier :

— C'est une païenne.

— Païenne ou non, nous ne pouvons pas laisser périr à notre porte une créature du bon Dieu. Tu vois bien que cette malheureuse meurt de faim. Vite, cours chercher un pot de lait et ne perds pas de temps, car elle n'a plus que le souffle! »

Alors ma femme se dépêche, elle revient, et à peine le pauvre être avait-il senti le lait sur ses lèvres qu'il se mettait à boire et ensuite à sangloter, mais à sangloter comme un enfant. Je la prends dans mes bras; elle ne pesait pas plus qu'une plume, et je la porte dans notre étable.

Je l'étends sur une botte de paille sous la crèche où elle se trouve encore. Marie-Anne, quand elle va **traire** les chèvres, lui donne toujours un peu de lait, ce qui soutient ses forces. C'est Khora, qui s'était éloignée avec une troupe du côté de Senones; étant tombée malade, elle a voulu revoir la Roche-Creuse avant de mourir, mais, trouvant les autres partis, la désolation, le chagrin, le souvenir de tous ses malheurs l'ont accablée à la fois, et, si le chien ne l'avait pas découverte dans la haie, je pense qu'elle n'aurait pas passé la nuit. »

Ainsi parla le bon vieux Perlot. Nous l'écoutions le cœur serré, et Ladislas, dont les traits s'étaient profondément altérés, lui demanda :

« Quand retournez-vous à Clairefontaine, monsieur Perlot?

— Tout à l'heure, répondit le brave homme : j'ai embrassé Charlotte, j'ai fait mon rapport à M. le garde général, Marie-Anne m'attend et, maintenant que notre bouteille est vide, je n'ai plus qu'à partir.

— Eh bien! je vous accompagne, » dit Ladislas.

Et Timothée, me jetant un regard expressif, s'écria :

« Nous irons tous ensemble. »

XXIV

Notre camarade, entrant aussitôt à l'écurie sans changer de costume, sella lui-même son cheval; moi, je courus prévenir le père de notre nouvelle excursion à Clairefontaine, et, dix minutes après, nous sortions de la ville par la porte d'Alsace, suivant la grande route de Saverne et comptant prendre, à deux kilomètres de là, derrière le bouchon de la Roulette, le sentier de traverse qui mène de plain-pied à la maison forestière, comme nous l'avions fait la première fois.

C'était le chemin des piétons pour tourner le ravin du Fond de Fiquet; mais, une fois hors de l'avancée, Ladislas, ne pouvant maîtriser son impatience, partit directement, descendant la côte des glacis, traversa le ruisseau des Ablettes, et remonta la côte en face à bride abattue.

Cinq minutes après, son béret rouge avait disparu sous bois, et Perlot, le suivant du regard avec admiration, s'écriait :

« Voilà ce qu'on appelle une charge à fond de train; ce n'est pas un cheval, c'est un cerf. Je ne sais pas ce qui pousse M. Durosier à risquer sa peau dans des passages aussi difficiles; mais, s'il ne se casse pas le cou tôt ou tard, il aura de la chance. »

Nous autres, nous poursuivions notre chemin sur la grande route, pour gagner le sentier du fond de Fiquet, derrière le bouchon de la Roulette, et, de là, les forêts de la Bande-Noire, lorsque nous fûmes témoins d'une scène vraiment étrange.

Derrière nous trottait une de ces grosses berlines chargées de malles et de paquets qui s'en allaient à Baden.

La journée était fort belle, le manteau de la voiture se trouvait rabattu, enfoncé dans ses coussins de velours jaune d'Utrecht, sommeillait un vieux, le bonnet de soie noire tiré sur les oreilles, et la pelisse verte fourrée de renard soigneusement croisée sur la poitrine.

Timothée, entendant venir l'équipage, tout en se rangeant au revers de la route pour le laisser passer, me dit vivement :

« Regarde, Lucien, voici le comte de Ribeaupierre, l'hôte de M. Parmentier, dont M. Schmitt nous a parlé l'autre jour. »

Et je regardai, fort curieux de connaître ce personnage.

C'était un homme de soixante-cinq ans environ, les joues creuses, le nez pointu, le menton en galoche; une vraie tête de fouine, les oreilles écartées de la nuque, où tombaient sous le bonnet quelques touffes de cheveux gris argenté. Il promenait vaguement ses yeux roux sur les forêts environnantes et bâillait d'un air d'ennui dans sa petite main sèche. On devinait dans sa physionomie la plus parfaite indifférence au sort des autres et le culte de soi-même.

Or, la berline ayant ralenti sa marche à la montée, tout à coup Lambs, qui l'observait avec attention de sa fenêtre donnant sur la ville, sortit du cabaret en bras de chemise, un nerf de bœuf au poing, saisit les rênes des chevaux d'une main vigoureuse, en criant au postillon :

« Arrête, Nikel, j'ai quatre mots à dire à ce monsieur. »

En même temps, il sautait sur le marchepied et brandissait sa trique avec une rage indescriptible, hurlant :

« Je t'ai reconnu de loin, comte de Ribeaupierre! et tu dois me reconnaître aussi! Je suis Charles Lambs, le sergent du 27ᵉ léger, que tu as fait arrêter à Lisbonne et embarquer pour Plymouth, contre tous les droits de la capitulation. Je suis resté là six ans, jusqu'à la paix générale. Vieux coquin, tu ne l'as pas oublié, ni moi non plus! Eh bien! il est temps de régler notre compte! »

L'autre criait au postillon d'une voix haletante :

« Partiras-tu? misérable, partiras-tu?

— S'il part, disait Lambs, en grinçant des dents et le secouant par le collet, s'il part, je te jette sur la route, faux Anglais, faux Français, faux Russe, faux Italien, faux Espagnol ! »

Toute la foule des buveurs était sortie du cabaret de la Roulette et du Panier-Fleuri, en face, où l'on dansait.

La troupe des bohémiens, réunie là depuis son départ du Mouton d'Or, jouait une valse; la clarinette chantait, le cor ronflait, la grosse caisse battait la mesure; c'était quelque chose de sauvage, avec le hennissement des chevaux qui se cabraient et les cris perçants du comte, qui s'étranglait en apostrophant le postillon.

Il paraît que Nikel, un ancien qui se glorifiait d'avoir jadis conduit l'Empereur, approuvait Lambs, car, bien loin de fouetter son attelage, il s'était retourné en selle et regardait la scène avec une certaine satisfaction.

Moi, j'avais d'abord voulu courir au secours du pauvre homme; mais Timothée, me prenant à bras-le-corps, s'était écrié :

« Ça ne nous regarde pas, Lucien, Lambs a peut-être raison; il faut voir comment tout cela finira. »

Et Perlot, toujours grave, son fusil en bandoulière, disait :

« Si l'on m'en avait fait le quart autant qu'à Lambs, je serais encore pire !... »

Mais Lambs, le reconnaissant à son képi, lui cria :

« Michel, arrive !... tu vas être mon témoin ! J'attends depuis assez longtemps : il faut que cette affaire soit vidée tout de suite ! »

Le comte de Ribeaupierre, frémissant de tant d'affronts, avait fini par descendre de sa berline et balbutiait :

« Je proteste..., c'est un guet-apens, une attaque à main armée sur la grand'route... Je proteste...

— C'est bon ! tu protesteras demain, répondait Lambs, qui ne le lâchait pas; mais, en attendant, tu vas me rendre raison, traître !

— Je n'ai pas de témoins, bégayait le comte.

— Des témoins... en voilà : des grenadiers et des voltigeurs; le moindre vaut mille fois mieux que toi. »

Puis, élevant la voix :

« Camarades, s'écriait-il, voici celui qui m'a vendu après la capitulation de Cintra; ce n'est pas un Français, ce n'est pas un Anglais, ce n'est pas un Allemand, ce n'est pas un Russe; c'est un coquin ! Sergent un tel, brigadier un tel, faites-moi le plaisir de lui servir de témoins; il faut que je le massacre. Je suis un ancien de Hohenlinden, d'Austerlitz, de Wagram : vous ne pouvez me refuser ça ! »

Les duels, dans ce temps, malgré la jurisprudence de Dupin l'aîné, adoptée par la Cour de cassation, n'étaient pas rares ; le recours de la partie civile les a fait cesser.

« J'accepte n'importe quels témoins, dit le comte exaspéré, pourvu que cela finisse. »

Et Lambs, content de le voir dans ces dispositions, entra chez lui décrocher deux briquets, armes parfaitement aiguisées et fort dangereuses.

« Choisissez, dit-il à son adversaire; nous allons nous aligner dans mon verger, à quatre pas d'ici. »

Ils entrèrent alors dans la cour du cabaret, dont la porte cochère se referma sur eux. Quatre témoins les suivaient, au nombre desquels se trouvait Michel Perlot.

Timothée et moi, nous restâmes sur la grand' route avec la foule des curieux accourus du Panier-Fleuri.

Peu après, la porte cochère se rouvrit, et Lambs traversa la cour, soutenant une de ses oreilles, la moitié de sa joue droite et de son nez avec un mouchoir plein de sang. Il entra dans son cabaret, et, quelques instants plus tard, le comte de Ribeaupierre, porté par les bras et les jambes, apparaissait à son tour, ne donnant plus aucun signe de vie.

En donnant un coup de tête au cabaretier, il avait reçu un coup de revers qui lui fendait le ventre.

On le replaça dans sa berline, qui repartit aussitôt pour la ville.

Les groupes se dispersèrent, et la valse, un instant interrompue, recommençait de plus belle au Panier Fleuri.

XXV

Nous repartîmes d'un bon pas. Il pouvait être alors une heure de l'après-midi.

Les arbres, en cette saison, commençaient à se rouiller, leurs feuilles se détachaient une à une et le torrent les emportait dans son écume en mugissant au milieu du silence.

Les oiseaux chanteurs, merles, hautes grives, loriots, étaient partis depuis longtemps; on n'entendait d'autre bruit que celui de l'eau bondissant par-dessus les roches.

Mille idées me passaient par la tête en emboîtant le pas au vieux garde; mais j'étais loin de me douter du spectacle qui nous attendait à la maison forestière.

A peine avions-nous franchi la porte en treillis du verger, que Marie-Anne, l'air tout éplorée, venait à notre rencontre et disait à Perlot, en regardant derrière elle, comme inquiète d'être entendue :

« Il se passe chez nous des choses terribles : vous saurez que M. Ladislas Durosier est le fils de Khora la bohémienne.... Ils se sont embrassés en s'appelant : « Ma mère !... Mon enfant !... » Qui jamais aurait pu croire qu'un si riche seigneur était le fils d'une mendiante ? »

Et la bonne femme joignait les mains en marmottant une prière.

Le vieux forestier, d'abord tout abasourdi de cette nouvelle, ne savait que répondre ; mais, au bout de quelques instants, reprenant son sang-froid, il dit :

« Eh bien ! que pouvons-nous y faire, Marie-Anne ?... Ce brave garçon n'en est pas cause, ni nous non plus. Allons voir. »

Et nous entrâmes dans l'étable obscure, où se trouvaient une vache et trois chèvres.

Nos yeux s'étant vite habitués à l'obscurité, Timothée et moi nous reconnûmes bientôt Khora, couchée sous la crèche, mais si pâle, si maigre, que je ne pus m'empêcher d'en frémir intérieurement ; ses yeux brillaient d'un éclat étrange.

Ladislas était à genoux près d'elle et la soutenait d'un bras.

« Kaleb, lui disait-elle d'une voix si faible qu'on avait peine à l'entendre, Kaleb, mon enfant, maintenant que je suis près de toi, je ne veux pas encore mourir; je veux revoir le beau soleil, je veux m'appuyer sur ton épaule, cher enfant! et courir les sentiers de la montagne. Oh! je marche encore bien, va! Je ne suis pas encore vieille! Tu verras comme nous serons heureux ensemble. »

Lui, la main sur la figure, sanglotait tout bas.

« Tu ne te souviens plus du bon temps où, roulé dans un châle, je te portais sur mon dos, reprenait-elle, où je t'endormais le soir en te chantant les vieux airs de notre pays?

— Si, ma mère, je m'en souviens, murmurait-il, la voix brisée; je t'ai toujours revue dans mes rêves, au milieu des grands arbres qui nous regardaient passer, au revers des sentiers, sur la mousse et la bruyère.... Jamais je ne t'ai oubliée, ni ton sourire, ni tes baisers.

— Eh bien! aide-moi; je suis un peu fatiguée maintenant..., j'ai tant souffert!... Mais le soleil me remettra : je crois déjà marcher sur la côte des genêts. »

Et la pauvre femme se cramponnait à son bras.

Perlot, Marie-Anne, Timothée et moi, derrière

eux dans l'ombre, nous les écoutions tout émus, prévoyant sa fin prochaine.

— Ah! faisait-elle, sentant l'inutilité de ses efforts, je suis bien lasse! Il faut que je me recouche, mais ce ne sera pas pour longtemps : le bon lait de chèvre va me rendre des forces, et nous partirons ensemble, Kaleb, nous irons loin, loin de ce pays où j'ai tant souffert. Je ne veux plus le revoir. Je veux vivre seule avec toi. »

Et le pauvre être toussait.

Ladislas, absorbé par sa douleur, ne semblait pas nous voir, quand tout à coup, la malheureuse perdit connaissance. Il la crut morte.

En ce moment, poussant un cri féroce, il se redressa; sa face asiatique prit une expression de fureur sauvage, et, nous apercevant dans l'ombre, ses yeux s'illuminèrent comme ceux d'un fauve :

« Il faut que ceux qui nous ont séparés périssent! hurla-t-il. Il faut que je venge ma mère. Et ce ne sera pas long; le comte de Ribeaupierre n'est pas loin. »

Il allait sortir, quand la bohémienne, exhalant un profond soupir, rouvrit les yeux et, le regardant avec une douleur inexprimable, murmura :

« Ceux qui nous ont rendus malheureux, Kaleb, ne sont plus de ce monde. »

Et, désignant un coin sombre de l'étable :

« Tiens, regarde, fit-elle, vois-tu ce monstre, le ventre entr'ouvert, le vois-tu, mon enfant?... il vient me demander grâce!... Mais le Grand Juge, qui ne pardonne rien, le tient sous sa main.... Regarde... c'est lui qui, dans notre grande misère, est venu tenter Zuchetto.... Que l'Éternel les maudisse à jamais tous les deux! »

Cette vision terrible nous glaçait tous d'horreur. Après ce que nous venions de voir, Michel Perlot, Timothée et moi, nous ne pouvions douter que le comte de Ribeaupierre ne fût là... suppliant... et pourtant nous ne voyions rien que ce geste de la malheureuse et ses yeux fixes écarquillés.

C'était épouvantable.

Et à peine Khora eut-elle prononcé ces mots, en ajoutant : « Kaleb, je te bénis!... » qu'elle s'affaissa de nouveau sur sa couche de paille.

Il se fit un grand silence... puis elle se raidit lentement; ses yeux, refermés une seconde, se rouvrirent tout grands, et, cette fois, elle était morte.

Ce souvenir est un de ceux qui me font encore frémir après un demi-siècle.

Je me souviens aussi que Perlot ordonna que la malheureuse serait habillée d'une chemise blanche et couchée sur le lit de Charlotte.

Quant aux gémissements de Ladislas, je ne

vous en parlerai pas : lequel d'entre nous, perdant un être qu'il aimait, ne s'est pas écrié : « Je ne te reverrai donc plus jamais?... jamais?...»

Voilà la grande énigme de l'existence humaine : D'où venons-nous? pourquoi sommes-nous ici? que deviendrons-nous? Nous ne savons rien ! Cette seule réflexion doit nous rendre circonspects quand il s'agit de se prononcer sur une question pareille.

XXVI

Je ne vous dirai rien du mariage de Charlotte, richement dotée par Ladislas en reconnaissance des soins que ses parents avaient donnés à sa mère, avec Timothée Brestel, ni leur départ pour l'Amérique du Sud, où mon excellent camarade s'établit à Buenos-Ayres et devint propriétaire de grandes plantations.

J'ai là sous mes yeux plusieurs de ses lettres m'engageant à venir le voir; mais jamais je n'ai pu quitter mes vieux sapins des Vosges, jamais aucune musique au monde n'a valu pour moi le bourdonnement des torrents ni le chant des oiseaux forestiers aux mois d'avril et de mai. La forêt n'est alors qu'une immense volière, et le concert de tous ces êtres, reprenant possession de leurs nids, me fait vivre de la vie universelle comme la voix de l'Océan fait vivre le marin.

J'aime aussi l'hiver, où toute la montagne se couvre de glace : le silence de la nature me paraît alors aussi sublime que les bruissements infinis de ses plus belles journées d'été.

Je me souviens qu'à l'approche du nouvel an 1887, étant encore plein d'énergie et regardant, un matin, les fleurs de givre épanouies sur les petites vitres de ma baraque de la ruelle des Capucins, où j'étais venu me reposer après douze ans d'absence, le souvenir de ces temps lointains me ressaisit avec tant de force que je pris aussitôt la résolution d'aller revoir, à travers les neiges, le ruisseau des Ablettes et la Roche-Creuse.

C'était une de ces idées auxquelles on ne résiste pas.

Ayant donc mis trois grosses bûches dans le poêle pour retrouver la chambre tiède à mon retour, je laçai mes souliers de chasse, je me coiffai de mon bonnet de loutre et, jetant mon fusil sur l'épaule, je me dirigeai vers la porte d'Alsace.

Une fois hors de l'avancée, ayant de la neige jusqu'au ventre, je me repentis presque de mon entreprise. Pas une âme n'apparaissait au loin sur la route de Saverne ; les cabarets de la Roulette et du Panier-Fleuri ne donnaient pas signe de vie, c'était un paysage morne et solennel.

Cependant, m'étant engagé dans le ravin du fond de Fiquet, je poursuivis mon chemin, suivant le ruisseau des Ablettes, qui n'était plus qu'un glaçon.

C'est ainsi que je passai devant la maison forestière de Perlot, couché depuis des années derrière le mur du cimetière avec la bonne Marie-Anne.

Bien d'autres gardes lui avaient succédé dans ses fonctions, et Dagobert ne faisait plus retentir la vallée de ses aboiements joyeux.

Sans m'arrêter à la demeure de ces braves gens, dont le souvenir m'attristait, je grimpai la côte des Genêts en face, comme si j'avais dû rencontrer là-haut quelque figure humaine.

Les bruyères et les genêts chargés de grésil retardaient ma marche, et, seulement au bout d'une heure, j'atteignis le plateau, balayé par le vent.

A trois cents pas de la Roche je fis halte pour reprendre haleine et allumer ma pipe.

La caverne était pleine de ces longs cristaux bleus en aiguille où filtre l'eau goutte à goutte, indiquant la marche imperturbable du temps dans la solitude.

Le silence était si profond que j'entendais de seconde en seconde une de ces gouttes tomber de la voûte sur la plate-forme où jadis les bohémiens allumaient leur feu.

Que de pensées me vinrent alors! Que de figures disparues depuis un demi-siècle : père, mère, frères, sœurs, amis, bonnes gens vaquant à leurs occupations journalières dans notre petite ville, la trompette qui sonne le coucher et le réveil, l'église où nos bons campagnards vont à la messe et aux vêpres, et Timothée, et Charlotte, et le père Brestel, et Ladislas, et M. Poirier, et Nicolas Smith... tout cela n'est plus ; je survis seul à tout ce monde disparu.

Et, tout à coup, élevant la voix, je pousse un cri... un cri immense : « Adieu... adieu... » et ce cri fait le tour de la montagne au loin... bien loin.... Pas un soupir, pas une feuille morte n'y répond.

C'est fini... bien fini....

Je redescends la côte, les reins courbés, la tête penchée, et, vers cinq heures, à la nuit close, remontant l'échelle de mon réduit, je trouve mon feu éteint.... Mais, soufflant dans la cendre, quelques étincelles s'y rallument : je m'empresse d'y mettre du petit bois, puis deux grosses bûches, et la flamme se ranime. Je m'assieds à ma vieille table de chêne, entre les deux fenêtres, et, sous le rayon de ma lampe, je me mets à écrire, car le travail est ma vie, et je n'ai jamais connu de plus grande joie.

LA MÈRE HULOT

En 1865, ayant vu le *Fou Yégof* réussir à la *Revue des Deux Mondes*, *Madame Thérèse* et le *Conscrit de 1813* aux *Débats*, *l'Ami Fritz* au *Temps*, je sentis le besoin de respirer l'air des Vosges et de renouveler ma provision d'idées. Ayant donc quitté le chemin de fer à Saverne, je pris mon vol, sur l'impériale d'une diligence, vers Phalsbourg.

Inutile de vous dire l'émotion que me causa la vue du vieux nid avec ses bastions, ses demi-lunes, son arsenal, ses poudrières et sa sainte Vierge, au haut de l'église, les bras étendus comme pour bénir l'antique forteresse.

Tout cela n'existe plus : le canon prussien l'a balayé.

Mon père étant mort depuis quelques années,

et ma baraque de la ruelle des Capucins ayant été vendue, j'allais m'établir à l'auberge du Mouton-d'Or, dans l'appartement même qu'avait occupé jadis le fils de Khora, la bohémienne, en face de la halle aux grains.

Sur le même palier que moi logeait un de mes bons camarades de collège, le docteur Renard, qui, après avoir terminé ses études de médecine à Strasbourg, était venu s'établir chez nous.

J'allais le voir presque tous les matins, et nous causions de médecine, d'histoire, de philosophie, etc.

Dieu sait quelle quantité d'objets rares et curieux se trouvaient accumulés dans son cabinet de travail : animaux empaillés, plantes exotiques desséchées, coquillages, que sais-je?

Tout cela remplissait de grandes vitrines étincelantes et lui venait d'un oncle, ancien chirurgien de marine, qui n'avait rien négligé dans ses longs voyages pour enrichir ses collections.

Au milieu de cette pièce, assez vaste et haute, on remarquait d'abord, sur une table de vieux chêne, à plaque de marbre noir, une tête de bronze colossale, dont les circonvolutions étaient dessinées en rouge d'après le système de Gall; et tous ces êtres, oiseaux, quadrupèdes, poissons, semblaient la regarder de leurs yeux d'émail en murmurant tout bas : Voici notre maître.

Renard gardait ces objets comme des reliques ; il m'en expliquait l'origine avec satisfaction, car son oncle Pierre les avait recueillis principalement dans les Indes orientales, ayant connu le bailli de Suffren et Surcouf, le plus intrépide de nos corsaires.

C'était le sujet habituel de nos conversations, et je l'accompagnais aussi dans son petit cabriolet à deux places, trottant à l'ombre des hêtres et des sapins, lorsqu'il allait voir ses malades aux environs de notre petite ville.

A cette époque, tous les anciens que j'ai dépeints dans mes contes avaient déjà disparu de ce monde; ils étaient partis presque tous ensemble, comme les feuilles mortes au vent d'automne.

Il en reste bien quelques-unes de loin en loin, tremblotant au bout de leur branche, au fond des clairières, mais elles ne tiennent plus guère, et l'on se dit tristement en les regardant : Demain, quand je repasserai par ce sentier, je ne te reverrai plus !

C'est la vie : tout ce qui commence doit finir.

Le père Brestel était de ce nombre, mais si vieux, si vieux, qu'on le reconnaissait à peine ;

l'ancien hussard Chamborant ne riait plus : il n'était plus que l'ombre de lui même.

Sa fille Christine tenait l'auberge; elle avait épousé un sergent-major du 18ᵉ de ligne nommé Richard, un brave homme qui traitait bien le beau-père.

L'autre, Salomé, s'était mariée avec un voyageur de commerce, M. Bernier. Ils vivaient, je crois à Lyon.

Le père Erestel, lui, ne quittait plus la grande salle du rez-de-chaussée que le soir pour aller se coucher.

Assis, près de la porte d'entrée, dans un grand fauteuil de cuir à crémaillère, le fond luisant comme un plat à barbe, il fumait sa longue pipe de faïence, le menton tremblotant et un petit bonnet de coton noir tiré sur la nuque, regardant les gens aller et venir et leur faisant un signe de reconnaissance lorsqu'ils lui disaient bonjour.

Il semblait presque toujours aux trois quarts endormi; la seule chose qui le réveillait, c'est quand je lui parlais de Timothée, établi depuis quinze ans à Buenos-Ayres.

Alors il relevait la tête, et ses yeux gris brillaient une seconde :

« Ah! le bon garçon! faisait-il, si je pouvais seulement le revoir encore une seule fois! »

Mais, cela dit pour mémoire, j'arrive aux faits que je veux vous raconter.

Un vendredi matin, jour de marché, j'étais tranquillement assis sous la tente du café Mayer au coin de la place d'Armes, regardant les bons paysans d'Alsace alignés sur les petits bancs, leurs paniers d'œufs, de beurre, de gibier, de légumes, devant eux à terre, à l'ombre des vieux ormes plantés par Vauban, et la foule des ménagères marchandant avec animation un chou-fleur, une volaille, de jeunes pigeonneaux, au milieu de la cohue.

Ce grand bourdonnement de voix, ces gestes, ce mouvement, me plaisaient, et j'admirais la ténacité des bonnes gens discutant les prix avant de conclure.

Les passions humaines se montrent dans les plus petites comme dans les plus grandes choses, et je dégustais gravement une chope en me livrant à cette contemplation, quand une vieille femme vint déposer son panier vide sur ma table et s'asseoir en face de moi.

C'était une vieille des Baraques du Bois de chêne, nommée la mère Hulot, et que je connaissais très bien pour l'avoir vue cent fois dans notre boutique, du vivant de mon père.

Sa figure ridée et tannée, le nez épaté, la bouche fendue jusqu'aux oreilles, garnie de grosses dents saillantes ; sa tignasse grise, épaisse, ébouriffée et ses bras si longs qu'elle aurait pu, sans se baisser, nouer ses jarretières, à supposer qu'elle en ait eu, tout cela m'avait toujours frappé.

C'était en quelque sorte un être antédiluvien égaré dans la civilisation moderne.

« C'est vous, mère Hulot? lui dis-je ; vous êtes fatiguée et vous venez vous reposer un peu avant de retourner aux Baraques?

— Non, fit-elle d'un ton bref. Vous êtes le fils du père Gérard, mort il y a huit ans, un brave homme ; je viens vous demander un conseil.

— Quel conseil? Vous savez que je ne suis pas notaire, ni médecin, ni curé.

— C'est égal, je veux vous consulter sur quelque chose.

— Eh bien, dites, je vous écoute.

— J'ai l'idée de me pendre, dit-elle ; qu'en pensez-vous? »

Je la regardais tout surpris, supposant qu'elle voulait se moquer de moi ; mais elle était très sérieuse.

« Vous pendre? lui dis-je alors ; mais il faut avoir des raisons pour se pendre ! Êtes-vous mal dans vos affaires?

— Non, j'ai ma vache, mes deux chèvres et plus de foin qu'il ne m'en faut pour les nourrir ;

j'ai des poules qui me donnent des œufs, des lapins, des légumes, et je tue un cochon gras tous les ans.

— Bon, alors vous êtes malade ; avez-vous quelque chose qui vous empêche de dormir?

— Je me porte aussi bien que vous.

— Mais il faut pourtant bien une raison pour se pendre! m'écriai-je.... C'est contraire au bon sens, et d'abord Dieu le défend. Vous m'entendez ? mère Hulot, ceux qui se pendent sont damnés jusqu'à la consommation des siècles.

— Vous croyez? dit-elle en clignant de l'œil.

— Comment! si je crois? J'en suis sûr. »

Et, me rappelant l'apologue que M. Vassereau, notre digne instituteur, nous avait fait jadis à l'école primaire pour nous définir la damnation éternelle, je poursuivis :

« Savez-vous, mère Hulot, combien dure la damnation? Si vous ne le savez pas, je vais vous le dire.... Écoutez, et tâchez d'en faire votre profit.... Supposons que la grande salle du café Mayer, ici près de nous, soit remplie de sable depuis le plancher jusqu'au plafond, et que tous les cent ans un oiseau vienne en prendre un grain; il faudrait du temps, n'est-ce pas pour la vider; mais les malheureux damnés, dans leurs flammes, pourraient pourtant se dire : « A la fin des fins, quand la salle sera vide et qu'il n'y restera plus un seul grain de sable, nous serons délivrés.... » Eh bien, non ! Lorsque la salle serait vide, elle se remplirait de nouveau ; ce serait à recommencer, ainsi de suite indéfiniment. Ça ne finit jamais, jamais, jamais ! »

Je vis la vieille pâlir.

« Ah ! c'est bien long, dit-elle en toussant dans sa longue main sèche et repoussant sous son bonnet crasseux quelques mèches de sa tignasse. Au moins, vous ne me racontez pas ça pour m'épouvanter ?

— Non, je vous dis franchement la vérité ; vous pouvez me croire.

— Eh bien ! reprit-elle, je vais voir ; il faut que je pense à ça. Je ne veux pas être damnée, j'aimerais mieux donner tous mes biens à l'église pour avoir l'absolution.

— L'absolution de quoi ?

— Ah ! fit-elle en se levant, je ne sais plus ce que je dis ! »

Et, reprenant son panier au bras, elle repartit vers la porte d'Allemagne, dans le plus grand trouble.

L'idée me vint alors que la mère Hulot avait un gros péché sur la conscience et que M. le curé ne voulait pas l'absoudre. C'était sans doute un cas réservé, et la malheureuse, pour échapper au remords, pensait à se détruire.

Mais que pouvait-elle avoir commis d'assez grave pour en arriver à cette extrémité?

Je n'en savais rien; et comme le marché touchait à sa fin, sur le coup de midi, je payai ma consommation et retournai, tout rêveur, à l'auberge du Mouton-d'Or.

C'était l'heure du déjeuner, et, remarquant le père Brestel à sa place ordinaire, je conçus le projet de l'interroger sur le cas de la mère Hulot, qui remontait sans doute fort loin et qu'un vieillard seul pouvait connaître.

Justement, je venais de recevoir une lettre de mon ami Timothée, et je dis au bon vieillard sur la porte :

« Père Brestel, voici une lettre de Timothée; elle est restée cinq semaines en route; si vous voulez monter dans ma chambre, je vais vous la lire!

— Oui, oui, » fit-il avec empressement en s'appuyant aux bras de son fauteuil pour se lever.

Puis il s'accrocha d'une main encore ferme à la rampe de l'escalier; je le soutenais un peu derrière, l'aidant à franchir chaque marche, et c'est ainsi que nous arrivâmes dans ma chambre, au premier. Je le fis asseoir dans mon fauteuil.

« Vous avez une jolie chambre, faisait-il en regardant la petite pièce tapissée d'un papier bleu de ciel à fleurs blanches et les deux fenêtres à jolis rideaux de mousseline.

— Oui, père Brestel; et vous êtes solide pour votre âge.

— C'est sûr, à quatre-vingt-sept ans il faut encore avoir du nerf pour monter l'escalier. »

Mon déjeuner était déjà servi. C'était un déjeuner froid, il pouvait attendre.

Je lus donc au brave homme la lettre de Timothée, déjà père de deux petites filles, et qui m'annonçait la naissance d'un petit garçon.

Le père Brestel en pleurait de joie et dut même poser sa pipe au bord de la table pour sangloter.

« Je les bénis tous, disait-il en étendant ses mains tremblantes; oui, je les bénis. Vous allez lui écrire cela, et j'espère qu'il l'appellera Christophe : c'est mon nom.

— Soyez tranquille, je n'oublierai rien, père Brestel. Vous allez prendre un verre de vin avec moi; vous savez, de votre vieux Thiaucourt de 34; cela ne peut pas vous faire de mal.

— Non, je veux bien : nous allons trinquer ensemble à la santé de Timothée, de Charlotte, des deux petites filles et du petit garçon qui s'appellera Christophe. C'est lui qui me remplacera.

— Cela va sans dire. A la santé de tous et à la vôtre! »

On trinqua : les joues du bon vieux s'animaient comme d'un dernier reflet de soleil couchant.

J'avais voulu l'engager à prendre une aile de poulet, mais il s'y refusa.

« J'ai déjeuné, fit-il ; et maintenant ça va bien ; je n'ai pas besoin d'autre chose. »

Alors, tout en mangeant seul de bon appétit, je lui parlai de la mère Hulot sans lui dire pourtant un mot de ma conversation avec elle devant le café Mayer.

« Sans doute, fit-il, je connais depuis des années Nicole Hulot, des Baraques du Bois de chênes. Pourquoi me demandez-vous cela ?

— Est-ce que vous n'avez jamais rien entendu dire sur son compte ?

— C'est une rusée : elle venait dans le temps me vendre des œufs et du beurre, toujours un peu cher ; mais je n'étais pas forcé de les prendre, et finalement nous tombions d'accord avec un bon tiers de rabais sur ce qu'elle m'avait demandé.

— Et vous ne savez pas autre chose ?

— Non.

— A-t-elle été mariée ?

— Non, mais elle avait une fille, une jolie fille qui s'appelait Annette et qui vivait avec le nommé Antoine Steinkerque, au village des Quatre-Vents. La mère Hulot en voulait terriblement à ce gueux. Il faut dire aussi que c'était un être très dangereux, un braconnier endurci. On n'avait qu'à lui demander un lièvre, une gélinotte, un coq de bruyère, et l'on était sûr de l'avoir le lendemain, même en plein hiver, quand la chasse est défendue.

— Et comment ce bandit a-t-il fini ?

— Comme tous ces gens-là finissent : par les galères ; et même on l'aurait guillotiné si Louis-Philippe ne lui avait pas fait grâce, en 1833 ou 1834, je ne me souviens pas au juste. Il a longtemps traîné le boulet au bagne de Brest ; mais, après 1852, il est parti pour les îles avec ses camarades. Vous n'avez pas oublié ça : c'était au commencement de l'empire. Les gens en ont beaucoup parlé.

— Mais qu'est-ce qu'il avait donc fait, ce Steinkerque, pour mériter d'être guillotiné ?

— Il avait tué le garde forestier Freslin, de Saint-Wit, dans sa propre maison.

— Pas possible !

— C'est comme je vous le dis. Freslin ne plaisantait pas dans son service : il faisait des procès-verbaux en masse et vérifiait même les fagots de bois mort sous la porte d'Allemagne, arrêtant là ceux qui les portaient en ville pour les vendre. S'il y trouvait une seule branche de bois vert, il verbalisait. Tous les bûcherons l'avaient en horreur et les braconniers aussi, surtout Steinkerque, qu'il avait surpris deux ou trois fois à l'affût, et chaque fois c'était trois mois de prison. De sorte qu'il finit par le détester à mort et qu'une nuit d'hiver, comme Freslin défaisait ses guêtres dans sa chambre, en bas de la maison forestière, en revenant d'inspecter son triage, un coup de feu partit du jardin, traversa la vitre et lui fracassa la tête au milieu de sa famille.

« Vous pensez si sa femme et ses enfants poussaient des cris ; ils coururent jusqu'à Saverne prévenir la justice de ce qui venait de se passer, sous bois, dans la nuit noire.

— Mais êtes-vous bien sûr, père Brestel, que Steinkerque ait fait le coup?

— Quant à moi, Lucien, je n'en sais rien; cette affaire ne me regardait pas. Je vous le répète, Freslin avait des quantités d'ennemis. Malgré cela, c'est Steinkerque qu'on arrêta d'abord, parce qu'il était le plus dangereux. Les gendarmes Figel et Keltz le surprirent au lit avec la fille Hulot. On chercha tout de suite son fusil, il avait disparu; on fouilla la baraque de fond en comble, et le bûcher derrière, sans le trouver, ni la corne à poudre ni le sac à plomb. On pensa qu'il avait tout caché sous une roche ou dans le creux d'un arbre. Mais le pire, c'est que le juge de paix Martenot et son greffier Muller, s'étant transportés aux Quatre-Vents, reconnurent dans la neige des pas qui s'en allaient, par la gorge des Sureaux, directement à Saint-Wit, et comme on avait saisi d'abord les gros souliers de Steinkerque, on vit que tous les clous étaient en quelque sorte moulés dans la neige. Alors le gredin fut conduit à la prison de Phalsbourg, la chaîne au cou et les mains liées sur le dos, et pendant toute cette nuit de janvier on le laissa sous les verroux. Le lendemain, on le conduisit à Sarrebourg, les pieds nus sur la grande route, car il n'avait qu'une paire de souliers et on voulait les représenter au tribunal. Il faisait un froid à pierre fendre, la terre reluisait de givre. Figel, à cheval, le tenait par la chaîne, et vous pensez si son collier était une froide cravate par ce temps de neige et de bise où, dans nos montagnes, on n'ose mettre le nez à la porte. La moitié du village des Quatre-Vents, hommes, femmes, enfants, venus à Phalsbourg pour le voir partir, le suivirent jusqu'à la porte de France en poussant de grands cris. Sa maîtresse, Annette Hulot, l'accompagna jusqu'à Mittelbronn, puis elle revint le tablier sur les yeux, et retourna chez sa mère, aux Baraques du Bois de chênes. Depuis, elle est partie pour suivre un régiment, et je ne sais ce qu'elle est devenue. Steinkerque, lui, quelque temps après, fut jugé par la cour d'assises à Nancy et condamné à mort. On devait le guillotiner en place de grève; mais Louis-Philippe lui a fait grâce. Il en a pour cent un ans; les plus jeunes d'aujourd'hui seront bien vieux quand il reviendra des îles. Ni vous ni moi n'aurons plus mal aux dents. »

A mesure que le père Brestel me dépeignait cette scène terrible, il me semblait la revoir passer sous mes yeux, car, tout enfant, j'étais du nombre de ceux qui couraient derrière Figel à cheval conduisant son prisonnier à la chaîne, comme un loup. Il avait le sabre au poing, son grand chapeau en bataille.

A ce seul souvenir, je me sentis frémir.

Le père Brestel ayant refusé de prendre un troisième verre de vin, nous redescendîmes ensemble dans la grande salle; il se rassit dans son vieux fauteuil, et je remontai bien vite raconter à mon ami Renard cette histoire étrange.

Il était en train de déclouer une caisse posée sur sa table et me dit :

« C'est toi, Lucien? Je reçois à l'instant du professeur de géologie Mathis plusieurs crânes humains dont le plus ancien remonte à l'époque des Triboques; les autres sont gallo-romains, francs, mérovingiens, burgondes, germains. Ce brave Mathis m'avait proposé plusieurs échanges, et comme j'avais des doubles dans mes collections, j'ai consenti. Nous allons examiner ça. »

La caisse étant déclouée, il plaça tous ces crânes d'hommes, de femmes, d'enfants, sur sa table, avec une satisfaction visible.

« Allons, allons, disait-il, Mathis ne m'a pas trompé; je ne regretterai pas les coquillages et les plantes fossiles que je lui ai promis en échange, ni le bois gigantesque du *cervus primogenitus* qu'il convoitait depuis si longtemps. Mais il me semble que tu venais me dire quelque chose?

— Oui, seulement si je te dérange....

— Pas le moins du monde, je classerai cela plus tard. De quoi s'agit-il? »

Alors je lui racontai la confidence que m'avait faite spontanément la mère Hulot de l'idée qu'elle avait de se pendre, ce que j'attribuais aux remords d'un crime qui la persécutait d'autant plus que le curé ne voulait pas l'absoudre. Cela devait être grave, très grave. Et je lui rapportais dans tous ses détails le récit que venait de me faire le père Brestel touchant l'assassinat du garde-chasse Freslin de Saint-Wit par le braconnier Steinkerque avec lequel vivait la fille de la vieille. Entre ces deux faits, je trouvais une relation mystérieuse, quoiqu'il me fût impossible de l'expliquer.

Renard m'écoutait sans quitter de l'œil les différents crânes que le professeur Mathis lui avait expédiés. Évidemment, cette contemplation l'absorbait; pourtant, à la fin il me répondit :

« Bast! cette vieille, à force de vivre seule dans sa baraque, est devenue folle. La peur d'être damnée l'empêche d'exécuter son projet, mais elle finira tout de même par s'accrocher quelque part. Il ne lui manque peut-être que de voir dans l'ombre de sa grange ou de son étable un clou solidement planté pour terminer l'aventure. Cela finit toujours par là; c'est ce qu'on nomme la monomanie du suicide. Quant à l'assassinat du garde Freslin par le braconnier Steinkerque il y a trente ans, je ne vois aucun rapport entre ce fait et le dérangement cérébral de la vieille. Que sa fille ait été la maîtresse du braconnier, c'est possible; mais, après Steinkerque, étant jolie, elle n'aura pas manqué d'autres amateurs, je pense, et aura convolé à de secondes noces. Le roi est mort, vive le roi! » fit-il en riant.

Bref, il me convainquit par d'excellentes raisons scientifiques que la vieille Hulot était tout bonnement maniaque et que l'histoire du père Brestel rentrait dans la catégorie de celles que les journaux mettent à leur troisième page pour épouvanter les lecteurs par le spectacle de la perversité humaine.

Je le quittai sur cette impression; mais, quelque temps après, le bruit courut en ville que Steinkerque s'était échappé de l'île des Pins et qu'il rôdait dans les forêts environnantes, arrêtant les femmes de Saverne, de Dabo, de la Petite-Pierre qui venaient au marché, et prenant dans leur panier tout ce qu'il trouvait à sa convenance, les menaçant de mettre le feu dans leurs maisons s'il était dénoncé.

Naturellement, la terreur se répandit partout. Renard ne sortit plus en cabriolet qu'armé d'une paire de pistolets, et moi, mon fusil en bandoulière.

On n'aurait pas été charmé de rencontrer le gredin au coin d'un bois.

Les autorités locales reçurent aussi l'avis de l'évasion du forçat, et la gendarmerie de l'arrondissement partit à ses trousses.

Mais Steinkerque, connaissant de longue date tous les coins et recoins de la montagne, défiait toute recherche; il avait sans doute retrouvé son fusil, sa corne à poudre et son sac à plomb cachés quelque part, et, au bout de quelques semaines, on n'espérait plus le prendre qu'en hiver, lorsque le froid terrible l'obligerait de chercher asile dans une ferme, une scierie ou une autre maison isolée.

Les loups et les renards eux-mêmes sont alors

forcés de se rapprocher des villages pour ne pas périr de faim.

Mais, avant l'hiver, Steinkerque devait accomplir un coup terrible, dont tous ceux qui survivent ne peuvent avoir perdu le souvenir.

Un matin d'octobre, quand les dernières brumes d'automne ouatent déjà toutes les fenêtres, que les récoltes sont engrangées et qu'on se dit : Bientôt nous entendrons bourdonner le feu dans le poêle avec plaisir, je me trouvais chez mon ami Renard, en train de disserter, comme d'habitude, sur les bosses de sa tête de bronze, quand tout à coup des baraquins entrent effarés, criant que la mère Hulot vient d'être massacrée chez elle à coups de couteau par Steinkerque, qu'elle n'est pas encore morte et réclame M. le curé, désirant recevoir les derniers secours de la religion.

Renard, qui ne faisait pas grand cas des secours de la religion, leur répond de mauvaise humeur :

« Eh bien, allez chercher le curé, puisque c'est lui qu'elle réclame ! »

Aussitôt ils repartent, courant au presbytère.

Cependant, après un instant de réflexion, Renard, prenant sa trousse et un rouleau de linge, me dit :

« Allons voir. »

Et nous sortons ensemble d'un bon pas, gagnant la porte d'Allemagne, puis la petite allée qui longe le cimetière, sans échanger une parole.

Vingt minutes après, nous arrivons aux Baraques du Bois de chênes, et la foule qui se presse à la porte de la vieille Hulot nous indique l'endroit où vient de s'accomplir le crime.

C'était une antique masure toute décrépie, couverte de chaume, où s'épanouissaient la mousse et la joubarbe à foison, des lucarnes à ras du sol, enfin une véritable tanière.

On nous fait place, et nous entrons dans le réduit sombre, aux dalles concassées, et prenant jour au fond par une sorte d'œil-de-bœuf, sur le potager.

La mère Hulot, en jupons crasseux, déjà pâle comme une morte, était accroupie sur la pierre de l'âtre, toute échevelée, la gorge et la poitrine percées de cinq coups de couteau, d'où le sang ruisselait jusque dans ses sabots.

On ne pouvait rien voir de plus sinistre que cette vieille, la face hagarde sous les poutres vermoulues de la cahute. Plusieurs lapins trottinaient comme des rats au fond de ce bouge.

A notre apparition, la vieille, d'une voix sifflante, se mit à crier : « Ce n'est pas vous que je demande, c'est le curé ou son vicaire ; je veux me confesser ; je veux dire que j'avais mis les souliers de Steinkerque et que j'avais pris son fusil dans le bûcher derrière pour tuer le garde Freslin. Je vais mourir, je veux recevoir l'absolution.... C'est ma faute! c'est ma faute!... c'est ma très grande faute!... Je ne veux pas être damnée... je ne veux pas brûler éternellement. M. le curé sait tout... il m'a refusé l'absolution; mais je donnerai tous mes biens à l'église. »

Le sang lui sortait par la bouche, et Renard me dit brusquement :

« Elle est perdue!... Chaque coup est mortel.... Les poumons sont atteints!

— Allons, ma bonne femme, reprenait-il, vous n'êtes pas encore morte. Laissez-nous voir cela. M. le curé est en route avec le viatique.... Seulement, ne criez pas si fort, pour qu'il ait le temps d'arriver; vous pourriez passer tout de suite. »

Mais elle ne voulait rien entendre et répétait en râlant :

« M. le curé! M. le curé! *Ora pro nobis!* O sainte Vierge des Sept-Douleurs, intercédez pour moi.... Je ne veux pas être damnée! Je veux aller au Purgatoire! Il est revenu, le brigand! Il m'a dit : « Ah! je te tiens : depuis trente ans je pense à toi! » Mon Dieu! mon Dieu! je suis bien coupable.... C'est le diable qui l'a lâché des îles. Il aurait fallu le guillotiner, il ne serait pas revenu.... Ah! gueux de Louis-Philippe, je disais bien qu'il pourrait revenir.... Depuis cinq mois je le sentais s'approcher. »

Sa voix s'affaiblissait de seconde en seconde.

Les gens autour de nous écoutaient et regardaient, le cou tendu, la bouche béante. C'était la confession publique des anciens, terrible et solennelle.

« Elle s'en va, dit Renard, nous n'avons plus rien à faire ici. Partons! »

Nous sortîmes, bien contents de respirer l'air du dehors et de revoir la verdure des grands noyers moutonnant par-dessus les chaumières.

« Ah! la vieille scélérate! murmurait mon camarade en remontant le village. Elle n'en a pas pour vingt minutes; et penser que l'autre en a eu pour trente ans à pousser la brouette! Figure-toi l'indignation qui doit s'accumuler dans le cœur d'un homme qui se dit : « Je suis ici sous la trique d'un garde-chiourme pour un crime que je n'ai pas commis, et l'autre, là-bas, vit tranquillement au milieu de ses poules et de ses lapins! »

Moi, consterné de ce drame, la tête penchée, je ne lui répondais pas : un froid me courait le long du dos.

A la fin, pourtant, je m'écriai :

« Tu vois, Renard, que la vieille scélérate n'était pas folle; elle savait parfaitement ce qu'elle faisait, elle avait combiné son coup avec une ruse infernale. Rien ne pouvait sauver sa victime. Toutes les preuves s'accumulaient contre Steinkerque, il devait succomber nécessairement. Diras-tu encore que cette coquine était folle?

— Non, fit-il gravement, ce n'est pas un cas pathologique. Le cerveau de cette vieille n'est pas malade, il est organisé pour le crime. Je suis forcé de le reconnaître, on abuse beaucoup trop de la folie pour excuser les scélérats. Il existe des loups, des tigres, des panthères, des serpents à face humaine, et des êtres pareils ne peuvent être dominés que par la peur. Tous les sentiments moraux leur sont étrangers. L'idée de l'enfer a seule pu mettre un frein à la férocité des barbares. »

Nous arrivions alors à la porte d'Allemagne, et nous vîmes filer ventre à terre notre brigade de gendarmerie sur la grande route de Saverne, pour couper à Steinkerque la retraite sous bois dans cette direction.

Arrivés à l'auberge du Mouton-d'Or, Renard me conduisit dans son cabinet de travail, me montra dans une de ses vitrines tous les crânes qu'il avait reçus quelques semaines avant, rangés avec ordre et faisant suite à d'autres crânes de singes, dont les plus grands ressemblaient à des noix de coco et les plus petits à des œufs.

« Tiens, fit-il, voilà toute la série des bimanes et des quadrumanes. Voici Frédégonde et la mère Hulot, de la race des Triboques et des Francs mérovingiens ; ce sont des femelles, et ceux-ci sont des mâles : Alaric, Genséric, Attila, Clovis, Gengis-Kan, Tamerlan, venus de l'Asie, des fauves qui forçaient leurs femmes à boire dans le crâne de leur père et qui, sans l'idée de l'enfer, auraient détruit toute la civilisation antique, incendié toutes les bibliothèques de fond en comble. On ne peut pas dire que ces êtres aient été des fous ; non, c'étaient des barbares, et malheureusement il en existe encore parmi nous. La société doit y prendre garde, et maintenant que l'idée des peines éternelles décline et n'a plus aucune prise sur les masses, c'est le cas de répéter la formule du sénat romain quand la république était en danger : *Caveant consules!* »

Ainsi parla mon ami Renard.

J'étais de son avis.

Quant à Steinkerque, il avait gagné la frontière, et l'on n'a plus entendu parler de lui depuis ce temps-là.

TABLE DES MATIÈRES

	Pages.
La première campagne du grand père Jacques.	1
L'oncle Jean.	97
Kaleb et Khora.	191
La mère Hulot.	295

2 octobre 27

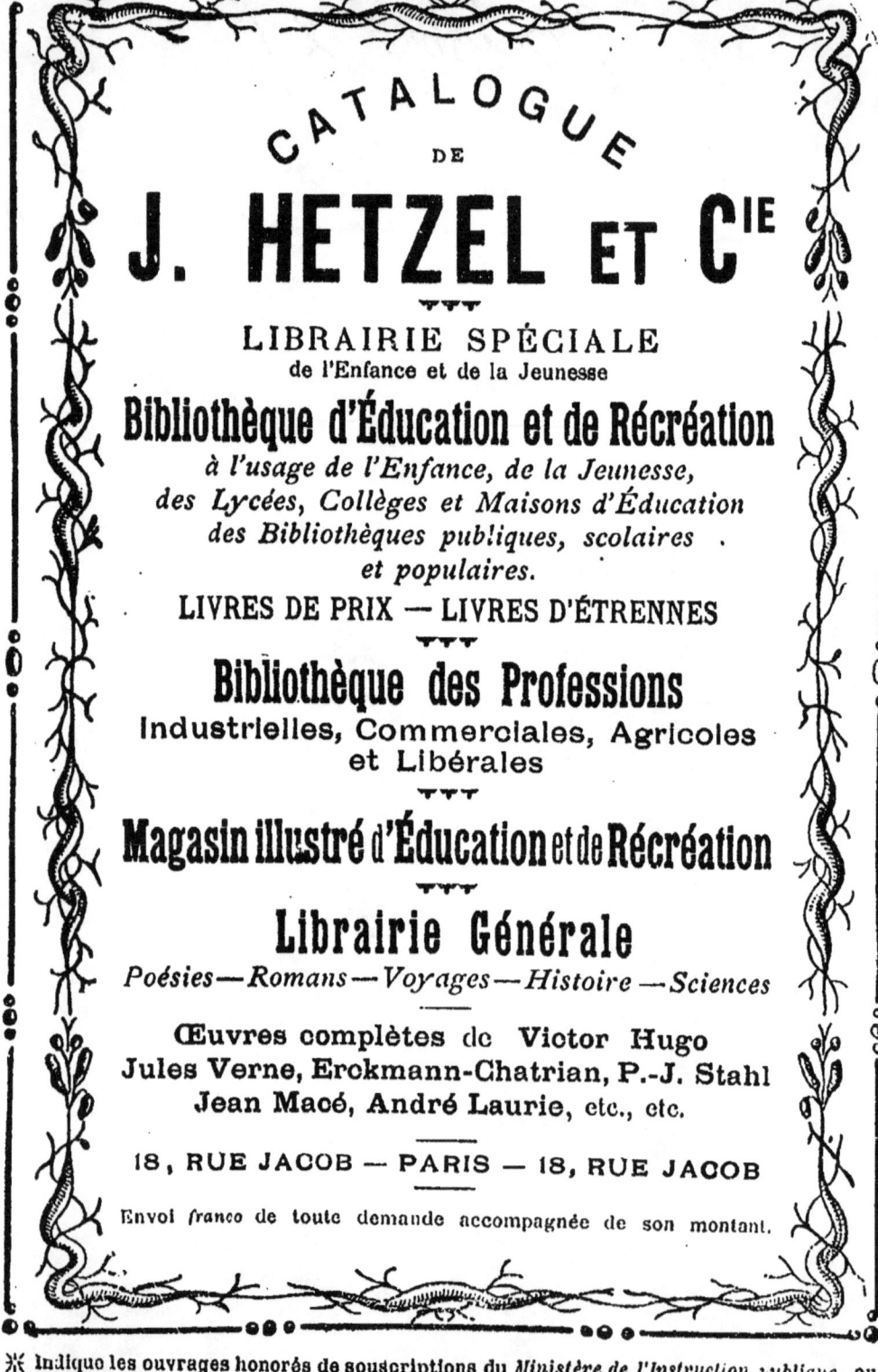

CATALOGUE DE J. HETZEL ET Cⁱᵉ

LIBRAIRIE SPÉCIALE
de l'Enfance et de la Jeunesse

Bibliothèque d'Éducation et de Récréation
à l'usage de l'Enfance, de la Jeunesse,
des Lycées, Collèges et Maisons d'Éducation
des Bibliothèques publiques, scolaires
et populaires.

LIVRES DE PRIX — LIVRES D'ÉTRENNES

Bibliothèque des Professions
Industrielles, Commerciales, Agricoles
et Libérales

Magasin illustré d'Éducation et de Récréation

Librairie Générale
Poésies — Romans — Voyages — Histoire — Sciences

Œuvres complètes de Victor Hugo
Jules Verne, Erckmann-Chatrian, P.-J. Stahl
Jean Macé, André Laurie, etc., etc.

18, RUE JACOB — PARIS — 18, RUE JACOB

Envoi franco de toute demande accompagnée de son montant.

※ Indique les ouvrages honorés de souscriptions du *Ministère de l'Instruction publique*, ou choisis pour faire partie des catalogues des bibliothèques scolaires ou popu'a'reg.
* Indique les ouvrages honorés de souscriptions ou choisis par la *Ville de Paris* pour ses distributions de prix ou ses bibliothèques municipales.
◎ Désigne les ouvrages couronnés par l'*Académie française*.
† Désigne les nouveautés de l'année.

Seul Recueil collectif à l'usage de la Jeunesse

Couronné par
L'ACADÉMIE FRANÇAISE
60 Volumes   60 Volumes

*✹ MAGASIN ILLUSTRÉ
d'Éducation et de Récréation

Fondé par **P.-J. STAHL**

et SEMAINE DES ENFANTS réunis
Journal de toute la Famille
Encyclopédie morale de l'Enfance et de la Jeunesse

DIRIGÉ PAR

Jules VERNE ◆ J. HETZEL ◆ Jean MACÉ

Avec le concours des
ÉCRIVAINS, SAVANTS ET ARTISTES LES PLUS RÉPUTÉS

Les soixante volumes parus du *Magasin d'Éducation et de Récréation* constituent à eux seuls toute une bibliothèque de l'enfance et de la jeunesse. L'examen de la table générale montrera que les œuvres principales, et pour ainsi dire complètes, de Jules Verne, de P.-J. Stahl, de Jules Sandeau, de E. Legouvé, de J. Macé, de L. Biart, d'André Laurie et de bien d'autres; que les plus heureuses séries de dessins de Frœlich, Froment, Geoffroy, et d'un grand nombre d'artistes éminents, écrites ou dessinées avec un soin scrupuleux, à l'usage spécial de la jeunesse et de la famille, sont contenues dans ces volumes.

Cette collection grand in-8º représente par le fait la matière de plus de deux cents volumes in-18 ordinaires. Elle est en outre illustrée de plus de sept mille dessins, créés expressément pour le *Magasin d'Éducation*.

ABONNEMENT ANNUEL
Paris : **14 fr.**; Départements : **16 fr.**; Union postale : **17 fr.**
Les abonnements partent du 1ᵉʳ Janvier ou du 1ᵉʳ Juillet
Il paraît une livraison de 32 pages le 1ᵉʳ et le 15 de chaque mois et 2 volumes par an

Chaque volume br., **7 fr.**; cart. toile. tr. dor., **10 fr.**; relié, tr. dor., **12 fr.**
COLLECTION COMPLÈTE : 60 VOLUMES
Brochés : **420 francs**; cart. toile, tr. dor. : **600 fr.**; reliés, tr. dor. : **720 fr.**

ENFANCE, JEUNESSE. — LIBRAIRIE SPÉCIALE 3

PRINCIPALES ŒUVRES
contenues dans le
Magasin illustré d'Éducation et de Récréation

Les tomes I à XXX renferment :

Les Aventures du Capitaine Hatteras, Les Enfants du Capitaine Grant, Vingt mille lieues sous les mers, Aventures de 3 Russes et de 3 Anglais, Le Pays des Fourrures, L'Ile mystérieuse, Michel Strogoff, Hector Servadac, Les 500 millions de la Bégum, de Jules VERNE. — La Morale familière, Les Contes anglais, La Famille Chester, L'Histoire d'un Ane et de deux jeunes Filles, Une Affaire difficile à arranger, Maroussia, de P.-J. STAHL. — La Roche aux Mouettes, de Jules SANDEAU. — Le Nouveau Robinson Suisse, de STAHL et MULLER. — Romain Kalbris, d'Hector MALOT. — Histoire d'une Maison, de VIOLLET-LE-DUC. — Les Serviteurs de l'Estomac, Le Géant d'Alsace, Le Gulf-Stream, La Grammaire de Mlle Lili, etc., de Jean MACÉ. — Le Denier de la France, La Chasse, Le Travail et la Douleur, La Fée Béquillette, Un premier Symptôme, Sur la Politesse, Lettre à Mlle Lili, etc., de E. LEGOUVÉ. — Le Livre d'un Père, de Victor DE LAPRADE. — La Jeunesse des Hommes célèbres, de MULLER. — Aventures d'un jeune Naturaliste, Entre Frères et Sœurs, Voyages de deux enfants dans un parc, Les Voyages involontaires, de Lucien BIART, — Causeries d'Economie pratique, de Maurice BLOCK. — La Justice des choses, de Lucie B***. — Les Aventures d'un Grillon, La Gileppe, par le Dr CANDÈZE. — Vieux Souvenirs, Bébé aime le rouge, etc., de Gustave DROZ. — Le Pachaberger, par E. LABOULAYE. — La Musique au foyer, par LACOME. — Histoire d'un Aquarium, Les Clients d'un vieux Poirier, de E. VAN BRUYSSEL. — Le Chalet des Sapins, de Prosper CHAZEL. — Le petit Roi, de S. BLANDY. — L'Ami Kips, de G. ASTON. — Hist^{re} de mon Oncle et de ma Tante, par A. DEQUET. — L'Embranchement de Mugby, Hist^{re} de Bebelle, Septante fois sept, de Ch. DICKENS, etc., etc. — Les petites Sœurs et petites Mamans, Les tragédies enfantines et autres séries de dessins, par FRŒLICH, FROMENT, DETAILLE, CHAM ; texte de STAHL, etc., etc.

Les tomes XXXI à LX renferment :

La Maison à vapeur, La Jangada, L'École des Robinsons, Kéraban-le-Têtu, L'Étoile du Sud, Un Billet de Loterie, Nord contre Sud, Deux ans de vacances, Famille sans nom, César Cascabel, Mistress Branican, Le Château des Carpathes, P'tit Bonhomme, les Aventures du Maître Antifer, par Jules VERNE. — L'Épave du Cynthia, par Jules VERNE et ANDRÉ LAURIE. — Leçons de Lecture, Une Élève de seize ans, Ce que La Fontaine doit aux autres, par E. LEGOUVÉ. — Les Quatre filles du docteur Marsch, La Première Cause de l'avocat Juliette, Jack et Jane, La Petite Rose, par P.-J. STAHL. — La Vie de collège en Angleterre, Mémoires d'un Collégien, Une année de collège à Paris, L'Héritier de Robinson, Le Bachelier de Séville, De New-York à Brest, Mémoires d'un Collégien russe, Le Secret du Mage, Axel Ebersen, Le Rubis du grand Lama, par André LAURIE. — Jean Castéyras, par BADIN. — Pérrinette, par le Dr CANDÈZE. — Les Pupilles de l'Oncle Philibert, par BLANDY. — Geneviève Dolmas, par BENTZON. — Le Théâtre de famille, La petite Louisette, Marchand d'Allumettes, Un Château où l'on s'amuse, par GENNEVRAYE. — Les jeunes Filles de Quinnebasset, L'Aînée, Kitty et Bo, par J. LERMONT. — Blanchette, Histoire d'une Poupée, par B. VADIER. — Les Mines de Salomon, par RIDER-HAGGARD. — Marco et Tonino, Les Pigeons de St-Marc, Un Petit Héros, Les Grottes de Plémont, par M. GENIN. — Boulotto, par S. AUSTIN. — Le livre de Trotty, par CRÉTIN-LEMAIRE. — Les Lunettes de grand'maman, Pas pressé, Les Exploits de Mario, par PERRAULT. — Les Jeunes aventuriers de la Floride, par BRUNET. — La Patrie avant tout, par F. DIENY. — Les deux côtés du mur, Les Douze, Voyage au pays des défauts, par M. BERTIN. — Travailleurs et Malfaiteurs microscopiques, par I.-A. REY. — Voyage d'une fillette au pays des étoiles, par GOUZY. — Blanchette et Capitaine, par ANCEAUX. — Les Soirées de Tante Rosy, par Jean MACÉ. — Jasmin Robba, par H. DE NOUSSANNE. — Monsieur Roro, par DE CHATEAU-VERDUN. — La Poupée de Mlle Lili, Pierre et Paul, Les petits Bergers, Une grande journée, Plaisirs d'hiver, Mlle Lili à Paris, Papa en voyage, La mère Bontemps, Albums, texte par STAHL, UN PAPA, etc.

JULES VERNE

Œuvres complètes parues, 34 volumes :

Brochés... **304 fr.** — Toile.... **406 fr.** — Reliés.... **474 fr.**

Voyages Extraordinaires

Couronnés par l'Académie française

TRÈS BELLE ÉDITION GRAND IN-8 ILLUSTRÉE

	Broché	Cartonné toile	Relié
✳❋Cinq Semaines en Ballon, 80 dessins, dont 4 planches en chromotypographie, par RIOU. 1 volume............	4 50	6 »	» »
✳❋Voyage au Centre de la Terre, 56 dessins, dont 4 planches en chromotypographie, par RIOU. 1 volume......	4 50	6 »	» »
Ces deux ouvrages réunis en un seul volume.......	9 »	12 »	14 »
✳❋Les Aventures du capitaine Hatteras, 261 dessins par RIOU. 1 volume...	9 »	12 »	14 »
✳❋Vingt mille lieues sous les Mers, 111 dessins, dont 6 planches en chromotypographie, par DE NEUVILLE. 1 volume	9 »	12 »	14 »
✳❋Les Enfants du capitaine Grant (VOYAGE AUTOUR DU MONDE), 177 dessins par RIOU. 1 volume.........	10 »	13 »	15 »
✳❋L'Ile mystérieuse, 154 dessins par FÉRAT. 1 volume.............	10 »	13 »	15 »
✳❋De la Terre à la Lune, 43 dessins par DE MONTAUT. 1 volume...........	4 50	6 »	» »
✱ **Autour de la Lune** (suite de DE LA TERRE A LA LUNE), 45 dessins, dont 4 planches en chromotypographie, par Émile BAYARD et DE NEUVILLE. 1 volume.	4 50	6 »	» »
Ces deux ouvrages réunis en un seul volume......	9 »	12 »	14 »
✳❋Aventures de 3 Russes et de 3 Anglais, 52 dessins par FÉRAT. 1 volume.	4 50	6 »	» »
✳❋Une Ville flottante, suivie des FORCEURS DE BLOCUS. 44 dessins, dont 3 pl. en chromotypographie, par FÉRAT. 1 vol.	4 50	6 »	» »
Ces deux ouvrages réunis en un seul volume......	9 »	12 »	14 »
✳❋Le Pays des Fourrures, 105 dessins par FÉRAT et DE BEAUREPAIRE. 1 vol.	9 »	12 »	14 »

JULES VERNE (suite)

	Broché	Cartonné toile	Relié
*✻Les Indes-Noires, 45 dessins par Férat. 1 volume............	4 50	6 »	» »
*✻Le Chancellor, 58 dessins par Riou et Férat. 1 volume............	4 50	6 »	» »
Ces deux ouvrages réunis en un seul volume.....	9 »	12 »	14 »
*✻Le Tour du Monde en 80 jours, 80 dessins, dont 3 planches en chromotypographie, par de Neuville et L. Benett. 1 volume............	4 50	6 »	» »
✻Le Docteur Ox, 58 dessins, dont 4 planches en chromotypographie, par Schuler, Bayard, Frœlich, Marie. 1 vol.	4 50	6 »	» »
Ces deux ouvrages réunis en un seul volume....	9 »	12 »	14 »
*✻Michel Strogoff, 95 dessins, dont 8 planches en chromotypographie par Férat. 1 volume............	9 »	12 »	14 »
* Hector Servadac (voyages et aventures à travers le monde solaire). 100 dessins par Philippoteaux. 1 volume.	9 »	12 »	14 »
*✻Un Capitaine de 15 ans, 93 dessins par Meyer. 1 volume............	9 »	12 »	14 »
* Les Cinq cents millions de la Bégum, 48 dessins par Benett. 1 volume.	4 50	6 »	» »
*✻Les Tribulations d'un Chinois en Chine, 52 dessins par Benett. 1 vol.	4 50	6 »	» »
Ces deux ouvrages réunis en un seul volume.....	9 »	12 »	14 »
*✻La Maison à vapeur, 101 dessins par Benett. 1 volume............	9 »	12 »	14 »
* La Jangada (800 lieues sur l'Amazone), 95 dessins par Benett. 1 volume....	9 »	12 »	14 »
L'École des Robinsons, 51 dessins par Benett. 1 volume............	4 50	6 »	» »
* Le Rayon vert, 44 dessins par Benett. 1 volume............	4 50	6 »	» »
Ces deux ouvrages réunis en un seul volume.....	9 »	12 »	14 »
* Kéraban-le-Têtu, 101 dessins par Benett. 1 volume............	9 »	12 »	14 »
* L'Étoile du Sud (Voyage au pays des Diamants), 63 dessins par Benett. 1 volume............	4 50	6 »	» »
* L'Archipel en feu, 51 dessins par Benett. 1 volume............	4 50	6 »	» »
Ces deux ouvrages réunis en un seul volume....	9 »	12 »	14 »
* Mathias Sandorf, 113 dessins par Benett. 1 volume............	10 »	13 »	15 »
* Le Billet de Loterie, 42 dessins par Roux. 1 volume............	4 50	6 »	» »
Robur-le-Conquérant, 45 dessins par Benett. 1 volume............	4 50	6 »	» »
Ces deux ouvrages réunis en un seul volume.....	9 »	12 »	14 »

JULES VERNE (suite)

	Broché	Cartonné toile	Relié
*※Nord contre Sud, 86 dessins, dont 6 planches en couleurs, par BENETT. 1 volume	9 »	12 »	14 »
* Deux ans de Vacances, 90 dessins dont 8 planches en chromotypographie, de BENETT. 1 volume	9 »	12 »	14 »
* Le Chemin de France, 42 dessins, dont 6 planches en couleurs, par ROUX. 1 vol.	4 50	6 »	» »
* Sans dessus dessous, 36 dessins, dont 6 planches en couleurs, par ROUX, 1 vol.	4 50	6 »	» »
Ces deux ouvrages réunis en un seul volume	9 »	12 »	14 »
* Famille sans Nom, 82 dessins, dont 12 planches en couleurs, par TIRET-BOGNET. 1 volume	9 »	12 »	14 »
※César Cascabel, 85 dessins, dont 12 planches en chromotypographie, par G. ROUX. 1 volume	9 »	12 »	14 »
※Mistress Branican, 83 dessins, dont 12 planches en chromotypographie, par BENETT. 1 volume	9 »	12 »	14 »
Le Château des Carpathes, 40 dessins, dont 6 planches en chromotypographie, par L. BENETT. 1 volume	4 50	6 »	» »
* Claudius Bombarnac (CARNET D'UN REPORTER), 55 dessins, dont 6 planches en chromotypographie, par L. BENETT. 1 volume	4 50	6 »	» »
Ces deux ouvrages réunis en un seul volume	9 »	12 »	14 »
※P'tit Bonhomme, 85 dessins, dont 12 planches en chromotypographie, par L. BENETT. 1 volume	9 »	12 »	14 »
†Mirifiques Aventures de Maître Antifer. 77 dessins, dont 12 planches en chromotypographie, par G. ROUX	9 »	12 »	14 »

LA DÉCOUVERTE DE LA TERRE :

	Broché	Cartonné toile	Relié
*※Les premiers Explorateurs, 117 dessins et cartes par PHILIPPOTEAUX, BENETT. 1 volume	7 »	10 »	12 »
*※Les grands Navigateurs du XVIIIᵉ siècle, 116 dessins et cartes par P. PHILIPPOTEAUX et MATTHIS. 1 volume	7 »	10 »	12 »
*※Les Voyageurs du XIXᵉ siècle, 108 dessins et cartes par BENETT. 1 vol.	7 »	10 »	12 »
Ces trois ouvrages réunis en un seul volume		25 »	30 »

	Broché	Cartonné toile	Relié
J. VERNE ET TH. LAVALLÉE. *※Géographie illustrée de la France et de ses Colonies. Édition revue par DUBAIL. 108 gravures par CLERGET et RIOU, et 100 cartes. 1 vol. grand in-8	10 »	13 »	15 »

BIBLIOTHÈQUE d'ÉDUCATION et de RÉCRÉATION

VOLUMES ILLUSTRÉS IN-8° CAVALIER

Chaque volume cartonné toile, tranches dorées, 6 fr.
Broché, 4 fr. 50

ANCEAU.........	Blanchette et Capitaine.......	1 vol.
BENTZON.........	✳Pierre Casse-Cou.........	1 »
BERR DE TURIQUE.	La petite Chanteuse........	1 »
BIART (LUCIEN)....	*✳Voyages et Aventures de deux enfants dans un parc......	1 »
—	Deux Amis............	1 »
— ....*✳	Monsieur Pinson.........	1 »
BRUNET.........	Les jeunes Aventuriers de la Floride...........	1 »
BUSNACH (W.).....	⊕Le Petit Gosse.........	1 »
CAUVAIN (HENRI)...	Le Grand Vainou.........	1 »
CHAZEL (PROSPER)..*	Le Chalet des Sapins.......	1 »
CRETIN-LEMAIRE ...	Les Expériences de la petite Madeleine...........	1 »
DEQUET (A.).......*	Hre de mon Oncle et de ma Tante	1 »
DUMAS (ALEXANDRE)	Histoire d'un Casse-noisette..	1 »
ERCKMANN-CHATRIAN*	Les Vieux de la Vieille.....	1 »
—	Pour les Enfants........	1 »
FATH..........	Un drôle de Voyage......	1 »
GENNEVRAYE......	Un château où l'on s'amuse...	1 »
—	Théâtre de famille........	1 »
— ......*✳	La petite Louisette........	1 »
GOUZY..........*✳	Promenades d'une Fillette autour d'un Laboratoire.....	1 »
LERMONT (J.).....	L'Aînée (d'après S. Coolidge)...	1 »
—	Histoire de deux bébés (Kitty et Bo)	1 »
—	Un Heureux Malheur.......	1 »
— ....*✳	Les Jeunes filles de Quinnebasset	1 »
MACÉ (JEAN)......*✳	Les Contes du Petit Château.	1 »
—	✳Le Théâtre du Petit Château.	1 »
	*✳William le Mousse........	1 »
MAYNE-REID.....	*✳La Sœur perdue.........	1 »
Aventures de	*✳Les Robinsons de terre ferme.	1 »
Terre et de Mer.	*✳Le Désert d'eau..........	1 »
Éditions	*✳Les deux Filles du Squatter.	1 »
adaptées	✳Le petit Loup de Mer......	1 »
pour la jeunesse.	Le Chef au bracelet d'or....	1 »
	* Les Exploits des jeunes Boërs.	1 »
MULLER.........*✳	La Jeunesse des Hommes célèbres	1 »
NERAUD.........	La Botanique de ma fille....	1 »
PERRAULT (P.)....	Pas-Pressé...........	1 »

RECLUS (ELISÉE)...*※	Histoire d'une Montagne	1 vol.
— ....*※	Histoire d'un Ruisseau.....	1 »
SAINTINE......... ※	Picciola.............	1 »
SILVA (DE)........ †	Le Livre de Maurice........	1 »
STAHL ET LERMONT.*	La Petite Rose, ses six tantes et ses sept cousins........	1 »
STAHL ET DE WAILLY.	†Les Vacances de Riquet et Madeleine..............	1 »
VADIER (B.).......	Blanchette............	1 »
—	Rose et Rosette.........	1 »
VALLERY-RADOT...۞*※	Journal d'un Volontaire d'un an.	1 »
VAN BRUYSSEL......*※	Scènes de la Vie des Champs et des Forêts aux États-Unis...	1 »
VIOLLET-LE-DUC....*※	Histoire d'une maison......	1 »
— ....*※	Histoire d'un Dessinateur....	1 »

VOLUMES ILLUSTRÉS, GRAND IN-8° RAISIN

Chaque volume relié, tranches dorées, 11 fr. Toile, tranches dorées, 10 fr. Broché, 7 fr.

BADIN (AD.).......*	Jean Casteyras, ill. par BENETT.	1 vol.
BARBIER (Mme M.).	Les Contes blancs, illustrés par GEOFFROY, ROUX, et accompagnés de 10 mélodies inédites par C. GOUNOD, E. GUIRAUD, H. MARÉCHAL, J. MASSENET, G. NADAUD, E. REYER, RUBINSTEIN, SAINT-SAËNS, H. SALOMON, A. THOMAS..............	1 »
—	†Bempt (Nouveaux Contes Blancs), illustré par DESTEZ et TIRET-BOGNET et accompagné de 3 mélodies inédites par E. BOULANGER, TH. DUBOIS, V. JONCIÈRES.	1 »
BÉNÉDICT.........*※	La Madone de Guido Reni, illustré par ADRIEN MARIE.......	1 »
BENTZON (TH.).....*※	Contes de tous les Pays, illustré par GEOFFROY, DELORT, etc. ...	1 »
—	Geneviève Delmas, illustré par G. ROUX................	1 »
BLANDY (S.)....... ※	L'Oncle Philibert, illustré par ADRIEN MARIE...........	1 »
— ....*	Fils de Veuve, ill. par GEOFFROY.	1 »
BOISSONNAS(MmeB.)۞*※	Une Famille pendant la guerre 1870-71, ill. par P. PHILIPPOTEAUX	1 »
BRÉHAT (A. DE)....*※	Les Aventures d'un petit Parisien, illustré par MORIN	1 »

BRUNETIÈRE........† (ÉDITION)	**Chefs-d'œuvre de Corneille** (Le Cid, Horace, Cinna, Polyeucte) avec préface et notes de F. BRUNETIÈRE *de l'Académie française*, illustré par J. DUBOUCHET.... 1 vol.
CANDÈZE (Dr)......*	**Périnette.** *Aventures surprenantes de cinq moineaux*, illustré par L. BECKER.......... 1 »
DAUDET (ALPHONSE).	✻**Histoire d'un Enfant**, *le Petit Chose* (*édition spéciale à l'usage de la jeunesse*), illustré par P. PHILIPPOTEAUX............ 1 »
—	**Contes choisis** (*Édition spéciale à l'usage de la jeunesse*), illustré par BAYARD et A. MARIE.... 1 »
DESNOYERS (LOUIS).*	**Aventures de Jean-Paul Choppart**, ill. par GIACOMELLI et CHAM. 1 »
DUBOIS (FÉLIX)....*	**La Vie au Continent noir**, illustré par RIOU.............. 1 »
DUPIN DE ST-ANDRÉ.*	**Ce qu'on dit à la Maison**, illustré par GEOFFROY.......... 1 »
FAUQUEZ.........	**Les Adoptés du Boisvallon**, illustré par PHILIPPOTEAUX.... 1 »
GENNEVRAYE.....✦	✻**Marchand d'Allumettes**, illustré par GEOFFROY............ 1 »
HUGO (VICTOR)....*	✻**Le Livre des Mères** (*les Enfants*), poésies de Victor Hugo ayant trait à l'enfance, illustré par FROMENT. 1 »
LAPRADE (V. DE)... de l'Académie française	✻**Le Livre d'un Père**, illustré par FROMENT................ 1 »
LAURIE (ANDRÉ)...	*✻**Mémoires d'un Collégien**, illustré par GEOFFROY.......... 1 »
La Vie de Collège dans tous les Pays.	*✻**La Vie de collège en Angleterre**, illustré pr PHILIPPOTEAUX. 1 » *✻**Une Année de collège à Paris**, illustré par GEOFFROY........ 1 » *✻**Histoire d'un Écolier hanovrien**, illustré par MAILLARD....... 1 » * **Tito le Florentin**, ill. par ROUX. 1 » *✻**Autour d'un Lycée japonais**, illustré par FÉLIX REGAMEY... 1 » *✻**Le Bachelier de Séville**, illustré par ATALAYA............. 1 » ✻**Mémoires d'un Collégien russe**, illustré par ROUX.......... 1 » * **Axel Ebersen** (*Le Gradué d'Upsala*), illustré par ROUX....... 1 »

LAURIE (ANDRÉ)..	*✳ **Le Capitaine Trafalgar**, illustré par Roux . . . . 1 vol.
Les Romans d'Aventures :	* **De New-York à Brest en 7 heures**, illustré par Riou. . . . 1 »
	Le Secret du Mage, ill. par Benett. 1 »
	* **Le Rubis du Grand Lama**, illustré par Riou. . . . . 1 »
LEGOUVÉ (ERNEST).. de l'Académie française.	**La Lecture en famille**, illustré par Benett, Geoffroy . . . . . . 1 »
—	. . . . . .*✳**Nos Filles et nos Fils**, illustré par Philippoteaux. . . . . . 1 »
—	. . . . . . ✳**Une Élève de seize ans**, ill. par A. Marie, Roux, Jankowski, etc. 1 »
—	. . . . . .* **Épis et Bleuets**, illustré par P. Destez, Geoffroy, Montégut, etc. 1 »
MACÉ (JEAN).	*✳**Histoire d'une Bouchée de pain**, illustrée par Frœlich. . . 1 »
—	. . . . . .*✳**Les Serviteurs de l'Estomac**, illustré par Frœlich. . . . . . . 1 »
—	. . . . . .*✳**Histoire de deux petits Marchands de pommes** (*Arithmétique du Grand-Papa*), illustré par Yan'Dargent. . . . . 1 »
MALOT (HECTOR). . . *	**Romain Kalbris**, dessins de E. Bayard. . . . . 1 »
NOUSSANNE (H. DE).†	**Jasmin Robba**, suivi de *Pierrefond dans l'histoire*, illustré par G. Roux. . . . . 1 »
RATISBONNE (L.).✿	✳**La Comédie enfantine**, illustré par Froment et de Gobert. . . . . 1 »
RIDER-HAGGARD. . . .*	✳**Découverte des Mines du Roi Salomon**, illustré par Riou . . . 1 »
SANDEAU (JULES). .*	✳**La Roche aux Mouettes**, illustré par Bayard et Férat. . . . . . . 1 »
de l'Académie française	
—	. . ✳**Madeleine**, illustré par Bayard. . 1 »
—	. . ✳**Mademoiselle de la Seiglière**, illustré par Bayard. . . . . 1 »
—	. . **La Petite Fée du Village**, illustré par Roux. . . . . 1 »
SAUVAGE (ÉLIE). . . .	**La petite Bohémienne**, illustré par Frœlich . . . . 1 »
SÉGUR (DE).	**Fables**, illustré par Frœlich . . . 1 »

ENFANCE, JEUNESSE. — LIBRAIRIE SPÉCIALE

STAHL (P.-J.)...	❀*✴Contes et Récits de Morale familière, illustré par divers..	1 vol.
—	....❀ ✴Histoire d'un Ane et de deux jeunes Filles, illustré par Th. Schuler................	1 »
—	....(✴Les Patins d'argent (Histoire d'une famille hollandaise), d'après Mapes. Dodge, illustré par Th. Schuler................	1 »
—	....❀*✴Maroussia, d'après Markovouzog, illustré par Th. Schuler.....	1 »
—	.....*✴Les Histoires de mon Parrain, illustré par Frœlich........	1 »
—	.....*✴Les quatre Filles du docteur Marsch, d'après Alcott, illustré par A. Marie.........	1 »
—	....❀* Les quatre Peurs de notre général, illustré par Bayard et A. Marie..............	1 »
—	...... Les Contes de l'Oncle Jacques, 50 illustrations par divers....	1 »
STAHL (P.-J.) & J. LERMONT	*✴Jack et Jane, illustré par Geoffroy.	1 »
STEVENSON........	*✴L'Ile au Trésor, adaptation par A. Laurie, illustré par Roux...	1 »
TOLSTOI (COMTE L.)	*✴Enfance et Adolescence, adaptation par Michel Delines, illustré par Benett............	1 »
ULBACH (LOUIS)....	Le Parrain de Cendrillon, illustré par Émile Bayard........	1 »
VADIER (B.).......	Théâtre à la Maison et à la Pension, illustré par Geoffroy.	1 »
VALDÈS (ANDRÉ)...	Le Roi des Pampas, illustré par Achet et F. Régamey......	1 »
VERNE (J.) & A. LAURIE	*L'Épave du Cynthia, 26 dessins par Roux................	1 »
VERNE (J.) & D'ENNERY	Les Voyages au Théâtre, 65 dessins par Benett et Meyer....	1 »
VIOLLET-LE-DUC....	*✴Histoire d'une Forteresse, dessins par Viollet-le-Duc.....	1 »
—	....*✴Histoire de l'Habitation humaine. Texte et dessins par Viollet-le-Duc...........	1 »
—	....*✴Histoire d'un Hôtel de ville et d'une Cathédrale. Texte et dessins par Viollet-le-Duc....	1 »

VOLUMES ILLUSTRÉS GRAND IN-8° RAISIN et JÉSUS

Relié, tr. dorées, 14 fr. Toile, tr. dorées, 12 fr. Broché, 9 fr.

BIART (LUCIEN)....* **Les Voyages involontaires** (Mons'eur Pinson. — Le Secret de José. — La Frontière indienne. — Lucia), illustré par MEYER............ 1 vol.

— .... ✳**Aventures d'un jeune Naturaliste**. 156 dessins par BENETT.. 1 »

BLANDY (S.)....... **Les Épreuves de Norbert** (Voyage en Chine), illustré par A. BORGET et BENETT........ 1 »

FLAMMARION (C.)..*✳**Histoire du Ciel**............ 1 »

GRIMARD (ED.)....* **Le Jardin d'Acclimatation** (Le Tour du Monde d'un naturaliste), illustré par BENETT, LALLEMAND, etc............... 1 »

STAHL ET MULLER.*✳**Le nouveau Robinson Suisse**, revu par STAHL et MULLER, mis au courant de la science par J. MACÉ, 150 dessins de YAN'DARGENT ... 1 »

VOLUMES ILLUSTRÉS GRAND IN-8° JÉSUS

Relié, tr. dorées, 15 fr. Toile, tr. dorées, 13 fr. Broché, 10 fr.

BIART (LUCIEN).... **Don Quichotte**, édition spéciale à la jeunesse, illustré de 316 dessins par TONY JOHANNOT..... 1 vol.

CLÉMENT (CH.)....*✳**Michel-Ange, Raphaël, Léonard de Vinci**, illustré de 167 dessins d'après les grands maîtres..... 1 »

LA FONTAINE...... **Fables**, illustré de 115 grandes compositions d'EUG. LAMBERT..... 1 »

LAURIE (ANDRÉ)...* **Les Exilés de la Terre** (Selene Company L^d), illustré par ROUX. 1 »

MAYNE-REID......*✳**Aventures de Terre et de Mer**, 200 illustrations........... 1 »

— ......† **Aventures de Chasses et de Voyages**, 200 illustrations.... 1 »

MALOT (HECTOR). ※* **Sans Famille**, illustré de 109 dessins par E. BAYARD....... 1 »

MOLIÈRE..........* **Œuvres complètes**, préface de SAINTE-BEUVE, illustré de 630 dessins par TONY JOHANNOT.... 1 »

RAMBAUD (ALFRED).※***L'Anneau de César**, illustré par G. ROUX............ 1 »

Petite Bibliothèque Blanche

VOLUMES ILLUSTRÉS GRAND IN-16

1 FR. 50 BROCHÉS. — 2 FR. CARTONNÉS TOILE, TRANCHES DORÉES

ALDRICH (TH. B.)..	Un Écolier américain (traduit et adapté par Th. Bentzon).	1 vol.
AUSTIN (S.)........	Boulotte................	1 »
BEAULIEU (DE).....†	Les Mémoires d'un Passereau.	1 »
BENTZON (TH.)....*	Yette (Hist^{re} d'une jeune Créole).	1 »
BERTIN (M.)	Les deux côtés du mur......	1 »
— ......*	Voyage au pays des défauts...	1 »
—	Les Douze..............	1 »
BIGNON..........	Un singulier petit homme....	1 »
DE LA BÉDOLLIÈRE.*	Histoire de la Mère Michel et de son Chat..........	1 »
CHATEAU-VERDUN (DE)†	Monsieur Roro............	1 »
CHAZEL (PROSPER).	Riquette...............	1 »
CHERVILLE........	✳Histoire d'un trop bon Chien ..	1 »
CRETIN-LEMAIRE...	Le Livre de Trotty.........	1 »
DICKENS (CH.).....	L'Embranchement de Mugby.	1 »
DIENY............*	La Patrie avant tout.......	1 »
DUMAS (ALEX^{re})....	La Bouillie de la Ctesse Berthe	1 »
DURAND (H.)......	Histoire d'une bonne aiguille..	1 »
FEUILLET (OCTAVE).*	La Vie de Polichinelle.....	1 »
GÉNIN (M.).......*	Un petit Héros...........	1 »
—	Les Grottes de Plémont.....	1 »
GENNEVRAYE	Petit Théâtre de famille	1 »
LEMONNIER (C.)...	Bébés et Joujoux	1 »
— ......*	H^{re} de huit Bêtes et d'une Poupée	1 »
—	Les Joujoux parlants.......	1 »
LERMONT (J)......	Mes Frères et Moi.........	1 »
LOCKROY (S.)......	Les Fées de la Famille......	1 »
MAYNE-REID ......*	Les Exploits des Jeunes Boërs	1 »
MULLER..........	Récits enfantins	1 »
MUSSET (P. DE)...	M. le Vent et Mme la Pluie....	1 »
NODIER (CHARLES)..	Trésor des fèves et fleur des pois	1 »
OURLIAC (E.)......	Le Prince Coqueluche.......	1 »
PERRAULT........*	Les Lunettes de grand'maman.	1 »
—	Les Exploits de Mario......	1 »
SAND (GEORGE)....	Hist^{re} du véritable Gribouille.	1 »
SPARK............*	Fabliaux et Paraboles......	1 »
STAHL (P.-J.)......*	Les Aventures de Tom Pouce.	1 »
— ......*	Les Contes de Tante Judith, (d'après Mrs Gatty)........	1 »
— ......*	Le Sultan de Tanguik.......	1 »
VERNE (JULES)....*✳	Un Hivernage dans les glaces.	1 »

PRIX — ÉTRENNES — BIBLIOTHÈQUES

4 Fr. Cartonné

3 Fr. Broché

BIBLIOTHÈQUE d'ÉDUCATION et de RÉCRÉATION

VOLUMES IN-18 ILLUSTRÉS

Brochés, 3 fr. — Cartonnés toile, tranches dorées, 4 fr.

Aldrich.........	*※Un Écolier américain............	1 v.
Alone...........	Autour d'un Lapin blanc........	1 v.
Aston (G.)......	* L'Ami Kips................	1 v.
Audeval........	Michel Kagenet............	1 v.
Badin...........	* Jean Casteyras............	1 v.
Benedict.......	*※La Madone de Guido-Reni....	1 v.
Bentzon........	※Pierre Casse-Cou...........	1 v.
—	* Yette...................	1 v.
—	*※Contes de tous les Pays.......	1 v.
Bertrand (Alex.)...	*※Lettres sur les révolutions du globe.....	1 v.
—	*※Les Fondateurs de l'Astronomie......	1 v.
Biart (Lucien)....	※Aventures d'un jeune Naturaliste.....	1 v.
—	*※Entre Frères et Sœurs........	1 v.
	Les Voyages involontaires :	
—	*※Monsieur Pinson...........	1 v.
—	* La Frontière indienne........	1 v.
—	*※Le Secret de José...........	1 v.
—	* Lucia Avila..............	1 v.
—	*※Voyage et Aventures de deux enfants dans un parc.........	1 v.
Blandy (S.).....	※L'Oncle Philibert...........	1 v.
—	* Fils de Veuve............	1 v.
Boissonnas (Mme B.)..	*※Une Famille pendant la guerre 1870-71 (couronné par *l'Académie française*)......	1 v.
—	*※Un Vaincu..............	1 v.
Bréhat (de)......	*※Aventures d'un petit Parisien........	1 v.
—	※Aventures de Charlot........	1 v.
	Contes et Récits de l'Histoire naturelle :	
Candèze (Dr).....	* Aventures d'un Grillon........	1 v.
—	* La Gileppe..............	1 v.
—	* Perinette..............	1 v.
Cauvain........	Le grand Vaincu...........	1 v
Chazel (Prosper)...	* Le Chalet des Sapins........	1 v
Clément (Ch.).....	*※Michel-Ange, Raphaël, Léonard de Vinci..	1 v

※ Indique les ouvrages honorés de souscriptions du *Ministère de l'Instruction publique*, ou choisis pour faire partie des catalogues des bibliothèques scolaires ou populaires.
* Indique les ouvrages honorés de souscriptions ou choisis par la *Ville de Paris* pour ses distributions de prix ou ses bibliothèques municipales.
() Désigne les ouvrages couronnés par l'*Académie française*.
† Désigne les nouveautés de l'année.

BIBLIOTHÈQUE D'ÉDUCATION ET DE RÉCRÉATION IN-18

Desnoyers (Louis)..	* Mésaventures de Jean-Paul Choppart....	1 v.
Dupin de Saint-André.*	Ce qu'on dit à la maison.........	1 v.
Erckmann-Chatrian.	*※Le fou Yégof ou l'Invasion............	1 v.
—	*※Madame Thérèse................	1 v.
—	Histoire *※Les États généraux (1789).....	1 v.
—	d'un *※La Patrie en danger (1792).....	1 v.
—	Paysan : *※L'An I de la République (1793)..	1 v.
—	*※Le Citoyen Bonaparte (1794-1815).	1 v.
Faraday (M.)......	*※Histoire d'une Chandelle.........	1 v.
Font-Réaulx (de)....	※Les Canaux................	1 v.
Foucou..........	* Histoire du Travail..............	1 v.
Gennevraye.......	Théâtre de Famille..............	1 v.
—	*※La Petite Louisette.............	1 v.
—	※Marchand d'Allumettes (*couronné par l'Académie française*)............	1 v.
Gouzy...........	*※Voyage d'une Fillette au pays des Étoiles..	1 v.
—	*※Promenade d'une Fillette autour d'un Laboratoire....	1 v.
Gratiolet (P.).....	*※De la Physionomie.............	1 v.
Grimard.........	* Histoire d'une Goutte de sève......	1 v.
Hirtz (Mlle).......	*※Méthode de Coupe et de Confection, 154 gr.	1 v.
Hugo (Victor).....	*※Les Enfants (Le Livre des Mères).......	1 v.
Immermann.......	, La Blonde Lisbeth.............	1 v.
Laprade (V. de)....	※Le Livre d'un Père.............	1 v.
	La Vie de Collège dans tous les Pays :	
Laurie (André)....	*※La Vie de collège en Angleterre.......	1 v.
—	*※Mémoires d'un Collégien...........	1 v.
—	*※Une année de collège à Paris.........	1 v.
—	*※Un Écolier hanovrien............	1 v.
—	* Tito le Florentin...............	1 v.
—	*※Autour d'un Lycée japonais........	1 v.
—	*※Le Bachelier de Séville...........	1 v.
—	*※Mémoires d'un Collégien russe.......	1 v.
—	* Axel Ebersen (Le gradué d'Upsala)......	1 v.
	Les Romans d'Aventures :	
—	*※L'Héritier de Robinson............	1 v.
—	*※Le Capitaine Trafalgar............	1 v.
—	* De New-York à Brest en 7 heures......	1 v.
—	Le Secret du Mage............	1 v.
—	* Selene { Le Nain de Rhadamèh......	1 v.
—	* Company led. { Les Naufragés de l'espace.	1 v.
—	*+Le Rubis du Grand Lama..........	1 v.
Lavallée (Th.)..	.* Les Frontières de la France (*couronné par l'Académie française*)............	1 v.
Legouvé (Ernest)....	*※Les Pères et les Enfants au xixe siècle : Enfance et Adolescence..	1 v.
—	*La Jeunesse*.................	1 v.
—	*※Nos Filles et nos Fils............	1 v.
—	*※L'Art de la lecture.............	1 v.
—	*※La Lecture en action............	1 v.
—	※Une Élève de seize ans...........	1 v.
—	* Épis et Bleuets...............	1 v.
Lermont........	*※Les Jeunes Filles de Quinnebasset......	1 v.
—	Un Heureux Malheur...........	1 v.
Lockroy (Mme)....	Contes à mes nièces.............	1 v.
Macé (Jean).......	*※Arithmétique du Grand-Papa........	1 v.
—	*※Contes du Petit-Château..........	1 v.
—	*※Histoire d'une Bouchée de Pain.......	1 v.
—	*※Les Serviteurs de l'estomac........	1 v.
—	*※Le Théâtre du Petit Château........	1 v.

(2 fr. broché, 3 fr. cartonné)

Aventures de Terre et de Mer :

Mayne-Reid........	*※William le Mousse...............	1 v.
—	* Les jeunes Esclaves............	1 v.
—	*※Le Désert d'eau.............	1 v.
—	* Les Exploits des jeunes Boërs......	1 v.
—	*※Les Chasseurs de Girafes........	1 v.
—	* Les Naufragés de l'île de Bornéo.....	1 v.
—	*※La Sœur perdue...............	1 v.
—	* Les Planteurs de la Jamaïque........	1 v.
—	*※Les deux Filles du Squatter.......	1 v.
—	* Les jeunes Voyageurs............	1 v.
—	*※Les Robinsons de Terre ferme......	1 v.
—	* Les Chasseurs de Chevelures.......	1 v.
—	*※Le petit Loup de mer.............	1 v.
—	* La Montagne perdue............	1 v.
—	* La Terre de Feu...............	1 v.
—	Les Emigrants du Transwaal........	1 v.
Muller (Eugène)...	*※Jeunesse des Hommes célèbres.......	1 v.
—	*※Morale en action par l'histoire........	1 v.
—	*※Les Animaux célèbres...........	1 v.
Nodier (Ch.)......	Contes choisis..................	2 v.
Noël (Eugène).....	※La Vie des Fleurs.............	1 v.
Parville (de)......	Un Habitant de la planète Mars.......	1 v.
Ratisbonne (Louis)..	*※La Comédie enfantine (*ouvrage couronné par l'Académie française*).....	1 v.
Reclus (Élisée).....	*※Histoire d'un Ruisseau...........	1 v.
—	※Histoire d'une Montagne.........	1 v.
Renard.........	*※Le Fond de la mer.............	1 v.
Rider-Haggard.....	*※Découverte des Mines du Roi Salomon...	1 v.
Sandeau (Jules)....	*※La Roche aux Mouettes.........	1 v.
Siebecker (Édouard)..	*※Histoire de l'Alsace............	1 v.
Silva (de)........	Le Livre de Maurice.............	1 v.
Simonin.........	*※Histoire de la Terre...........	1 v.
Stahl (P.-J.)......	*※Contes et Récits de Morale familière.....	1 v.
	(*Ouvrage couronné par l'Académie française*, adopté par les conférences cantonales d'Instituteurs et les commissions départementales, et compris dans la circulaire ministérielle du 17 novembre 1883.)	
—	*※Les Patins d'argent (*ouvrage couronné*)..	1 v.
—	* La Famille Chester, *adaptation*.....	1 v.
—	※Histoire d'un Ane et de deux jeunes Filles (*ouvrage couronné*)...........	1 v.
—	*※Les Histoires de mon Parrain........	1 v.
—	*※Maroussia (*ouvrage couronné*)........	1 v.
—	* Les quatre Peurs de notre général......	1 v.
—	*※Les quatre Filles du Dr Marsch.......	1 v.
—	*※Mon premier Voyage en Mer, *adaptation*..	1 v.
—	Contes de l'Oncle Jacques.........	1 v.
Stahl et Lermont..	* La petite Rose, ses six Tantes et ses sept Cousins.	1 v.
—	*※Jack et Jane................	1 v.
Stahl et Muller....	*※Le nouveau Robinson suisse........	1 v.
Stevenson........	*※L'Ile au Trésor..............	1 v.
Tolstoï (le comte L.).	※Enfance et Adolescence...........	1 v.
Tyndall.........	*※Dans les Montagnes............	1 v.
Vadier.........	Blanchette...............	1 v.
Vallery-Radot (R.)..	*※Journal d'un Volontaire d'un an (*ouvrage couronné par l'Académie française*)....	1 v.
Van Bruyssel.....	*※Scènes de la Vie des Champs et des Forêts aux États-Unis.............	1 v.
J. Verne et A Laurie.*	L'Épave du Cynthia...........	1 v.
Zurcher et Margollé.	※Histoire de la Navigation.........	1 v.
—	※Le Monde sous-marin............	1 v.

VERNE (Jules).	**VOYAGES EXTRAORDINAIRES**

(couronnés par l'Académie française)

—	*※Aventures de trois Russes et de trois Anglais.	1 v.

Aventures du capitaine Hatteras :

—	*※Les Anglais au pôle Nord.	1 v.
—	*※Le Désert de Glace.	1 v.
—	*※Le Chancellor.	1 v.
—	*※Cinq semaines en ballon (*couronné*).	1 v.
—	*※De la Terre à la Lune (*couronné*). . .	1 v.
—	* Autour de la Lune (*couronné*)	1 v.
—	※Le docteur Ox.	1 v.

Les Enfants du capitaine Grant :

—	*※L'Amérique du Sud.	1 v.
—	*※L'Australie	1 v.
—	*※L'Océan Pacifique.	1 v.

L'Ile Mystérieuse :

—	*※Les Naufragés de l'air.	1 v.
—	*※L'Abandonné.	1 v.
—	*※Le Secret de l'île	1 v.
—	*※Le Pays des Fourrures.	2 v.
—	*※Vingt mille lieues sous les Mers (*couronné*).	2 v.
—	*※Le Tour du Monde en 80 jours.	1 v.
—	*※Une Ville flottante.	1 v.
—	Voyage au centre de la Terre (*couronné*). . .	1 v.
—	*※Michel Strogoff.	2 v.
—	*※Les Indes-Noires.	1 v.
—	* Hector Servadac.	2 v.
—	*※Un Capitaine de quinze ans.	2 v.
—	* Les cinq cents Millions de la Bégum. . . .	1 v.
—	*※Les Tribulations d'un Chinois en Chine. .	1 v.
—	*※La Maison à vapeur.	2 v.
—	* La Jangada.	2 v.
—	L'École des Robinsons.	1 v.
—	* Le Rayon-Vert.	1 v.
—	Kéraban-le-Têtu.	2 v.
—	* L'Archipel en feu	1 v.
—	* L'Étoile du Sud.	1 v.
—	Mathias Sandorf.	3 v.
—	Robur-le-Conquérant.	1 v.
—	* Un Billet de Loterie	1 v.
—	*※Nord contre Sud	2 v.
—	* Le Chemin de France.	1 v.
—	* Deux Ans de Vacances.	2 v.
—	* Famille sans Nom.	2 v.
—	Sans dessus dessous	1 v.
—	※César Cascabel	2 v.
—	※Mistress Branican.	2 v.
—	Le Château des Carpathes	1 v.
—	Claudius Bombarnac.	1 v.
—	※P'tit Bonhomme	2 v.
—	†Mirifiques aventures de Maître Antifer	2 v.

Histoire des grands voyages et des grands voyageurs. — La découverte de la Terre.

—	*※Les premiers Explorateurs	2 v.
—	*※Les Navigateurs du XVIIIe siècle	2 v.
—	*※Les Voyageurs du XIXe siècle.	2 v.

VOLUMES IN-18

Brochés, 3 fr. — Cartonnés toile, tranches dorées, 4 fr.

Andersen.............	Nouveaux Contes suédois............	1 v.
Durand (Hip.)......*	Les grands Prosateurs.............	1 v.
— *	Les grands Poètes.............	1 v.
Egger.............*✸	Histoire du Livre.............	1 v.
Franklin (J.)......✸	Vie des Animaux.............	6 v.
Gramont (comte de). ◐	Les Vers français et leur prosodie.......	1 v.
Hippeau (Mme).....*✸	Cours d'économie domestique.......	1 v.
Lavallée (Th.).....✸	Histoire de la Turquie.............	2 v.
Legouvé (E.)........	Conférences parisiennes............	1 v.
Macaulay.........✸	Histoire et Critique.............	1 v.
Ordinaire........*	Rhétorique nouvelle............	1 v.
Susane (général)...	Histoire de la Cavalerie..........	3 v.
—	Histoire de l'Artillerie............	✝ v.
Thiers..........*✸	Histoire de Law.............	1 v.
Wentworth-Higginson.*✸	Histoire des États-Unis............	1 v.

BIBLIOTHÈQUE DES JEUNES FRANÇAIS

VOLUMES GRAND IN-16

1 FR. 50 BROCHÉS. — 2 FR. CARTONNÉS TOILE, TRANCHES JASPÉES

Block (Maurice)... *✸Petit Manuel d'Économie pratique (ouvrage couronné).

— *✸*Entretiens familiers sur l'administration de notre pays*
- La France............. 1 v.
- Le Département............. 1 v.
- La Commune............. 1 v.

(Ouvrages adoptés par les conférences cantonales d'Instituteurs et les commissions départementales, et compris dans la circulaire ministérielle du 17 novembre 1883.)

Paris, Organisation municipale 1 vol. — Paris, Institution administrative, 1 vol. — Le Budget, 1 vol. — L'Impôt, 1 vol. — L'Industrie, 1 vol. — L'Agriculture, 1 vol. — Le Commerce, 1 vol.

Erckmann-Chatrian.	✸Avant 89 (illustré).
Lecomte (Maxime).. *	La Vocation d'Albert.
Macé (Jean)...... *	La France avant les Francs (illustré).
Pontis..........	✸Petite Grammaire de la prononciation.
Trigant-Geneste..	✸Le Budget communal.

✸ Indique les ouvrages honorés de souscriptions du *Ministère de l'Instruction publique*, ou choisis pour faire partie des catalogues des bibliothèques scolaires ou populaires.

* Indique les ouvrages honorés de souscriptions ou choisis par la *Ville de Paris* pour ses distributions de prix ou ses bibliothèques municipales.

◐ Désigne les ouvrages couronnés par l'*Académie française*.

✝ Désigne les nouveautés de l'année.

Livres Classiques

Cahiers d'une Élève de Saint-Denis

Cours d'études complet et gradué d'éducation pour jeunes filles et jeunes garçons, à suivre en six années soit dans la pension, soit dans la famille

Par deux anciennes Élèves de la Légion d'Honneur
Et **LOUIS BAUDE**, ancien professeur au Collège Stanislas

La Collection complète : Brochée, **59 fr.** — Cartonnée, **63 fr. 25**

Tomes		Broché	Cart.	Tomes			Broché	Cart.
Cahiers préliminaires	1er Cours de lecture...	2 »	2 25	3.	2e année	1er sem.	2 50	2 75
	2e Instruction élémentaire...	3 »	3 25	4.	—	2e —	2 50	2 75
	3e Instruction élémentaire...	3 »	3 25	5.	3e —	1er —	3 »	3 25
	4e Cours d'écriture...	4 »	4 50	6.	—	2e —	3 50	3 75
				7.	4e —	1er —	3 50	3 75
				8.	—	2e —	3 50	3 75
				9.	5e —	1er —	3 50	3 75
1.	1re année 1er sem.	1 50	1 75	10.	—	2e —	4 »	4 25
2.	— 2e —	2 50	2 75	11.	6e —	1er —	4 50	4 75
				12.	—	2e —	4 50	4 75

Atlas classique de Géographie universelle,
Par M. DUBAIL, ex-professeur à l'école de Saint-Cyr. . . . . **8 fr.**

*✵Études d'après les Grands Maîtres Dessins et Lithographies
Par A. COLIN, professeur de dessin à l'École polytechnique
Ouvrage adopté par le Ministère de l'Instruction publique à l'usage des Lycées et des Écoles
Album in-folio : 20 planches. Prix : cart. bradel, **20 fr.** — Cart. toile, **22 fr.**

LIVRES CLASSIQUES
Adoptés par le Ministère de l'Instruction publique

BRACHET (A.) ✪*✵Grammaire historique de la langue française. Préface par Littré, 3 fr. Bradel, 3 fr. 25. Cart. toile. **4 fr.** »

— ✪*✵Dictionnaire étymologique de la langue française. Préface par Egger, 8 fr. Bradel, 8 fr. 50. Cartonné toile. . . . . **9 fr.** »

DUBAIL. ✵Géographie de l'Alsace-Lorraine. . . . . **1 fr.** »

GRIMARD (Ed.). *✵La Botanique à la campagne, 4 fr. Cart. toile. . **5 fr.** »

HUGO (V.). *✵Les Enfants (Le Livre des Mères), 3 fr. Bradel, 3 fr. 25. Cartonné toile. . . . . **4 fr.** »

— *✵Œuvres. Extraits. Édition des Écoles, 2 fr. Cart. toile **3 fr.** »

LEGOUVÉ (E.). *✵L'Art de la lecture, 3 fr. Cartonné toile. . . . **4 fr.** »

— ✵Petit traité de lecture à haute voix, 1 fr. Cartonné bradel. . . . . **1 fr. 20**

PETIT (Arsène). *✵La Grammaire de la Lecture à haute voix. . . . **3 fr.** »

— ✵La Grammaire de la Ponctuation. . . . . . . **3 fr.** »

— Extrait de la Grammaire de la Ponctuation **0 fr. 50**

DUBAIL. Cours classique de Géographie. . . . . **3 fr.** »

MACÉ (Jean). Arithmétique élémentaire. 1re partie. Cart. bradel. **0 fr. 75**

— Arithmétique élémentaire. 2e partie. Cart. bradel. . **0 fr. 75**

PETIT (Arsène). †La Grammaire de l'Art d'écrire. . . . . **3 fr.** »

SOUVIRON. *Dictionnaire des termes techniques. . . . . **6 fr.** »

VADIER (B.). Théâtre à la maison et à la pension. Chaque fascicule ill. **0 fr. 30**
21 Comédies et Proverbes pour jeunes filles et jeunes garçons, formant 10 fascicules.

Albums Stahl

Bibliothèque de Mlle Lili et de son cousin Lucien

PREMIER AGE.— ALBUMS IN-4º EN COULEURS

Prix: cartonné bradel, 1 fr.

BECKER. Une drôle d'École.
BOS. Leçon d'Équitation.
CASELLA. Les Chagrins de Dick.
FROELICH. *Chansons et Rondes de l'Enfance.* — Au Clair de la Lune. — La Boulangère a des écus. — Le Roi Dagobert.—Cadet-Roussel. — Il était une Bergère. — Giroflé-Girofla. — La Mère Michel. — Malbrough. — La Marmotte en vie. — Mr de La Palisse. — Nous n'irons plus au bois. — La Tour, prends garde. — Compère Guilleri Le Pont d'Avignon.

Les Frères de Mlle Lili. — La Revanche de François. — Le Cirque à la maison. — Mr César. — Mlle Furet. — Le Pommier de Robert.

FROMENT. Tambour et Trompette. — †Le Plat mystérieux.

GEOFFROY. Monsieur de Crac. — Don Quichotte. — Le pauvre Ane. — Gulliver. — L'Ane gris.
JAZET. L'Apprentissage du soldt.
KURNER. Une Maison inhabitable.
LUCHT (DE). La Pêche au Tigre. — Les trois Montures de John Cabriole. — L'Homme à la Flûte. — Les Animaux domestiques. — Robinson Crusoé.
MATTHIS. Métamorphoses d'un Papillon.
MÉRY. La Guerre autour d'un Cerisier.
TINANT. Les Pêcheurs ennemis. — La Guerre sur les toits. — La Revanche de Cassandre.— Un Voyage dans la neige. — De haut en bas. — Machin et Chose. — Le Berger ramoneur.
TROJELLI. Alphabet musical de Mlle Lili.

ALBUMS STAHL IN-8º

1re Série.— Prix : relié toile, à biseaux, 4 fr.; cart. bradel, 2 fr.

BECKER (L.). Alphabet des Oiseaux. Alphabet des Insectes.
DETAILLE. Les bonnes Idées de Mlle Rose.
FATH. Gribouille. — Les Méfaits de Polichinelle. — Le docteur Bilboquet. — Jocrisse et sa sœur.
FROELICH. Alphabet de Mlle Lili. — Arithmétique de Mlle Lili.— Grammaire de Mlle Lili. — L'A perdu de Mlle Babet. — Les Caprices de Manette. — Un drôle de Chien. — La Fête de Papa. — Journée de Mlle Lili. — Le petit Diable. — Mlle Lili à Paris. — La Fête de Mlle Lili. — Mlle Lili aux Champs-Élysées. — Premier Chien et premier Pantalon. — Les deux Jumeaux. — Pierre et Paul. — La Journée de M. Jujules. — Mlle Lili en Suisse.—La Poupée de Mlle Lili. — Les petits Bergers.— Cerf agile. — La première Chasse de Jujules. — Une grande journée de Mlle Lili.
— La Mère Bontemps. — Papa en voyage — † La Vocation de Jujules.
FROMENT. La Boîte au lait. — Le petit Escamoteur. — Le petit Acrobate. — Tragédies enfantines. — Scènes familières (*au Château*). — Nouvelles Tragédies enfantines. — Scènes familières (*à la Ferme*).
GEOFFROY. Le Paradis de M. Toto. — L'Age de l'École. — Proverbes en action. — † Fables de La Fontaine en action.
GRISET. La Découverte de Londres.
JUNDT. L'École buissonnière.
LALAUZE. Le Rosier du petit frère.
LAMBERT. Chiens et Chats.
MARIE. Le petit Tyran.
MATTHIS. Les deux Sœurs
MÉAULLE. Petits Robinsons de Fontainebleau.
PIRODON. Histoire de Bob aîné.
SCHULER (TH.). Les Travaux d'Alsa.
VALTON. Mon petit Frère.

ALBUMS-STAHL IN-8°

2° série. — *Prix : relié toile*, 5 fr. ; *cartonné bradel*, 3 fr.

CHAM. — Odyssée de Pataud et de son chien Fricot.
FRŒLICH. — La Révolte punie.
— Petites Sœurs et petites Mamans. — Voyage de Mlle Lili autour du monde. — Voyage de découvertes de Mlle Lili. — Chasse au volant.
GRISET. — Aventures de trois vieux Marins. — Pierre le Cruel.
SCHULER (TH.). — Le premier Livre des petits enfants.

LIVRES ET ALBUMS D'AMATEURS

Les Contes de Perrault
PRÉFACE DE P.-J. STAHL
40 GRANDES COMPOSITIONS HORS TEXTE DE **Gustave DORÉ**
1 volume in-4°, cartonnage riche, **25 fr.** Reliure d'amateur, **30 fr.**
Grande édition in-folio, cartonnage riche, **70 fr.**

Daphnis et Chloé, traduction d'Amyot, complétée par P.-L. Courrier. Préface par Amaury Duval. 42 compositions au trait par Burthe, imprimées en couleur, in-folio, cartonnage riche. **50 fr.**
Gavarni, 6 AQUARELLES fac-similés, exécutées en chromo-lithographie par A. Lemercier et Bocquin, in-folio . . . . **30 fr.**
Frœlich. L'ORAISON DOMINICALE, album in-4, contenant 10 planches à l'eau-forte, relié toile. . . . . **18 fr.**
— SEPT FABLES DE LAFONTAINE, album in-4, contenant 10 planches, broché. . . . . **5 fr.**

OUVRAGES ILLUSTRÉS DIVERS

GAVARNI-GRANDVILLE. — **Le Diable à Paris**, *Paris à la plume et au crayon*, 1,508 dessins, dont 600 grandes scènes et types avec légendes de GAVARNI et 908 dessins par GRANDVILLE, BERTALL, CHAM, DANTAN, etc. ; texte par BALZAC, A. DE MUSSET, HUGO, GEORGE SAND, STAHL, BARBIER, SUE, de LAPRADE, SOULIÉ, NODIER, GOZLAN, DROZ, ROCHEFORT, VILLEMOT, Mme DE GIRARDIN, etc. 4 beaux volumes in-8° jésus. Relié, tranches dorées, 44 fr.; toile, tranches dorées, 40 fr.; broché . . . . **28 »**
GRANDVILLE. — **Les Animaux peints par eux-mêmes**, scènes de la vie privée et publique des animaux, publiés sous la direction de P.-J. STAHL, avec la collaboration de BALZAC, G. DROZ, BENJAMIN FRANKLIN, JULES JANIN, A. DE MUSSET, E. SUE, NODIER, SAND. 1 vol. in-8° jésus, contenant 320 dessins. Chef-d'œuvre de Grandville. Relié, tranches dorées, 14 fr. ; cartonné toile, tranches dorées, 12 fr. ; broché. . . . . **9 »**
GŒTHE ET KAULBACH. — **Le Renard**, traduit par E. GRENIER, illustré de 60 compositions par KAULBACH. 1 vol. in-8° jésus. Relié, tranches dorées, 11 fr. ; toile, tranches dorées, 10 fr. ; broché. **7 »**
Le même ouvrage, en édition populaire in-8° jésus. Toile, tranches dorées, 5 fr. ; broché. **2 50**
GEORGE SAND. — **Romans champêtres**. 2 volumes in-8° raisin. illustrés par T. JOHANNOT, brochés . . . . **20 »**
TOUSSENEL. — **L'Esprit des bêtes**. 1 vol. illustré par BAYARD, toile, tranches dorées, 6 fr. ; broché. **4 50**

La Marine à l'Exposition française de 1878. Publication faite par ordre du Ministre de la Marine. 2 forts volumes in-8° accompagnés de leur atlas. . . . . **80 »**

VICTOR HUGO

ŒUVRES COMPLÈTES NE VARIETUR in-8
✳ÉDITION DÉFINITIVE SUR LES MANUSCRITS ORIGINAUX
48 VOLUMES IN-8° IMPRIMÉS AVEC LE PLUS GRAND LUXE SUR PAPIER SPÉCIAL

Prix de chaque volume : 7 fr. 50 broché ; 10 fr. relié amateur.

POÉSIE : 17 volumes.

Odes et Ballades (Préface inédite). 1 vol. — Les Orientales, les Feuilles d'automne. 1 vol. — Chants du Crépuscule, Voix intérieures, Rayons et Ombres. 1 vol. — Les Châtiments. 1 vol. — Les Contemplations. 2 vol. — La Légende des Siècles. 4 vol. — Chansons des Rues et des Bois. 1 vol. — L'Année Terrible. 1 vol. — L'Art d'être grand-père. 1 vol. — Le Pape, La Pitié suprême, Religions et Religion, L'Ane. 1 vol. — Les Quatre vents de l'Esprit. 2 vol.

PHILOSOPHIE : 2 volumes.
Littérature et Philosophie mêlées. 1 vol. — William Shakespeare. 1 vol.

VOYAGES
Le Rhin. 2 vol.

DRAME : 5 volumes.
Cromwell. 1 vol. — Hernani, Marion de Lorme, Le Roi s'amuse. 1 vol. — Lucrèce Borgia, Marie Tudor, Angelo (1 acte inédit). 1 vol. — Ruy-Blas, La Esmeralda, Les Burgraves. 1 vol. — Torquemada, Les Jumeaux, Amy Robsart. 1 vol.

ROMAN : 14 volumes.
Han d'Islande. 1 vol. — Bug-Jargal, Dernier jour d'un condamné, Claude Gueux. 1 vol. — Notre-Dame de Paris. 2 vol. — Les Misérables. 5 vol. — Les Travailleurs de la Mer (précédé de l'Archipel de la Manche). 2 vol. L'Homme qui rit. 2 vol. — Quatrevingt-treize. 1 vol.

HISTOIRE : 3 volumes.
Napoléon le Petit. 1 vol. — Histoire d'un crime. 2 vol.

ACTES ET PAROLES : 6 volumes.
Avant l'exil. 1 vol. — Pendant l'exil. 1 vol. — Depuis l'exil. 2 vol.

VICTOR HUGO raconté. 2 vol.

✳ ŒUVRES INÉDITES POSTHUMES
Prix de chaque volume in-8° : 7 fr. 50 broché.

Le Théâtre en liberté. 1 vol. —
La Fin de Satan. 1 vol.
Choses vues. 1 vol.
Toute la Lyre. 2 vol.
Toute la Lyre, dernière série. 1 vol.

Dieu. 1 vol.
En Voyage : Les Alpes, Les Pyrénées. 1 vol.
En Voyage : France et Belgique. 1 vol.

Les Jumeaux. — Amy Robsart. 1 vol. . . . . 6 francs.

Volumes in-8° divers à 7 fr. 50 brochés.

BERTRAND (J.)	*✳Les Fondateurs de l'astronomie moderne, suivi de Arago et sa vie scientifique.	1 vol.
—	*✳L'Académie et les Académiciens	1 vol.
BOUCHUT (Eugène) . .	✳Précis des Littératures étrangères	1 vol.
BLANC et ARTOM . . .	Œuvre parlementaire du comte de Cavour	1 vol.
DELAHANTE	Une famille de finance au XVIIIe siècle . .	2 vol.
DIPLOMATE (Un) . . .	L'affaire du Tonkin	1 vol.
LEGOUVÉ (E.)	*✳Soixante ans de souvenirs	2 vol.
MORTIMER D'OCAGNE .	*✳Les grandes Écoles de France	1 vol.
TROCHU	L'Empire et la défense de Paris	1 vol.

VICTOR HUGO

*✷ŒUVRES COMPLÈTES NE VARIETUR in-18
ÉDITION DÉFINITIVE SUR LES MANUSCRITS ORIGINAUX

70 Volumes in-18. Prix de chaque volume, **2 fr.** broché.

POÉSIE

Odes et Ballades. 1 vol. — *Les Orientales.* 1 vol. — *Les Feuilles d'automne.* 1 vol. — *Les Chants du crépuscule.* 1 vol. — *Les Voix intérieures.* 1 vol. — *Les Rayons et les Ombres.* 1 vol. — *Les Châtiments.* 1 vol. — *Les Contemplations.* 2 vol. — *La Légende des siècles.* 4 vol. — *Les Chansons des Rues et des Bois.* 1 vol. — *L'Année terrible.* 1 vol. — *L'Art d'être grand-père.* 1 vol. — *Le Pape, La Pitié suprême.* 1 vol. — *Religions et Religion, L'Ane.* 1 vol. — *Les quatre Vents de l'Esprit.* 2 vol.

DRAME

Cromwell. 1 vol. — *Hernani.* 1 vol. — *Marion de Lorme.* 1 vol. — *Le Roi s'amuse.* 1 vol. — *Lucrèce Borgia.* 1 vol. — *Marie Tudor, Esmeralda.* 1 vol. — *Angelo.* 1 vol. — *Ruy Blas.* 1 vol. — *Les Burgraves.* 1 vol. — *Torquemada.* 1 vol.

ROMAN

Han d'Islande. 1 vol. — *Bug-Jargal.* 1 vol. — *Le dernier jour d'un Condamné, Claude Gueux.* 1 vol. — *Notre-Dame de Paris.* 2 vol. — *Les Misérables.* 8 vol. — *Les Travailleurs de la Mer.* 2 vol. — *L'Homme qui rit.* 3 vol. — *Quatrevingt-treize.* 2 vol.

PHILOSOPHIE

Littérature et Philosophie. 1 vol. — *William Shakespeare.* 1 vol.

HISTOIRE

Napoléon le Petit. 1 vol. — *Histoire d'un crime.* 2 vol. — *Paris.* 1 vol.

VOYAGE

Le Rhin. 3 vol.

ACTES ET PAROLES

Avant l'Exil. 2 vol — *Pendant l'Exil.* 2 vol. — *Depuis l'Exil.* 4 vol.

VICTOR HUGO raconté. . . . . 3 volumes.

L'ŒUVRE DE VICTOR HUGO — EXTRAITS

*✷Édition du monument. Un volume in-18 de 252 pages . . **1** franc.
*✷Édition des écoles. . . Un volume in-18 de 320 pages . . . **2** francs.
— Cartonné toile . . . . **3** francs.

ŒUVRE POÉTIQUE ELZÉVIRIENNE

Édition in-18 raisin sur papier vergé de Hollande

Dessins et Ornements par E. FROMENT.

Odes et Ballades. 1 vol. . 7 50	Contemplations. 2 vol. à 7 fr. 50. . . . . 15 »
Feuilles d'automne 1 v. 4 »	La Légende des siècles.
Chants du crépuscule. 1 vol. . . . . 4 »	1 vol. 7 50
Voix intérieures. 1 vol. . 4 »	Les Chansons des Rues
Rayons et Ombres. 1 v. 4 »	et des Bois. 1 v. 7 50

Éditions populaires grand in-8° illustrées

ERCKMANN-CHATRIAN

ŒUVRES COMPLÈTES
43 fr. 20
BROCHÉES

ROMANS NATIONAUX

ŒUVRES COMPLÈTES
43 fr. 20
BROCHÉES

*※Le Conscrit de 1813..	1 40	* Histoire d'un Homme	
*※Madame Thérèse....	1 40	du peuple........	1 70
*※L'Invasion.........	1 60	* La Guerre.........	1 40
* Waterloo..........	1 80	*※Le Blocus........	1 60

Réunis en un beau volume grand in-8° illustré de 182 dessins
par Th. Schuler, Riou et Fuchs.
Broché, **10 fr.**; *toile, tr. dor.*, **13 fr.**; *relié, tr. dor.*, **15 fr.**

CONTES ET ROMANS POPULAIRES

* Maître Daniel Rock..	1 20	Joueur de clarinette..	1 60
L'illustre Dr Matheus.	1 40	La Maison forestière.	1 20
Hugues le Loup.....	1 40	※L'Ami Fritz.......	1 50
Les Contes des bords		Le Juif polonais.....	1 30
du Rhin.........	1 30		

Réunis en un beau volume grand in-8° illustré de 171 dessins
par Bayard, Benett, Gluck et Th. Schuler.
Broché, **10 fr.**; *toile, tr. dor.*, **13 fr.**; *relié, tr. dor.*, **15 fr.**

*※HISTOIRE D'UN PAYSAN
La Révolution française racontée par un paysan
Illustrations de Théophile Schuler. L'ouvrage complet, en 1 volume,
broché, **7 fr.**; toile, tr. dor., **10 fr.**; relié, **12 fr.**

CONTES ET ROMANS ALSACIENS

※Histoire du Plébiscite.	2 »	Une Campagne en Ka-	
*※Les deux Frères....	1 50	bylie............	1 40
*※Histoire d'un Sous-		*※Maître Gaspard Fix..	2 »
Maître...........	1 30	Souvenirs d'un ancien	
*※Le Brigadier Frédéric.	1 20	Chef de chantier...	1 10

Réunis en un beau volume grand-in-8° illustré de 139 dessins
par Schuler.
Brochés, **10 francs**; *toile, tr. dor.*, **13 francs**; *relié*, **15 francs**.

Contes Vosgiens, illustrés par Philippoteaux.........	**1 fr. 30**
* Le Grand-Père Lebigre, illustré par Lallemand et Benett...	**1 fr. 30**
* Les Vieux de la Vieille, illustré par Lix............	**1 fr. 40**
* Le Banni, illustré par Lix.......................	**1 fr. 20**
Quelques mots sur l'esprit humain (non illustré)....	**1 fr.** »

*Les œuvres d'Erckmann-Chatrian sont publiées aussi en 33 volumes in-18
à 3 fr. chacun et 2 volumes in-18 à 1 fr. 50. — (Voir pages 26 et 28.)*

Éditions populaires grand in-8° illustrées

MAYNE-REID

ŒUVRES CHOISIES

AVENTURES DE TERRE ET DE MER

Le Chef au bracelet d'or
La Sœur perdue
Les Émigrants du Transvaal
Les Planteurs de la Jamaïque

Les deux Filles du Squatter
Le Désert d'eau
Le petit Loup de mer
La Montagne perdue

Chaque ouvrage illustré de 25 gravures, **1** *fr.* **25** *broché*

RÉUNIS EN UN BEAU VOLUME
GRAND IN-8° ILLUSTRÉ DE 200 DESSINS DE BENETT, RIOU, FERAT, DAVIS :

broché, **10** fr.; toile, tr. dorées, **13** fr.; relié, tr. dorées, **15** fr.

AVENTURES DE CHASSES ET DE VOYAGES

Les Chasseurs de Chevelures
La Terre de Feu
Les Robinsons de Terre ferme
Les Exploits des Jeunes Boërs

William le Mousse
Les jeunes Esclaves
Les jeunes Voyageurs
Les Naufragés de Bornéo

Chaque ouvrage illustré de 25 gravures, **1** *fr.* **25** *broché*

RÉUNIS EN UN BEAU VOLUME GRAND IN-8°
ILLUSTRÉ DE 200 DESSINS PAR RIOU, FERAT, MEYER, PHILIPPOTEAUX, DAVIS :

broché, **10** fr.; toile, tr. dorées, **13** fr.; relié, tr. dorées, **15** fr.

Alfred RAMBAUD

L'ANNEAU DE CÉSAR

Souvenirs d'un Soldat de Vercingétorix

Ouvrage couronné par l'Académie française

Nouvelle édition gr. in-8°, illustrée de 80 dessins de Georges ROUX
PUBLIÉE EN 20 SÉRIES A **0** FR. **50**

L'ouvrage complet :

Broché, **10** fr.; toile, tr. dorées, **13** fr.; relié, tr. dorées, **15** fr.

VICTOR HUGO

ROMANS ILLUSTRÉS. Un volume grand in-8° contenant :

Notre-Dame de Paris, Han d'Islande, Bug-Jargal
Dernier Jour d'un Condamné, Claude Gueux.

ILLUSTRÉ DE 158 DESSINS DE BRION, GAVARNI, BEAUCE, RIOU

Broché, **9** fr.; toile, tr. dorées, **12** fr.; relié, **14** fr.

HISTOIRE, POÉSIE, VOYAGES, ROMANS
LITTÉRATURE FRANÇAISE ET ÉTRANGÈRE

VOLUMES IN-18 A 3 FR.

Arago (E.)	L'Hôtel de Ville et le Gouvernement du 4 septembre (1870-71)	1 v.
Audeval	Les Demi-Dots, 1 vol. — La Dernière	1 v.
Barberet	La Bohême du travail	1 v.
Bentzon (Th.)	Un Divorce	1 v.

BIBLIOTHÈQUE FRANCO-ÉTRANGÈRE :

Le Roman de la femme médecin, suivi de Récits de la Nouvelle-Angleterre, par Sarah Orne Jewett, préface de Th. Bentzon... 1 v.	par Edward Bellamy, traduction de R. Issant, précédé d'une étude sur la littérature américaine, par Th. Bentzon... 1 v.
Nouvelles Mille et une Nuits, par R.-L. Stevenson, préface de Th. Bentzon... 1 v.	La Fille à Lowrie, par F.-H. Burnett, traduction de R. de Cerizy, suivi d'une étude sur F.-H. Burnett,
※La Sœur de miss Ludington,	par Th. Bentzon... 1 v.

Cervantes	Don Quichotte (traduction nouvelle par Lucien Biart)	1 v.
Chamfort	Pensées, maximes, anecdotes (précédé de l'histoire de Chamfort par P.-J. Stahl)	1 v.
Crémieux	Autographes. (Collection Crémieux)	1 v.

Daryl (Ph.) — La Vie partout :

※La Vie publique en Angleterre	1 v.	Wassili Samarin	1 v.
Signe Meltroë	1 v.	La petite Lambton	1 v.
En Yacht	1 v.	※A Londres	1 v.
*※Le Monde chinois	1 v.	※Les Anglais en Irlande	1 v.
Lettres de Gordon à sa sœur	1 v.	*※Renaissance physique	1 v.

Deschanel (Paul)	Questions actuelles	1 v.
Durande (Amédée)	Carl, Joseph et Horace Vernet	1 v.

Erckmann-Chatrian (Œuvres complètes).

*※Le Blocus	1 v.	*※Maître Gaspard Fix	1 v.
*⊕Le Brigadier Frédéric	1 v.	Le Grand-Père Lebigre	1 v.
Une Campagne en Kabylie	1 v.	La Maison forestière	1 v.
Joueur de clarinette	1 v.	* Maître Daniel Rock	1 v.
Contes de la montagne	1 v.	* Waterloo	1 v.
Contes des bords du Rhin	1 v.	*※Histoire du Plébiscite	1 v.
Contes populaires	1 v.	*※Les deux Frères	1 v.
Contes vosgiens	1 v.	Souvenirs d'un Chef de chantier	1 v.
*※Le Fou Yégof	1 v.	※L'Ami Fritz, pièce	1 v.
* La Guerre	1 v.	* Alsace	1 v.
*※Hre d'un Conscrit de 1813	1 v.	* Les Vieux de la Vieille	1 v.
Hre d'un Homme du peuple	1 v.	* Le Banni	1 v.
*※Histoire d'un Paysan	4 v.	L'Art et les Gds Idéalistes	1 v.
*※Histoire d'un Sous-Maître	1 v.	Quelques mots sur l'esprit humain (nlle édition)	1 v.
L'Illustre docteur Mathéus	1 v.		
*※Madame Thérèse	1 v.		

Gennevray	Une Cause secrète	1 v.
Gordon (Lady)	Lettres d'Égypte	1 v.
Gozlan (Léon)	Les Émotions de Polydore Marasquin	1 v.
Janin (Jules)	Variétés littéraires	1 v.
Jaubert	Souvenirs de Madame Jaubert	1 v.
Legouvé (Ernest)	*※Soixante ans de souvenirs	4 v.
Officier en retraite (Un)	L'Armée française en 1879	1 v.

Pichat (Laurent)	Gaston, 1 vol. — Les Poètes de combat. .	1 v.
—	Le Secret de Polichinelle............	1 v.
Quatrelles.......	Les 1001 Nuits matrimoniales.......	1 v.
—	Voyage autour du grand monde......	1 v.
—	La Vie à grand orchestre...........	1 v.
—	Sans Queue ni Tête, 1 vol. — L'Arc-en-Ciel.	1 v.
—	Petit Manuel du parfait Causeur parisien	1 v.
—	Casse-Cou, 1 vol. — Tout feu tout flamme.	1 v.
—	Les Amours extravagantes de la princesse Djalavann. 1 vol. — Mon petit dernier.	1 v.
Robert (Adrien)	Le Nouveau Roman comique.........	1 v.
Rolland (A.).......	Lettres inédites de Mendelssohn.......	1 v.
Sourdeval (de).....	Le Cheval à côté de l'Homme et dans l'histoire.	1 v.
Stahl (P.-J.)......	**Les bonnes fortunes parisiennes :**	
—	Les Amours d'un Pierrot........	1 v.
—	Les Amours d'un Notaire......	1 v.
—	Histoire d'un homme enrhumé........ } Voyage d'un Étudiant............ }	1 v.
—	Histoire d'un Prince et d'une Princesse. } Voyage où il vous plaira........... }	1 v.
—	L'Esprit des femmes et les Femmes d'esprit. } Théorie de l'Amour et de la Jalousie. ... }	1 v.
Texier et Kæmpfen. .	Paris capitale du monde............	1 v

TOURGUENEFF (I.) Œuvres :

Dimitri Roudine.......	1 v.		Les Reliques vivantes. . .	1 v.
* Fumée (préface de Mérimée)............	1 v.	*	Terres vierges.........	1 v.
Une Nichée de gentilshommes (traduit par le cte Sollohoud et A. de Calonne)........	1 v.		Souvenirs d'Enfance (La Caille. — 30 petits poèmes en prose.— Mres d'un Nihiliste).........	1 v.
Nouvelles moscovites (traduit par l'auteur et P. Mérimée).......	1 v.		Œuvres dernières avec une étude sur Tourgueneff, sa Vie et son Œuvre, par le vite E. M. de Vogüé.	1 v.
Étranges histoires.....	1 v.		Un Bulgare (traduit par Halpérine)	1 v
Les Eaux printanières. . .	1 v.			

Trochu (général)	Pour la vérité et pour la justice	1 v·
— ...	La Politique et le Siège de Paris	1 v·
Vallery-Radot (René)	L'Étudiant d'aujourd'hui	1 v·
Wilkie-Collins. ...	La Femme en blanc. 2 v. — Sans Nom. .	2 v·
H. Wood (Mme).....	* Lady Isabel.................	2 v·

VOLUMES IN-32

Decourcelle (A.) ...	Les Formules du docteur Grégoire .	1 vol.	2 »
Macé (Jean).......	Philosophie de poche...........	1 vol.	1 25
—	† Saint-Évremond............	1 vol.	1 25

THÉATRE

Erckmann-Chatrian . .	Le Juif polonais. 1 vol. in-18.........	1 50
—	Les Rantzau. 1 vol. in-18..........	1 50
—	Le Fou Chopine. 1 vol. in-8°........	» 50
Quatrelles........	Une Date fatale. 1 vol...........	1 »
Verne (Jules)......	Un Neveu d'Amérique. 1 vol. in-18.....	1 50
—	Le Tour du Monde en 80 jours. 1 vol. in-8°	» 50
—	Les Enfants du capitaine Grant. 1 vol. in-8°	» 50
—	Michel Strogoff. 1 vol. in-8°.........	» 50

LIVRES DE FORMATS ET PRIX DIVERS EN COMMISSION

VOLUMES IN-18

Anonyme.	Mary Briant.	1 v.	3 »
Arago.	Les Bleus et les Blancs.	2 v.	6 »
Badin.	Marie Chassaing.	1 v.	3 »
Baignières.	Histoires modernes.	1 v.	3 »
—	Histoires anciennes.	1 v.	3 »
Bastide (A.).	Le Christianisme et l'esprit moderne.	1 v.	3 »
Bixio (Beppa).	Vie du général Nino Bixio.	1 v.	3 »
Boullon (E.).	Chez nous.	1 v.	3 »
Charras.	H^{re} de la Guerre de 1815. 2 vol. et 1 album.		7 »
Chauffour.	Les Réformateurs du xvie siècle.	2 v.	6 »
Chennevières (De).	Aventures du Petit Roi Saint-Louis devant Bellesme.	1 v.	5 »
Deschanel.	Vie des Comédiens.	1 v.	3 »
Dollfus (Charles).	La Confession de Madeleine.	1 v.	3 »
Duvernet.	La Canne de Me Desrieux.	1 v.	3 »
Erkmann-Chatrian.	Lettre d'un électeur à son député.	1 v.	» 50
Favre (Jules).	* Conférences et Mélanges.	1 v.	3 50
Favier (F.).	L'Héritage d'un Misanthrope.	1 v.	3 »
Ferry (Jules).	Les Affaires de Tunisie.	1 v.	2 »
Gournot.	Essai sur la Jeunesse contemporaine.	1 v.	3 »
Grimard.	※L'Enfant, son passé, son avenir.	1 v.	3 »
Guimet (Emile).	L'Orient d'Europe au fusain.	1 v.	2 »
—	Esquisses scandinaves.	1 v.	3 »
—	Aquarelles africaines.	1 v.	2 50
Habeneck (Ch.).	Chefs-d'œuvre du théâtre espagnol.	1 v.	3 »
Ignorant (Un).	*※Monsieur Pasteur. — Histoire d'un savant par un ignorant.	1 v.	3 50
Kœchlin-Schwartz.	Un Touriste au Caucase.	1 v.	3 »
Ladreyt (M.-C.).	L'Instruction publique en France et les Écoles Américaines.	1 v.	3 »
Lancret (A.).	Les Fausses Passions.	1 v.	3 »
Lavalley (Gaston).	Aurélien.	1 v.	3 »
Laverdant (Désiré).	Don Juan converti.	1 v.	3 »
—	La Renaissance de Don Juan.	2 v.	6 »
Lefèvre (André).	La Lyre intime.	1 v.	3 »
—	Les Bucoliques de Virgile.	1 v.	3 »
Legouvé (E.).	Samson et ses élèves, 2 fr. — ※Lamartine, 1 fr. 50. — Maria Malibran, 0 fr. 75. — La Question des femmes, 1 fr. — ※ Une Education de jeune fille.	1 v.	1 »
Nagrien (X.)	Prodigieuse Découverte.	1 v.	3 »
Réal (Antony).	Les Atomes.	1 v.	3 »
Rive (De la).	Souvenirs sur M. de Cavour.	1 v.	3 »
Sée (C.).	* La Loi Camille Sée.	1 v.	3 50
Stahl (P.-J.).	Entre bourgeois.	1 v.	» 50
Steel.	Haôma.	1 v.	3 »
Susane (général).	L'Artillerie avant et depuis la guerre.	1 v.	» 50
Worms de Romilly.	Horace (traduction).	1 v.	3 »

VOLUMES IN-8°

Antully (A. d').	Fantaisie.	1 v.	2 »
Brachet (Auguste).	L'Italie qu'on voit et l'Italie qu'on ne voit pas.	1 v.	3 »
Lafond (Ernest).	Les Contemporains de Shakespeare. Ben Johnson, 2 vol. — Massinger, 1 vol. — Beaumont et Fletcher, 1 vol. — Webster et Ford, 1 vol.	5 v. à 6 »
Laverdant.	Appel aux Artistes.	1 v.	1 »
Paultre (E.).	Capharnaüm.	1 v.	6 »
Pirmez.	Jours de solitude.	1 v.	6 »
Richelot.	※Gœthe, ses Mémoires, sa Vie.	4 v. à 6 »

ENSEIGNEMENT PROFESSIONNEL

BIBLIOTHÈQUE DES PROFESSIONS

Industrielles, Commerciales, Agricoles et Libérales

Le cartonnage de chaque volume se paye 0,50 c. en sus des prix marqués

Série A. — Sciences exactes

Volumes à 4 fr. : **Lenoir (A.).** ✳ Calculs et comptes faits. — **Ortolan et Mesta.** Dessin linéaire, avec planches. — **Rozan (Ch.).** Leçons de géométrie, avec planches.

Volume à 6 fr. : **Lacombe.** Manuel de l'Escompteur.

Série B. — Sciences d'observation

Volumes à 2 fr. : **B. Miége.** Télégraphie électrique. — **Fresenius.** Potasses, soudes. — **Liebig.** Introduction à l'étude de la Chimie. — **J. Brun.** Fraudes et maladies du vin. — **Laffineur.** Hydraulique et hydrologie. — **Mascart et Moureaux.** Météorologie, Prévision du temps.

Volumes à 4 fr. : **Dr Sacc.** Chimie pure. — **Hetet.** Chimie générale élémentaire, 2 vol. — **Gaudry.** Essai des matières industrielles. — **Du Temple.** * Introduction à l'étude de la Physique. — **Dr Lunel.** Les falsifications. — **Noguès.** Minéralogie appliquée. 2 vol. — **Du Temple.** * ✳ Transmissions de la pensée et de la voix. — **R. Clausius.** Théorie mécanique de la chaleur. 2 vol. — **Geymet.** Traité pratique de Photographie, revu par Dumoulin.

Série C. — Art de l'ingénieur

Volumes à 2 fr. : **Laffineur.** Roues hydrauliques. — **Dinée.** Engrenages.

Volumes à 4 fr. : **Guy.** *Guide du géomètre-arpenteur. — **Birot.** *Guide du Conducteur des Ponts et Chaussées et de l'agent voyer.* 1re partie, Routes. 1 vol. avec planches. — 2e partie, Ponts. 1 vol. avec planches. — **Viollet-le-Duc.** * ✳ Comment on construit une maison. — **Frochot.** Cubage et estimation des bois. — **Pernot.** * ✳ Guide du constructeur. — **Demanet.** ✳ Maçonnerie. **Bouniceau.** Constructions à la mer. 1 vol. de texte et 1 vol. d'atlas.

Série D. — Mines et Métallurgie

Volume à 2 fr. : Guettier. Alliages métalliques.
Volumes à 4 fr. : Dana. *Manuel du géologue. — J.-B.-J. Dessoye. Emploi de l'acier.

Série E. — Professions Commerciales

Volume à 2 fr. : Bourdain (Ed.).*Manuel du commerce des tissus.
Volume à 4 fr. : Emion (V. et G.). Traité du commerce des vins.

Série F. — Professions Militaires et Maritimes

Volumes à 2 fr. : Doneaud. Droit maritime. — Bousquet. Architecture navale.
Volumes à 4 fr. : Tartara. Code des bris et naufrages. — Steerk. Poudres et salpêtres. — Juven. Comment on devient Officier.

Série G. — Arts et Métiers

Volumes à 2 fr. : Basset. Culture et alcoolisation de la betterave. — Gaisberg. *Montage des appareils d'éclairage électrique. — Jaunez. Manuel du chauffeur. — Moreau (L.). * Guide du bijoutier. — D' Lunel. *Guide de l'épicerie. — Monier. Essai et analyse des sucres.
Volumes à 4 fr. : Rouland. Nouveaux barèmes de serrurerie. — Dubief. Guide du féculier et de l'amidonnier. — Dromart. Carbonisation des bois. — A. Ortolan. *✳ *Guide de l'ouvrier mécanicien* : Mécanique élémentaire. 1 vol. — Mécanique de l'atelier. 1 vol. — Principes et pratique de la machine à vapeur. 1 vol. — Th. Chateau. Corps gras industriels. — Mulder. *Guide du brasseur. — Prouteaux. Fabrication du papier et du carton. — Berthoud. ✳ La charcuterie pratique. — Graffigny (H. de). *L'ingénieur électricien. — D' Lunel. Guide du parfumeur. — Dubief. Fabrication des liqueurs. — Vinification. — Fabrication des vins factices et immense trésor des vignerons et des marchands de vins. — Michotte (F.). Fabrication des eaux gazeuses. — Poitevin et Vidal. Traité des impressions photographiques. — Geymet. Traité de Galvanoplastie et d'Electrolyse. — Graffigny (H.). † Manuel pratique de l'Horloger. — Barbot. *Guide du joaillier.
Volume à 15 fr. : Leroux. Filature de la laine.

Série H. — Agriculture

Volumes à 2 fr. : Gayot. ✳ *Habitations des animaux* : Bergeries, porcheries. — Dubos. Choix de la vache laitière. — Ganu et Larbalétrier. *✳ Manuel de météorologie agricole. — Koltz. Culture du saule et du roseau. — Sicard. Culture du cotonnier.

Volumes à 4 fr. : Grimard. Manuel de l'herboriseur. — Roman. Manuel du Magnanier. — Gobin. Entomologie agricole. — Fleury-Lacoste. ※ Guide du vigneron, suivi des maladies de la vigne, par Serigne. — Bourgoin-d'Orli. Cultures exotiques. — Mariot-Didieux. ※ L'éducateur des lapins, des oies et des canards. — Éducation lucrative des poules. — Larbalétrier. ※ Manuel de pisciculture. — Courtois-Gérard. ※ Jardinage. — *※ Culture maraîchère. — Gobin. Culture des plantes fourragères. — Pouriau. Chimiste agriculteur. — Sciences physiques appliquées à l'agriculture. — Lerolle. *Botanique appliquée.

Série I. — Économie domestique. — Mélanges

Volumes à 2 fr. : Lunel. Économie domestique. — Dubief. Le liquoriste des dames. — Petit (A.). L'art de s'assurer contre l'incendie. — ※ L'art de s'assurer sur la vie.

Volume à 3 fr. : Hirtz. *※ Coupe et confection des vêtements de femmes et d'enfants.

Volumes à 4 fr. : Monin (Dr). *※ Hygiène du travail. — Rey. *Ferments et fermentation. — Baude. Calligraphie. — Saint-Juan (De). La Cuisine pratique.

Série J. — Fonctions, Service public

Volumes à 4 fr. : Mortimer d'Ocagne. ※ *Les Grandes Écoles de France*: Carrières civiles. 2 vol. — Services de l'État. — J. Albiot. Manuel des conseillers généraux. — Lelay. Lois et règlements sur la douane. — Lafolay. Nouveau manuel des octrois.

Série K. — Beaux-Arts, Décoration

Volume à 2 fr. : Pellegrin. Traité de la Perspective.

Volumes à 4 fr. : Carteron. Introduction à l'étude des beaux-arts. — Viollet-le-Duc. *※ Comment on devient un dessinateur. — Regamey. *※ Le Japon pratique. — Romeu. L'Art du pianiste.

Le cartonnage de chaque volume se paye 0 fr. 50 en sus des prix marqués.

Le Catalogue spécial à la *Bibliothèque des Professions* est envoyé franco sur demande.

※ Indique les ouvrages honorés de souscriptions du *Ministère de l'Instruction publique*, ou choisis pour faire partie des catalogues des bibliothèques scolaires ou populaires.

* Indique les ouvrages honorés de souscriptions ou choisis par la *Ville de Paris* pour ses distributions de prix ou ses bibliothèques municipales.

◉ Désigne les ouvrages couronnés par l'*Académie française*.

† Désigne les nouveautés de l'année.

NOUVELLE COLLECTION SPÉCIALE
POUR
Distributions de Prix

PREMIÈRE SÉRIE
VOLUMES IN-18

En feuilles, 1 fr. 60; *Cartonnés toile, tranches jaspées*, 2 fr.

ANQUEZ............	*※Histoire de France (illustré)....	1 vol.
AUDOYNAUD......	*※Entretiens familiers sur la Cosmographie (illustré)........	1 »
BLOCK (MAURICE).	※Principes de législation pratique	1 »
BOUCHET.........	*※Précis des Littératures étrangères................	1 »
CRÉTIN-LEMAIRE..	Les Expériences de la petite Madeleine (illustré).........	1 »
GENIN............	La Famille Martin (illustré)......	1 »
GRIMARD.........	Le Jardin d'Acclimatation (illustré)..................	1 »
MAURY..........	*※Géographie physique (illustré)..	
SAYOUS.........	※Principes de littérature.......	1 »
—	*※Conseils à une mère sur l'éducation littéraire de ses enfants..	
ZURCHER ET MARGOLLÉ.	Les Tempêtes (illustré).........	1 »

DEUXIÈME SÉRIE
VOLUMES GRAND IN-16 ILLUSTRÉS
Cartonnés imitation toile, tranches jaspées, 2 f. 40

BAUDE..........	Mythologie de la Jeunesse.......	Réunis. 269 Illustrations par BERTALL et BENETT.......	1 vol.
LACOME........	Musique en Famille		
GOZLAN (LÉON)...	Aventures du prince Chènevis......	Réunis. 149 Illustrations par BERTALL et LORENTZ......	1 »
KARR (ALPHONSE).	Les Fées de la Mer..		
NOEL (EUGÈNE)..	La Vie des Fleurs..	Réunis. 125 Illustrations par YAN'DARGENT et BECKER....	1 »
VAN BRUYSSEL...	※Les Clients d'un vieux Poirier....		
GENIN..........	Le petit Tailleur Bouton........	Réunis. 36 Illustrations par FESQUET et BELLANGER...	1 »
—	Marco et Tonino..		
VERNE (JULES)...	Christophe Colomb.	Réunis. 38 Illustrations par BENETT, MATTHIS, VIOLLET-LE-DUC.....	1 »
VIOLLET-LE-DUC..	*※Le Siège de la Rochepont.........		
DEVILLERS	Les Souliers de mon voisin.........	Réunis. 42 Illustrations par BENETT et A. MARIE.....	1 »
GENIN..........	Les Pigeons de St-Marc.........		

LIVRES POUR DISTRIBUTIONS DE PRIX

TROISIÈME SÉRIE
GRAND IN-8° JÉSUS ou COLOMBIER ILLUSTRÉS
En feuilles, **2 fr. 20;** *Cartonnés, tranches jaspées,* **2 fr. 80**
Cartonnés toile, tranches jaspées, **3 fr. 20**

Choix des Voyages involontaires :

BIART (LUCIEN) ..	* La Frontière indienne. 26 illustrations par H. Meyer	1 vol.
—	..*※Le Secret de José. 26 illustrations par H. Meyer.	1 »

Choix de Romans alsaciens :

ERCKMANN-CHATRIAN.	*※Le Brigadier Frédéric.—*Le Banni. 34 illustrations par Schuler et Lix.	1 »

Choix d'Aventures de terre et de mer :

MAYNE-REID . . .	{ * Le Chef au Bracelet d'or . . . . . . { *※Le petit Loup de mer. . . . . 53 illustrations par Benett.	1 »

QUATRIÈME SÉRIE
VOLUMES GRAND IN-8° COLOMBIER ILLUSTRÉS
En feuilles, **3 fr.;** *Cartonnés toile, tranches jaspées,* **4 fr.**

Choix de Romans nationaux :

ERCKMANN-CHATRIAN.	*※L'Invasion. — Mme Thérèse. . . . . 47 illustrations par Riou et Fuchs.	1 vol.
—	*※Le Conscrit de 1813. — Waterloo. 53 illustrations par Riou.	1 »
—	{ *※Les États Généraux (Extraits de { *l'Histoire d'un Paysan). . . . . . { *※Histoire d'un sous-maître . . . . 49 illustrations par Schuler.	1 »

CINQUIÈME SÉRIE
VOLUMES IN-8° CAVALIER ILLUSTRÉS
En feuilles, **3 fr.;** *Cartonnés toile, tranches jaspées,* **3 fr. 60.**
Cartonnés toile, tranches dorées, **3 fr. 80.**

ALONE.	Autour d'un Lapin blanc. 26 illustrations.	1 vol.
ASTON.	* L'Ami Kips. 31 illustrations.	1 »
AUDEVAL.	La Famille de Michel Kagenet. 26 illustrations.	1 »
BRÉHAT (A. DE) . .	※Aventures de Charlot. 26 illust^{ons}.	1 »
CAHOURS ET RICHE	※Chimie des Demoiselles. 78 figures	1 »
GENIN	La Famille Martin. 26 illustrations.	1 »
GOUZY.	*※Voyage d'une Fillette au Pays des Étoiles. 10 illustrations et 92 fig. .	1 »
KAEMPFEN	La Tasse à Thé. 49 illustrations. . .	1 »
MULLER (EUG.)..	※La Morale en Action par l'Histoire. 26 illustrations.	1 »
REY (I.-A.)	*Travailleurs et Malfaiteurs microscopiques. 78 illustrations. . .	1 »
STAHL (P.-J.). . . .	※Mon premier Voyage en Mer. 39 ill.	1 »

SIXIÈME SÉRIE
VOLUMES IN-8° RAISIN ILLUSTRÉS
En feuilles, **4** *fr.* **40**; *Cartonnés toile, tranches dorées*, **5** *fr.* **40**

BIART (LUCIEN)...	*❋Le Secret de José, 26 ill. par MEYER.	1 vol.
— ....*	Lucia Avila, 26 ill. par MEYER...	1 »
BLANDY (S.)......	*❋Le petit Roi. 68 ill. par E. BAYARD.	1 »
CANDEZE (Dr)....	*La Gileppe. 68 ill. par BECKER...	1 »
— ...*	Aventures d'un Grillon. 68 illustrations par RENARD.	
GRIMARD (ED.)...	*❋La Plante. 300 ill. par YAN'DARGENT.	1 »
LAPRADE (V. DE). *de l'Académie française*	❋Le Livre d'un Père. 44 illustrations par FROMENT.	1 »
LAURIE (ANDRÉ)..*	L'Héritier de Robinson. 26 illustrations par BENETT.	1 »
MAYNE-REID......	Les Emigrants du Transwaal. 26 illustrations par RIOU.	1 »
— ....*	La Montagne perdue. 26 illustrations par RIOU.	1 »
— ....*	La Terre de Feu. 26 ill. par RIOU.	1 »
— ....*	Les jeunes Esclaves. 26 illustrations par RIOU.	1 »
— ....❋*	Les Planteurs de la Jamaïque. 26 illustrations par FÉRAT.	1 »
MULLER (EUGÈNE)*	Les Animaux célèbres. 26 illustrations par GEOFFROY.	1 »
DU TEMPLE (L.).*❋ *Capitaine de frégate.*	Communication de la pensée et de la voix. Illustré de 150 figures.	1 »
—	Les Sciences usuelles et leurs applications. Illustré de 226 figures.	1 »
STAHL..........*	Histoire de la Famille Chester. 76 illustr. par FRŒLICH et E. YON.	
VERNE (JULES).✺*❋	Cinq semaines en Ballon. 80 illustrations par RIOU.	1 »
— ...*❋	Aventures de 3 Russes et de 3 Anglais. 50 illustrations par FÉRAT..	1 »

SEPTIÈME SÉRIE
ALBUMS STAHL IN-8° JÉSUS
Cartonnage imitation toile, tranches blanches, **1** *fr.* **50**

COINCHON.......	Hre d'une mère (*Journal de Minette*).	1 vol.
FATH...........	Une folle Soirée chez Paillasse .	1 »
—	La Famille Gringalet........	1 »
FRŒLICH.......	L'Ours de Sibérie..........	1 »
—	La Salade de la grande Jeanne..	1 »
—	Le Jardin de Monsieur Jujules...	1 »
FROMENT.......	La Petite Devineresse........	1 »
GEOFFROY......	La 1re Cause de l'Avocat Juliette.	1 »
PIRODON.......	Histoire d'un Perroquet.......	1 »
—	La Pie de Marguerite........	1 »

TABLE ALPHABÉTIQUE
Par Noms d'auteurs

A

Albiot 31
Aldrich 13, 14
Alone 14, 33
Amyot 21
Anceau 7
Andersen 18
Anonyme 28
Anquez 32
Antully (d') 28
Arago (E.) 26, 28
Artom 23
Aston 14, 33
Audeval 14, 26, 33
Audoynaud 32
Austin 13

B

Badin 8, 14, 28
Baignières 28
Barberet 26
Barbier (Mme M.) 6
Barbot 30
Basset 30
Bastide 28
Baude 14, 32
Beaulieu (de) 13
Becker 20
Bédollière (de la) 13
Bellamy (Ed.) 26
Bénédict 8, 14
Bentzon (Th.) 7, 8, 13, 14, 26
Berr de Turique (J.) 7
Berthoud 30
Berlin 13
Bertrand 14, 22
Biart (L.) . 7, 12, 14, 26, 33, 34
Bignon 13
Birot 29
Bixio (Beppa) 28
Blanc 22
Blandy 8, 14, 14, 34
Bloch (M.) 18, 32
Boissonnas (Mme) . . . 8, 14
Bos 20
Bouchet 31, 32
Boullon 28
Bouniceau 29
Bourdain 30
Bourgoin d'Orli 31
Bousquet 30
Brachet 19, 28
Bréhat (A. de) 8, 14, 33
Brun 29
Brunet 7
Brunetière (F.) 9
Burnett (Fr. H.) 26
Busnach (W.) 7

C

Cahours 33
Candeze (Dr) 7, 14, 34
Canu 31
Carterou 31
Casella 20
Cauvain 7, 14
Cerisy (R. de) 26
Cervantes 26
Cham 21
Chamfort 26
Charras 28
Château 30
Château-Verdun (de) . . . 13
Chazel 7, 13, 14
Chauffour 28
Chennevières (de) 28
Cherville (de) 13
Clausius 29
Clément (Ch.) 12, 14
Coinchon 34
Colin (A.) 19
Courtois-Gérard 31
Crémieux 28
Crétin-Lemaire . . . 7, 13, 32

D

Dana 29
Daryl (Ph.) 26
Daudet (A.) 9
Decourcelle 27
Delahante 22
Demanet 29
D'Ennery 11
Duquet 7
Deschanel (Paul) 26
Desnoyers 9, 15
Dessove 28
Detaille 20
Devillers 32
Dickens 13
Dieny 13
Diplomate (Un) 22
Dinée 29
Dollfus 28
Doneaud 30
Doré (Gustave) 21
Dromart 30
Dubail 19
Dubief 30, 31
Dubois (Félix) 9
Dubos 31
Dumas (Alex.) 7, 13
Dupin de St-André 9, 15
Durand 13, 18
Durando 26
Duvernot 28

E

Erckmann-Chatrian . 7, 15, 18, 24, 26, 27, 28, 33
Eggar 18
Emion 30

F

Fauquez 9
Favre (J.) 28
Fanday 15
Fath 7, 20, 34

Favier 28
Ferry (J.) 28
Feuillet (O.) 13
Flammarion 12
Fleury-Lacoste 31
Font-Réaulx (de) 15
Foucou 15
Franklin 18
Frésénius 29
Frochot 29
Frœlich 20, 21, 34
Froment 20, 34

G

Gaisberg 30
Gaudry 29
Gavarni 21
Gayot 30
Gennevray 26
Gennevraye 7, 9, 13, 15
Génin 13, 32, 33
Geoffroy 20, 34
Geymet 29, 30
Gobin 31
Gœthe 21, 28
Gordon (Lady) 26
Gournot 28
Gouzy 7, 15
Gozlan (L.) 26, 32
Grafigny (de) 30
Gramont (de) 18
Grandville 21
Gratiolet 15
Grimard . 12, 15, 19, 24, 31, 34
Grisel 20
Guettier 29
Guimet 28
Guy 29

H

Habeneck 28
Hetet 29
Hetzel 2
Hippeau 18
Hirtz 15, 31
Hugo (V.) . 9, 15, 19, 22, 23, 15
Houzé 30

I

Ignorant (Un) 28
Immermann 15

J

Janin (J.) 26
Jaubert (Mme) 26
Jaunez 30
Jazet 20
Jundt 20
Juven 30

K

Kaempfen 27, 33
Karr (A.) 32

Kaulbach 21	Moureaux 29	Sand (G.) 13, 21
Koechlin-Schwartz ... 28	Mulder............ 30	Sandeau (J.) 10, 16
Koltz 31	Muller (E.) 7, 12, 13, 16, 32, 34	Sauvage 10
Kurner 20	Musset (P. de) 13	Sayous 32
		Schüler 20, 28
L	**N**	Séé 28
		Ségur (de) 10
Lacombe 29	Nagrien 28	Sérigne 31
Lacome 31	Néraud 7	Sicard 31
Lachert (M.-C.) 28	Nodier (Ch.) 13, 16	Siebecker 16
Lafineur 29	Noel 16, 32	Silva (de) 8,
Lalolay 31	Nogues 29	Simonin ....
Lamé 28		Sourdoval (de) 27
La Fontaine 12, 20, 21	**O**	Souviron 19
Lalanze 20	Officier en retraite (un) 26	Spark 13
Lambert 20	Ordinaire 18	Stahl (P.-J.) 2, 8, 11, 12,
Laneret 28	Orne-Jewett (Sarah) .. 26	13, 16, 20, 21, 26, 27, 28
Laprade (V. de) . 9, 15, 31	Ortolan 29, 30	Steel 28
Laurie (A.) 9, 10, 11, 12,	Outilac 13	Steerk 30
15, 17, 34		Stevenson 11, 16
Larbalétrier 31	**P**	Susane (Général) .. 18, 26
Lavallée (Th.) ... 6, 15, 18	Parville (de) 16	
Lavalley 28	Paultre 28	**T**
Laverdant 28	Pellegrin 31	
Lecomte 18	Pernot 29	Tartara 30
Lefèvre 28	Perrault (P.) 7, 13	Temple (du) 29, 33
Legouvé (E.) 10, 15, 18,	Perrault 21	Texier 27
19, 21, 26, 28	Petit 18, 19, 31	Thiers 18
Lolay 31	Pichat 27	Timant 20
Lemonnier 13	Pirmez 28	Tolstoï 11, 16
Lenoir 29	Picrdon 20, 31	Tourgueneff 27
Lermont 7, 8, 11, 13, 15, 16	Poudevin 30	Toussenel 21
Lerolle 31	Ponts 18	Trigant-Geneste 18
Leroux 30	Poureau 31	Trochu 22, 27
Lichig 29	Prouteaux 30	Trojelli 20
Lockroy (S.) ... 13, 15		Tyndall 16
Lucht (de) 20	**Q**	
Lunel 29, 30, 31	Quatrelles 27	**U**
		Ulbach 11
M	**R**	
Macaulay 18	Rambaud (Alfred) . 12, 25	**V**
Macé (J.) 2, 7, 10, 13, 18, 19, 27	Ratisbonne 10, 16	Vadier (R.) ... 8, 11, 16, 19
Malot (H.) 10, 12	Real (Antony) 28	Valdès-André 11
Marc 30	Reclus (Élisée) ... 8, 16	Vallery-Radot . 8, 16, 27
Marcel Didier 31	Régamey 31	Vatton 29
Massol 29	Renard 16	Van Bruyssel . 8, 16, 32
Matthis 10	Rey 19, 31, 33	Verne (J.) 2, 3, 5, 6, 11,
Marzolle 16, 31	Ribbe 33	13, 16, 17, 32, 34
Maury 32	Richelot 28	Vidal 30
Mayne-Reid 7, 12, 13, 16,	Rider Haggard .. 10, 16	Viollet-le-Duc . 8, 11, 29,
27, 31	Rive de Las 28	31, 32
Méaulle 30	Robert (A.) 27	Vinot (Voir Lenoir).
Merly 30	Rolland 27	
Méry 20	Roman 30	**W**
Mesla 29	Rouen 31	Wailly (de) 8
Michelle 30	Rouland 30	Wentworth Higginson . 18
Mévo 29	Rozan 29	Wilkie Collins 27
Mollère 12		Wood (M.) 27
Monier 30	**S**	Worms de Romilly ... 28
Monin 31	Sacc 29	
Moreau 30	Saintine 8	**Z**
Mortimer d'Ocagne . 22, 31	Saint-Juan (de) 31	Zurcher 16, 32

✱ Indique les ouvrages honorés de souscriptions du *Ministère de l'Instruction publique*, ou choisis pour faire partie des catalogues des bibliothèques scolaires ou populaires.

✦ Indique les ouvrages honorés de souscriptions ou choisis par la *Ville de Paris* pour ses distributions de prix ou ses bibliothèques municipales.

❀ Désigne les ouvrages couronnés par l'*Académie française*.

† Désigne les nouveautés de l'année.

www.ingramcontent.com/pod-product-compliance
Lightning Source LLC
Chambersburg PA
CBHW070855170426
43202CB00012B/2086